"Michael tem estado na vanguarda da reinvenção da educação na mais 15 anos. Seu trabalho me inspirou e segue guiando toda a nossa equipe na projeção de soluções e na transformação da aprendizagem ao redor do mundo. Este livro continua essa tradição, indicando com clareza que todas as escolas devem se esforçar para desenvolver os talentos de cada aluno."

— **Sal Khan**, fundador da Khan Academy

"*Da reabertura à reinvenção* oferece um plano para o que as escolas devem ser e um conjunto de etapas a serem seguidas para ajudar os educadores a começarem a se mover no sentido de melhor apoiar cada um dos alunos. Em um momento em que as escolas simplesmente congelam diante de desafios por todos os lados, a sabedoria deste livro está em ajudá-las a abrir caminhos para avançar e priorizar o sucesso de cada criança e cada família."

— **Arne Duncan**, ex-secretário de Educação dos Estados Unidos

"A pandemia expôs problemas sérios e de longo prazo na educação básica e identificou lacunas significativas no desempenho educacional. Se existe um momento para nos responsabilizarmos pelo desempenho dos alunos e considerarmos novas estratégias, é agora. Como revela o livro de Michael Horn *Da reabertura à reinvenção: (re)criando a escola para todas as crianças*, nosso sistema educacional deve considerar novas estratégias que garantam que todas as crianças tenham a oportunidade de atingir seu pleno potencial e estejam preparadas para o trabalho e para a vida no século XXI."

— **Margaret Spellings**, ex-secretária de Educação dos Estados Unidos no governo do presidente George W. Bush e presidente e CEO da Texas 2036

"Neste livro, Michael Horn articulou lindamente uma análise profunda e perspicaz do futuro da aprendizagem e uma chamada à ação para todos nós. Ele realmente eleva o nível do que a educação deveria ser em um mundo pós-pandemia. Bravo!"

— **Phyllis Lockett**, CEO da LEAP Innovations

"Em *Da reabertura à reinvenção*, Michael Horn apresenta argumentos cuidadosamente fundamentados para transformarmos a educação que foi desenvolvida até os dias atuais em uma educação baseada no domínio de conceitos e centrada no aluno. Apoiado em amplas evidências, o livro articula, de forma clara e pragmática, o funcionamento e os impactos do nosso projeto atual para a educação, mostrando que a melhoria é não apenas necessária, mas obrigatória. Ele traz ideias claras e sensatas para a construção de uma educação que seja inteiramente baseada no domínio. Exemplos diversos de escolas, distritos e comunidades onde a adoção bem-sucedida da educação baseada no domínio já foi alcançada fornecem uma prova convincente de que podemos fazer muito mais por nossos alunos, pelos educadores e pela nação."

— **Macke Raymond**, diretora do Center for Research on Education Outcomes na Stanford University

"Os desafios atuais enfrentados por nossas escolas de educação básica não têm precedentes. Neste livro, Michael Horn oferece um esboço conciso e convincente de um caminho a ser seguido que carrega a promessa de uma excelente educação para todas as crianças."

— **Jane Swift**, presidente do LearnLaunch Institute e ex-governadora de Massachusetts

"Para aqueles de nós que trabalham com educação, e que são impactados por seus resultados ou são apaixonados por suas possibilidades, *Da reabertura à reinvenção* deve pertencer ao pequeno acervo de referências que mantemos sempre à mão. Michael Horn não pede uma revisão imediata e radical; em vez disso, ele combina habilmente uma visão baseada em pesquisas com a pragmática busca por soluções, propondo mudanças possíveis de se alcançar. Rico em exemplos, *Da reabertura à reinvenção* nos convida a sermos curiosos sobre como as escolas podem se beneficiar dos novos conhecimentos, das novas ferramentas e das novas oportunidades à nossa frente e a deixarmos que essa curiosidade nos faça abandonar velhas suposições e nos traga a possibilidade de reinvenção, para o bem dos alunos de hoje e de tudo que desejamos para eles."

— **Vicki Phillips**, CEO do Centro Nacional de Educação e Economia e ex-diretora de educação da College Ready na Fundação Bill e Melinda Gates

"Michael Horn não se esquiva de apresentar ideias e estruturas ousadas para tornar o aprendizado mais equitativo e empoderador para cada aluno, com cuidado e atenção ao quão críticos são o envolvimento e a compreensão dos pais à medida que procuramos desbloquear o potencial de cada criança. Este livro está repleto de pesquisas e de estratégias concretas para implementar as ideias apresentadas; a narrativa e os exemplos mostrados ao longo do livro o tornam particularmente cativante e poderoso. Em um momento em que ser um educador parece desafiador, este livro se constitui de uma visão esperançosa do que é possível e de métodos que educadores e gestores devem considerar à medida que buscam melhorar a educação."

— **Stacey Roshan**, professora de matemática e diretora de inovação e tecnologia educacional da Bullis School e autora de *Tech with heart: leveraging technology to empower student voice, ease anxiety, & create compassionate classrooms*

"A leitura do novo livro de Michael Horn é obrigatória para todos os verdadeiros defensores das escolas públicas. A pandemia de covid-19 trouxe à tona os muitos problemas de aprendizagem e as defasagens já existentes antes da pandemia. Em *Da reabertura à reinvenção*, Michael mostra o caminho para o sucesso das escolas públicas e dos milhões de alunos que elas educam. Mesmo com todos os desafios neste momento difícil, Michael explora as grandes oportunidades que existem para educar melhor os alunos em um ambiente de aprendizagem personalizado, baseado no domínio e focado no objetivo mais importante: o sucesso individual do aluno. Este livro mostra como professores, gestores escolares, pais e outros interessados em educação podem se unir e aproveitar as oportunidades que surgem a partir de um momento difícil. Este é o livro certo no momento certo. Ele mostra o futuro da aprendizagem, direcionando o sucesso de nossos alunos e do país."

— **Chip Slaven**, ex-diretor-executivo e CEO da National School Boards Association

"Enquanto alguns torcem o nariz para a disrupção da escola como a conhecemos, Michael Horn nos convida a aproveitar este momento para criarmos e colocarmos em prática ambientes de aprendizagem e experiências que nossos filhos sempre precisaram e mereceram... E então nos oferece um guia prático de como começar a fazer isso. Vamos lá!"

— **Jim Shelton**, diretor de impacto e investimento da Blue Meridian Partners e ex-vice-secretário do Departamento de Educação dos Estados Unidos

"O chamado de Michael Horn para recriarmos as escolas para que elas ensinem para todas as crianças é particularmente oportuno e importante para todos. Horn fornece um caminho claro e um plano de ação para os gestores escolares, professores e pais visualizarem um futuro diferente — um que realmente honre e possibilite o desenvolvimento dos talentos e sonhos individuais de cada criança. Instigante e com ótimos exemplos da vida real, esta é uma leitura essencial para gestores escolares, professores, pais, formuladores de políticas educacionais e outros que querem avançar e criar mais oportunidades para que estudantes e escolas prosperem.

— **Kevin Hall**, CEO do Charter School Growth Fund

Da reabertura à **reinvenção**

Visite a página do livro em **loja.grupoa.com.br** e acesse a lista de vídeos citados pelo autor. A atualização, a manutenção e a permanência desse conteúdo na *web* são de responsabilidade dos canais que o publicaram.

H813r   Horn, Michael B.
            Da reabertura à reinvenção : (re)criando a escola para todas as crianças / Michael B. Horn ; tradução: Marcos Viola Cardoso ; revisão técnica: Fernando de Mello Trevisani. – Porto Alegre : Penso, 2024.
            xx, 312 p. : il. ; 23 cm.

            ISBN 978-65-5976-038-1

            1. Educação. 2. Crianças. 3. Escolas - Organização e administração. I. Título.

CDU 37.04

Catalogação na publicação: Karin Lorien Menoncin – CRB 10/2147

MICHAEL B. HORN

Da reabertura à **reinvenção**

(re)criando a escola para
todas as crianças

Tradução
Marcos Viola Cardoso

Revisão técnica
Fernando de Mello Trevisani
*Professor, consultor e formador de professores em metodologias ativas.
Mestre em Tecnologias e Educação Matemática pela
Universidade Estadual Paulista (Unesp).
Doutorando em Metodologias Ativas na Unesp.*

Porto Alegre
2024

Obra originalmente publicada sob o título *From Reopen to Reinvent: (Re)Creating School for Every Child*
ISBN 9781119863021

Copyright © 2022, Wiley & Sons, Inc.
All Rights Reserved. This translation published under license with the original publisher John Wiley & Sons, Inc.

Gerente editorial
Letícia Bispo de Lima

Colaboraram nesta edição:

Coordenadora editorial
Cláudia Bittencourt

Editor
Lucas Reis Gonçalves

Capa
Paola Manica | Brand&Book

Preparação de originais
Leonardo Augusto Martins Vargas

Leitura final
Luana R. Truyllio

Editoração
Ledur Serviços Editoriais Ltda.

Reservados todos os direitos de publicação, em língua portuguesa, ao
GRUPO A EDUCAÇÃO S.A.
(Penso é um selo editorial do GRUPO A EDUCAÇÃO S.A.)
Rua Ernesto Alves, 150 – Bairro Floresta
90220-190 – Porto Alegre – RS
Fone: (51) 3027-7000

SAC 0800 703 3444 – www.grupoa.com.br

É proibida a duplicação ou reprodução deste volume, no todo ou em parte, sob quaisquer formas ou por quaisquer meios (eletrônico, mecânico, gravação, fotocópia, distribuição na Web e outros), sem permissão expressa da Editora.

IMPRESSO NO BRASIL
PRINTED IN BRAZIL

*Para Madison e Kayla e para os educadores
que estão sempre com elas.*

Autor

Michael B. Horn, por meio de sua escrita, de suas aulas, de seu trabalho, e de experiências com várias instituições educacionais, busca criar um mundo em que todos os indivíduos possam descobrir suas paixões e desenvolver seus potenciais. É autor de muitos livros, incluindo o premiado *Inovação na sala de aula: como a inovação disruptiva muda a forma de aprender*; *Blended: usando a inovação disruptiva para aprimorar a educação*; *Choosing college: how to make better learning decisions along your life*; e *Goodnight box*, uma história infantil.

Michael é cofundador e membro eminente do Clayton Christensen Institute, um *think tank** sem fins lucrativos. É apresentador dos populares *podcasts* de educação *Class Disrupted* e *Future U* e atua como editor-executivo na *Education Next*.

Michael foi selecionado como bolsista da Eisenhower Fellowship em 2014 para estudar inovação em educação no Vietnã e na Coreia, e a revista *Tech & Learning* o citou em sua lista das 100 pessoas mais importantes na criação e no avanço do uso da tecnologia na educação. Ele é bacharel em História pela Yale University e tem um MBA pela Harvard Business School.

---

* N. de R.T. O termo *think tank* se refere a instituições que se dedicam a produzir conhecimento sobre diversos temas, como política, ciência, saúde e economia, fazendo a ponte entre esses conhecimentos e políticas públicas. Suas pesquisas são aplicadas aos problemas da sociedade para contribuir com soluções. Estima-se que hoje existam mais de 6 mil *think tanks* no mundo todo.

Agradecimentos

Todo livro tem uma razão para existir. Este livro surgiu a partir do trabalho que Diane Tavenner e eu começamos em maio de 2020 com o lançamento do nosso *podcast Class Disrupted*.

Com a pandemia de covid-19 interferindo em todas as facetas do ensino, pais e educadores tinham muitas dúvidas sobre por que nosso sistema educacional funciona como funciona. O *podcast* era um lugar onde podíamos dar respostas.

Diane e eu buscávamos mudanças transformadoras na educação havia anos — eu de uma posição de planejamento e de propor reflexões, e ela de uma posição de execução, administração e desenvolvimento de uma rede inspiradora de escolas inovadoras. A pandemia abriu os olhos das pessoas sobre a educação nos Estados Unidos e fez muitos pensarem na ideia de que a escola pode funcionar de forma diferente de como tem sido ao longo das últimas décadas. Queríamos aproveitar essa oportunidade de reinvenção para beneficiar todos os alunos.

Três anos letivos depois, Diane e eu nunca imaginamos que ainda estaríamos fazendo nosso *podcast*, mas estamos. A cada episódio, aprendo e aproveito ainda mais o tempo com ela. Sua marca, ideias e sabedoria estão no texto e na estrutura deste livro. Tenho uma dívida de gratidão com Diane por seus *insights*, pelo seu equilíbrio em um mundo de extremos e por sua graça, empatia e curiosidade.

Steve Chaggaris, Jenna Free, Emmeline Zhao e os demais membros da equipe do *The 74*, um *site* de notícias de educação que hospedou e distribuiu o *podcast*, desempenharam um papel valioso ao trazer à vida as minhas reflexões e as de Diane.

Os ensinamentos de Clayton Christensen continuam me proporcionando os diferentes prismas através dos quais eu enxergo o mundo. Continuo em dívida não apenas com ele, mas também com o Clayton Christensen Institute, que fundamos juntos. Todos os meus colegas — Julia Freeland

Fisher, Ann Christensen, John Riley, Everett Poisson, Bob Moesta, Efosa Ojomo, Ruth Hartt e muitos outros — foram importantíssimos ao ajudarem este livro a ser escrito. Também quero destacar Thomas Arnett por sua ajuda. Ele não apenas leu o texto original, sugeriu cortes e fez valiosos, mas também me permitiu ligar e enviar *e-mails* para ele várias vezes para testar novas ideias e rascunhos.

Susan Patrick, Tom Vander Ark, Razan Roberts, Jane Swift e a sempre formidável Gisele Huff também contribuíram com informações, revisões e críticas valiosas.

Muitos indivíduos me encorajaram e apoiaram, incluindo Jeff Selingo, Lucy Greenslade, Jen Holleran, Biff Maier, Sarah Jamison e Maxwell Bigman, juntamente com a inspiradora equipe da Guild Education, incluindo C. J. Jackson, Andrew LaCasse, Rachel Romer Carlson, Paul Freedman, Sam Olivieri, Christy Stanford e Sveta Dawant.

Convidados em nosso *podcast Class Disrupted*, incluindo Evan Marwell, Larry Berger, Sal Khan, Angela Duckworth, Todd Rose, Jeff Wetzler e Aylon Samouha, desempenharam um papel significativo na formação do livro, assim como convidados no meu canal do YouTube, incluindo Annette Anderson, Mark Van Ryzin, Cory Henwood, Gina Meinertz, Hattie Sanness, Brigid Moriarty-Guerrero, Pete Driscoll, Macke Raymond, David Miyashiro, Ed Hidalgo, Jonathan Haber, Elizabeth Chu, Matt Bowman, Andrew Frishman, Izzy Fitzgerald, Dayvon W., Amy Anderson, Joel Rose, Amir Nathoo, Scott Ellis, Julie Young, Doug Curtin e muitos outros.

Agradeço também a meus agentes literários, Danny Stern e Kristen Karp, bem como a Paige Russell, da Stern Speakers. Eles, como sempre, estiveram presentes comigo ao longo de todo o caminho.

Foi maravilhoso poder trabalhar novamente com a equipe da Jossey--Bass Wiley. Obrigado a Amy Fandrei, Pete Gaughan, Mary Beth Rosswurm, Ajith Kumar, Kim Wimpsett, Philo Antonie Mahendran e à Cape Cod Compositors, por sua ajuda na concepção desta obra.

Meus pais foram, como de costume, fundamentais no processo de escrita do livro. Embora eu tenha certeza de que não segui totalmente a sabedoria da minha mãe de resumir e simplificar, a dedicação, os comentários e as críticas dos meus pais são sempre apreciados, juro. O conhecimento do meu irmão e autor *best-seller* Jonathan Horn sobre o processo de publicação foi útil, assim como o amor e o apoio incansável de Steven Horn.

Por fim, minha gratidão e amor à minha família, que, devido à pandemia, muitas vezes me viu durante quase todos os minutos do dia. Madison e Kayla ficaram entusiasmadas em fazer alguns comentários para este livro — e compreenderam que ele tem menos fotos do que o meu livro anterior. E minha esposa, Tracy Kim Horn, não apenas me deu um *feedback* muito útil sobre o texto original como também heroicamente me deu tempo e apoio para concluir este livro enquanto ela trabalhava em seus próprios desafios. Continuamos sendo afortunados e com mais bênçãos do que consigo calcular.

Apresentação

Bem. A palavra que eu mais ouço as pessoas usarem para descrever como seus filhos estão indo na escola é "bem". E essas são as pessoas cujos filhos estão indo melhor na escola. Acredito que nossos filhos, nossas comunidades e nosso país precisam de mais do que "bem". Acho que a maioria das pessoas concorda. O desafio é: como transformar escolas que estão indo "bem" apenas para alguns em ambientes que preparam todos para uma vida boa?

Conheci Michael por volta de 2011, quando descobrimos, em uma roda de conversa, que compartilhamos uma visão do que as escolas estadunidenses podem ser e uma frustração com o que elas são. Felizmente, também descobrimos que compartilhamos o compromisso de fazer tudo o que estiver ao nosso alcance para ajudar as escolas a terem uma perspectiva bem mais estimulante.

No final de março de 2020, algumas semanas depois de trabalhar dias e noites para converter todas as nossas escolas de presenciais para virtuais em resposta à pandemia global, percebi duas coisas. Primeiro, fechar os prédios das nossas escolas foi a parte fácil. Voltar a esses prédios seria um processo longo e difícil, e haveria custos reais para os estudantes. E, segundo, considerado esse ônus, não poderíamos desperdiçar essa oportunidade sem precedentes de realmente redesenhar as escolas para servirem a todos os alunos e à sociedade — o que até mesmo nossas "melhores" escolas simplesmente não estão fazendo. O passo seguinte foi ligar para Michael.

A ideia era simples. A pandemia poderia ser uma oportunidade única na vida para transformar as escolas (ele concordou). Os pais estão vendo em primeira mão que algumas das estruturas e dos elementos significativamente falhos das escolas precisam mudar (como pai, ele concordou completamente). Reformular algo durante uma crise seria extraordinariamente desafiador e deveríamos tentar tornar isso o mais fácil possível (ele topou). Como um primeiro passo, decidimos criar o *podcast Class Disrupted* para trazer à tona questões válidas decorrentes do caos da pandemia, pedir a "especialistas" para esclarecerem princípios básicos e darem dicas sobre o formato das escolas e, em seguida, conversarem conosco sobre o que é necessário para mudá-las.

Michael então levou esse projeto conjunto um passo adiante. Neste livro, ele captura o melhor dessas discussões e dos nossos diálogos dos últimos dois anos e os combina com pesquisas e *insights* adicionais. Ele tem a incrível capacidade de pegar diferentes ideias e torná-las claras e, o mais importante, aplicáveis. Sua curiosidade o leva a buscar compreensão em uma profundidade que é imperativa para aqueles que estão colocando a mão na massa. Mais de uma década atrás, o livro que Michael escreveu com Clay Christensen, *Inovação na sala de aula*, desempenhou um papel significativo em como nós da Summit pensamos em redesenhar nosso modelo de escola.

Operar escolas durante esses anos de pandemia é de longe a experiência mais árdua e menos gratificante que tive em meus 25 anos como educadora. Há dias em que simplesmente manter as escolas abertas requer cada minuto de nosso tempo e toda a nossa energia. Encontrar o espaço mental para recuar e aproveitar este momento, que implora por mudanças, na maioria das vezes parece insustentável, mas é imperativo. Espero que este novo livro seja um companheiro tão fiel e útil para educadores, pais e formuladores de políticas públicas quanto os trabalhos anteriores e as conversas semanais com Michael foram para mim.

Diane Tavenner
Cofundadora e CEO da Summit Public Schools
Apresentadora do *podcast Class Disrupted*
Autora de *Prepared: what kids need for a fullfilled life*

A história de Jeremy e Júlia

Jeremy e Júlia são dois entre os 600 alunos da escola Spruce Park, na Califórnia.

Quando o ônibus parou no estacionamento da escola às 8h30, Jeremy desceu e bocejou.

Depois de fazer uma breve pausa, ele notou sua colega do 5º ano* Júlia e alguns de seus amigos chegando a pé à escola. "Ah, olha o pessoal que vem caminhando", ele pensou. Sentiu inveja por um momento, mas logo passou. Ele acenou para Júlia, que sorriu e acenou de volta.

Então ele sentiu seu estômago roncando. Virou-se e foi em direção ao refeitório da escola para arranjar um lanchinho rápido antes que o sinal tocasse. A mãe de Jeremy estava tão cansada de trabalhar no turno da noite na loja de conveniência que não havia tido disposição para preparar um café da manhã para eles. De novo.

Jeremy não sabia o que era pior: quando sua mãe foi demitida assim que teve início a pandemia e passou a ficar perambulando pela casa o dia inteiro enquanto ele estava preso dentro de casa longe dos amigos, da escola e de comida disponível; ou agora, quando ela finalmente decidiu trabalhar novamente e mal tem tempo para vê-lo, mas pelo menos ele pode ver os amigos na escola e comer a comida do refeitório. Talvez a professora de Jeremy, a Sra. Alvarez, pedisse a ele para escrever sobre isso novamente. Ele suspirou.

Enquanto Jeremy comia no refeitório, Júlia alegremente pulava corda com suas amigas enquanto esperavam o sinal tocar. Ela amava esses momentos preciosos com suas amigas antes que elas tivessem de se sentar quietas durante a aula e antes das várias atividades das quais ela participava depois das aulas. Júlia amava ginástica, piano, futebol e robótica, mas às vezes sentia saudades de partes dos primeiros dias da pandemia, quando

---

* N. de T. O uso dos anos escolares neste livro está baseado no sistema de ensino estadunidense.

todo o bairro ia para a rua jogar amarelinha, com distanciamento social, sob o sol da Califórnia.

A diretora, Kathleen Ball, observava todos os alunos chegarem, tanto a pé quanto de ônibus. Ela mantinha um olhar acolhedor enquanto cumprimentava cada criança pelo nome. Mas a mente dela estava em outro lugar. Ela se perguntava o que era pior — o caos e a confusão dos primeiros dias da pandemia ou a natureza atormentada e instável do atual ano letivo, com tantos alunos tendo tantas necessidades diferentes e tantos pais frustrados porque as necessidades de seus filhos ainda não estavam sendo atendidas.

As coisas foram difíceis no início da pandemia de covid-19 — muitas decisões a tomar, muita incerteza e muito pouco tempo.

Kathleen estava tão orgulhosa de como seus professores se uniram e encontraram soluções criativas. Eles não eram perfeitos, mas o que conseguiram construir e a velocidade com que o fizeram foi melhor do que o esperado.

Os pais eram tão gentis, compreensivos e agradecidos naquela época. Eles entendiam o estresse sob o qual ela e todos os seus professores estavam operando, mesmo eles lidando com muita coisa em casa também.

As coisas já não eram assim agora. Diferentes grupos de pais tinham prioridades e opiniões diversas. Sobre tudo.

Isso sempre foi assim, é claro, mas agora havia menos confiança. As necessidades não foram atendidas e se tornaram mais extremas. Os pais tinham expectativas mais altas de que essas necessidades seriam — e não apenas de que elas deveriam ser — atendidas. Muitos demonstraram falta de cortesia.

Agora, no quarto ano letivo impactado pela pandemia, os professores e a equipe da escola simplesmente não tinham os mesmos recursos para lidar com as expectativas elevadas. Estavam todos exaustos, física e mentalmente. Estavam sobrecarregados com trabalho, e a escola ainda lutava contra a escassez de pessoal.

"Por que as emoções dos pais não podiam se concentrar em outra coisa além de ficar com raiva dos professores?", Kathleen se perguntava. Se ela fosse diretora de uma escola secundária, talvez pudesse ter pelo menos direcionado as emoções dos pais para outra coisa, como para os times adversários das equipes esportivas da escola, por exemplo. Ela sabia que isso parecia melhor apenas em teoria em comparação com sua realidade cotidiana atual.

Sumário

Apresentação xiii
    Diane Tavenner

A história de Jeremy e Júlia xv

Introdução 1
    O sistema escolar não está otimizado para ninguém 3
    Um melhor caminho a se seguir 12
    Pontos-chave 14
    Notas 14

Capítulo 1 De ameaça a oportunidade 17
    A rigidez da ameaça 20
    Autonomia 22
    O Toyota Prius 23
    Southern New Hampshire University 25
    Refletindo sobre isso nas escolas de ensino fundamental
        e médio 29
    Pontos-chave 37
    Notas 38

Capítulo 2 Comece pelo fim: qual é o propósito
da educação escolar? 41
    Uma breve história do propósito das escolas 43
    A importância de começar pelo fim 44
    Uma oportunidade para esclarecer o propósito 45
    Um ponto de partida para a conversa sobre propósito 47
    Pontos-chave 52
    Notas 52

Capítulo 3 Como realizar o propósito de uma escola?...... 55
O objetivo das escolas...... 57
Um bom caminho a ser seguido: a teoria da interdependência e da modularidade...... 58
Aplicando a teoria às escolas...... 60
Seis pontos a serem considerados ao desenhar o propósito de sua escola...... 64
Personalizando essa abordagem na minha comunidade...... 77
Outras preocupações...... 78
O futuro das escolas...... 80
Pontos-chave...... 81
Notas...... 81

Capítulo 4 Experiência do aluno: esqueça a perda de aprendizagem...... 93
O que os estudantes querem?...... 95
Escolas tradicionais deixam a desejar...... 95
Esqueça a perda de aprendizagem...... 99
Pontos-chave...... 100
Notas...... 100

Capítulo 5 Experiências do estudante para garantir a aprendizagem para o domínio...... 103
Um ciclo de aprendizagem baseado no sucesso...... 104
Como um exemplo da Toyota pode ilustrar a potência de se garantir a aprendizagem baseada no domínio...... 105
Aprendizagem com tempo fixo *versus* aprendizagem baseada no domínio...... 107
Implementar a aprendizagem baseada no domínio não é somente mudar a forma de avaliar o aprendizado dos estudantes...... 110
Respondendo a quatro críticas comuns sobre a aprendizagem baseada no domínio...... 116
Divertindo-se com os amigos...... 123
Da soma zero à soma positiva...... 126
Alcançando o sucesso durante a diversão com os amigos...... 127
Resultados...... 134
Implementação de grupos de estudo e de microescolas...... 137
Pontos-chave...... 142
Notas...... 142

Capítulo 6 O "e" da palavra "educadores" é o mesmo "e" de "equipe" 149
    Acabando com o normal 151
    Um melhor uso do tempo presencial 151
    Nenhum professor deve fazer todas essas atividades 154
    Ensinar por meio de uma equipe de professores 155
    Criando ações para diminuir a carga de trabalho dos professores 161
    Motivação dos professores 167
    Os professores aceitarão a mudança? 169
    Pontos-chave 172
    Notas 173

Capítulo 7 A experiência dos pais 177
    Entendendo a busca dos pais pelo progresso 179
    Implementando mudanças 183
    Alguma coisa é universal? 190
    Modelo de Kano 201
    Flexibilidade e desagregação 204
    O estresse da escola para os pais 207
    Pontos-chave 211
    Notas 212

Capítulo 8 A tecnologia 217
    O mínimo 220
    Como garantir tecnologia adequada para todos os estudantes 223
    Como usar bem a aprendizagem digital 226
    Pontos-chave 234
    Notas 234

Capítulo 9 Cultura 239
    O que é cultura? 240
    Como criar uma cultura forte 241
    O poder de uma grande cultura 243
    Os riscos de errar na cultura 244
    Reinventando a cultura 245
    Pontos-chave 247
    Notas 248

Capítulo 10 Teste suas suposições e aprenda 251
    Seus planos de reinventar a forma como a educação é desenvolvida nas escolas vão "funcionar"? 253
    Um caminho menos arriscado que abraça a inovação 254
    O processo padrão de planejamento 256
    O que é o planejamento orientado por descobertas? 257
    Pontos-chave 270
    Notas 271

Capítulo 11 Implementando mudanças quando as pessoas nem sempre concordam 273
    Entendendo o nível de concordância 275
    Ferramentas de liderança 277
    Ferramentas de gestão 280
    Ferramentas de cultura 281
    Ferramentas de poder 282
    Ferramenta de separação 285
    Mecanismos de movimento 287
    O poder da educação 289
    Pontos-chave 290
    Notas 290

Capítulo 12 Conclusão 293
    Resolvendo o paradoxo 296
    Notas 299

Índice 301

Introdução

Durante a pandemia de covid-19, que abalou as rotinas e a vida de alunos, pais e educadores, as escolas passaram por muita coisa.

No *Boston Globe*, Sarah Carr contou a história de "Daniel", de 10 anos — foi utilizado seu nome do meio para proteger sua identidade. Sendo um leitor disléxico que, portanto, tem dificuldades, Daniel finalmente conseguiu o apoio de que precisava de seu distrito escolar* depois de seis anos de esforço de seus pais.

No entanto, quando as escolas fecharam em março de 2020, o apoio foi suspenso — desde as aulas particulares e as aulas em pequenos grupos até as intervenções específicas de ensino.

---

* N. de R.T. Nos Estados Unidos, um distrito escolar é uma entidade governamental responsável pela administração e supervisão das escolas públicas em uma determinada região geográfica. É constituído por um conselho escolar eleito localmente e um superintendente escolar responsável pela implementação das políticas educacionais. Os distritos recebem financiamento de impostos locais e estaduais, e suas responsabilidades incluem contratar professores, estabelecer currículos, alocar recursos, supervisionar as escolas e envolver a comunidade. Seu objetivo é garantir uma educação de qualidade e preparar os alunos para o sucesso acadêmico e pessoal. Para isso, eles têm certo grau de autonomia para tomar decisões referentes à educação implementada nas escolas que comportam, mas estão sujeitos a todas as diretrizes fornecidas pelos governos estaduais e que vêm do que chamam de "escritório central".

A história de Daniel estava longe de ser incomum, já que a pandemia de covid-19 interrompeu as operações de escolas em todo o mundo.

Mas as escolas já tinham dificuldades antes da pandemia.

A maioria desses desafios não era culpa de uma única pessoa, nem das pessoas que trabalham nas escolas hoje. Muitos dos desafios eram o resultado de estruturas e processos criados há muito tempo, para uma época diferente. Essas estruturas ficaram marcadas em nosso mundo como "o jeito que a escola é".

O fato de os alunos começarem o jardim de infância fascinados e acabarem entediados não é uma coincidência. É a consequência lógica de como nossas escolas são organizadas. Durante décadas, esse foi um projeto de sucesso.

Porém, na economia do conhecimento de hoje, que valoriza o capital intelectual, na qual é preciso que todos os indivíduos construam paixões e desenvolvam todo o seu potencial humano, isso não é mais suficiente.

Em meio ao desastre deixado pelo duro golpe da pandemia à sociedade e às escolas ao longo de vários anos escolares, há uma oportunidade de reconstrução das escolas para melhor, mudando os pressupostos fundamentais que sustentam nosso modelo atual de educação.

No entanto, apesar do meu histórico, este não é um livro sobre inovação disruptiva.

Também não é um livro sobre a devastação e perturbação que a pandemia causou.

É um livro sobre o que construímos a partir dessa devastação. O que escolhemos criar.

E isso começa com os educadores.

Embora existam muitos obstáculos sobre os quais os educadores têm pouco controle, este é um livro que visa ajudar gestores, professores e comunidades envolvidas nas escolas (pais e conselhos escolares) a repensar o que estão tentando realizar e a criar um modelo mais solidário que lhes permita atender melhor cada criança. Para os pais frustrados com os desafios encontrados por seus filhos nas escolas, o livro apresenta um caminho a ser seguido a partir da pandemia.

É também um livro para os formuladores de políticas públicas e eleitores, para ajudá-los a repensar o que está impedindo a construção de melhores oportunidades de aprendizagem para todos os indivíduos.

A ideia deste livro é fazer com que deixemos de enxergar a pandemia como uma ameaça gigante e passemos a vê-la também como uma oportunidade. Uma oportunidade para derrubar um sistema educacional que não está funcionando tão bem quanto poderia para todos — e que com certeza não está funcionando para estudantes de baixa renda. Certamente não está funcionando também para muitos meninos e meninas que são julgados pela cor de sua pele e não por seu vasto potencial. E, apesar da percepção popular, tampouco está funcionando para crianças ricas e privilegiadas de nossa sociedade.

O SISTEMA ESCOLAR NÃO ESTÁ OTIMIZADO PARA NINGUÉM

No *podcast Class Disrupted*, que comecei durante a pandemia, com Diane Tavenner — cofundadora da Summit Public Schools, uma rede de 11 escolas na Califórnia e no estado de Washington —, contamos duas histórias de estudantes fictícios para ilustrar um sistema educacional falho que trata os alunos não como indivíduos, mas como partes de um grupo.

A primeira é a de um aluno que chamaremos de Jeremy, o filho único de uma mãe solteira que trabalha em diversos empregos recebendo salário-mínimo, o que faz com que Jeremy fique sozinho em casa em muitos momentos durante o dia. A outra história é a de uma aluna que chamaremos de Júlia, estudante de classe média alta com muito apoio dos pais.

No *podcast*, falamos sobre por que e como o sistema escolar não funciona bem para alunos com uma vida semelhante a de Jeremy, abordando esse cenário em três dimensões: recursos, currículo e avaliação.

Recursos

O sistema escolar de hoje assume que crianças com uma realidade parecida com a de Jeremy têm ferramentas, recursos e oportunidades, quando, na verdade, essas ferramentas não estão facilmente acessíveis a elas.

Famílias com mais recursos podem proporcionar diferentes oportunidades e experiências para suas crianças ou, pelo menos, contratar tutores ou aulas particulares. Mas famílias sem esses recursos têm de se virar como podem, o que, em alguns casos, significa deixar a criança durante horas na frente da TV e dos *videogames*, ou pior. Jeremy não tem acesso a viagens nas férias ou outras chances de expandir seus horizontes e imaginar a vida fora de sua casa e vizinhança próxima. Em anos letivos normais, quando Jeremy retorna para a escola no outono,* seus colegas de classe fizeram de tudo no verão, desde aprender a programar e praticar esportes até participar de acampamentos de artes, ou ter aulas avançadas de matemática para ganhar uma vantagem no retorno à escola. Jeremy não tem nada disso.

O sistema também assume que ele tem acesso a coisas como computadores e internet — ou até mesmo livros em casa para desenvolver seu conhecimento prévio em uma variedade de assuntos, o que lhe daria a base para aprender o que sua escola ensina. Mas, como observamos durante a pandemia, muitas famílias não têm dinheiro para pagar por esses recursos e serviços. Mesmo depois de cerca de um ano tentando obter conexão à internet para todas as crianças, entre 9 e 12 milhões de estudantes ainda não tinham uma internet adequada em casa.[1]

Também não é como se a mãe de Jeremy tivesse consciência de que não consegue pagar todos esses produtos e serviços. Ninguém lhe enviou uma lista deles, talvez ela nem saiba que eles existam. Famílias que não tem essas dificuldades, que contam com mais recursos, conversam e se conectam para descobrir essas oportunidades e trocar informações sobre elas.

Currículo

Na vida, o sucesso não está relacionado apenas com o conhecimento acadêmico que uma pessoa conquista ou com sua "inteligência". Essas coisas são importantes, mas outras habilidades e hábitos também são fundamentais. Muitos estudos sugerem que, depois de atingir um determinado nível de conhecimento acadêmico, outros hábitos e habilidades, juntamente com o acesso a uma rede de contatos, passam a ter bastante importância.

Jeremy acabou não desenvolvendo essas habilidades e hábitos porque o currículo de sua escola não os aborda adequadamente.

---

* N. de R.T. Nos Estados Unidos, o ano letivo dura de nove a dez meses, iniciando entre agosto e setembro e com férias finais entre junho e julho, quando lá é verão. Dessa forma, os estudantes podem ter mais lazer, pois aproveitam o clima mais ameno e quente. Como em alguns locais dos Estados Unidos é muito frio é há muita neve, principalmente no inverno, as estações do ano são referências importantes para os períodos do ano letivo nas escolas e universidades.

Em muitas escolas, ações como ensinar por meio de projetos, desenvolver hábitos de sucesso, fornecer um *feedback* com o qual o aluno possa se desenvolver e conectar os estudantes a novas redes de pessoas não são integradas ao currículo ou são oferecidas apenas como uma "sobremesa" para o "feijão com arroz" tradicional.

Ao não ter acesso a essas oportunidades, Jeremy perde muitas experiências que poderiam mudar sua vida. Tomemos como exemplo hábitos de sucesso, que incluem *mindsets* e comportamentos que envolvem autonomia, capacidade de ação,* mentalidade de crescimento e de execução,[2] para ilustrar o porquê.

Jeremy, como todos nós, não saiu do útero já como um ser humano organizado. Ele não aprendeu hábitos explícitos no seu contexto escolar para ajudá-lo a se destacar. Não ter apoio para aprender as habilidades de autodireção ou de execução significa que pode ser difícil para Jeremy concluir e entregar sua lição de casa todos os dias. Ao contrário de muitos de seus colegas, ele não tem um adulto para lembrá-lo do que fazer. Isso diminui sua autoeficácia.

Uma coisa é pregar às crianças o valor da mentalidade de crescimento ou da determinação, outra bem diferente é mostrar como atingi-las. Nosso sistema educacional faz o oposto de demonstrar essas etapas. Ele, em vez disso, rotula os alunos, classificando-os em grupos estáticos e sinalizando que o esforço deles não importa.

Isso ocorre porque no sistema de hoje o tempo é tido como uma constante, e a aprendizagem de cada aluno é variável.

Os estudantes vão de conceito a conceito depois de passarem um determinado número de dias, semanas ou meses estudando um assunto. Os educadores ensinam, às vezes fazem provas e então passam os alunos para a próxima unidade ou seção do material, independentemente de seus resultados, de seus esforços e do nível de compreensão do tópico. Os alunos geralmente recebem *feedbacks* e resultados muito mais tarde e somente depois de terem progredido ou iniciado o estudo de outros conceitos.

Esse sistema sinaliza aos alunos que não importa se eles ficarem para trás em alguma matéria, porque vão seguir em frente de qualquer maneira. Essa

---

* N. de R.T. O termo em inglês *agency* foi traduzido como "capacidade de ação", ou seja, tudo aquilo que um estudante precisa ter e saber para ter capacidade de agir sobre determinado tópico, situação ou problema com que se depara no seu percurso de aprendizagem.

abordagem minimiza o valor da perseverança e da curiosidade, pois não recompensa os alunos por dedicarem mais tempo a um tópico. Isso também desmotiva os estudantes, pois muitos ficam entediados quando não precisam se esforçar em tópicos que são fáceis para eles, ou então ficam para trás quando veem que não entendem um conceito importante para avançarem. No entanto, a turma continua a avançar, e os alunos vão criando buracos em seus aprendizados. Esse sistema de aprendizagem variável em um tempo fixo falha com os alunos.

Compare isso com um modelo de aprendizagem baseado no domínio — ou nas competências[3] — dos alunos, no qual o tempo se torna variável e a aprendizagem é garantida. Os estudantes só avançam para um novo conceito quando demonstram ter dominado totalmente o anterior. Se eles falharem, tudo bem. O fracasso é parte vital do processo de aprendizagem. Os alunos permanecem com uma tarefa, aprendem com as falhas e se empenham até demonstrarem domínio sobre ela. O sucesso é garantido.

A aprendizagem baseada no domínio incorpora sistematicamente a perseverança em seu formato. Ela demonstra como é ter uma mentalidade de crescimento, porque os alunos conseguem melhorar seu desempenho e dominar conhecimentos acadêmicos, habilidades e hábitos de sucesso.

Mesmo que os professores de Jeremy falem sobre a importância da perseverança e da mentalidade de crescimento, o sistema atual em que ele está preso não o recompensa por esses aspectos, só os desvaloriza.

Da mesma forma, ao não fornecer um *feedback* oportuno com o qual se possa trabalhar, as escolas desmotivam os alunos. Pesquisas mostram que quando um aluno recebe *feedback*, mas não consegue melhorar seu desempenho com ele, isso tem uma influência negativa sobre sua aprendizagem. No entanto, quando o aluno *consegue* usar o *feedback* para aprender, há um impacto positivo na aprendizagem.[4] Isso também abre espaço para interações mais positivas e personalizadas com os professores, o que constrói confiança.

A maioria das escolas também não faz questão de oferecer aos alunos acesso a novas redes de conexão que os ajudem a descobrir novas oportunidades e possibilidades além daquelas que eles conseguiriam com suas famílias ou amigos mais próximos. Conectar os estudantes a pessoas novas pode mudar a vida deles. Isso pode aproximar os alunos de pessoas que podem abrir portas e permitir que eles desenvolvam paixões por áreas que nunca conheceriam de outra forma. Apresentar os alunos a indivíduos bem-

-sucedidos, particularmente aqueles com quem eles compartilhem semelhanças, pode inspirá-los. Na vida, o sucesso muitas vezes não é sobre o que você sabe, mas sobre quem você conhece. Há inúmeras pesquisas que corroboram essa visão.

Porém, crianças como Jeremy enfrentam dificuldades porque não têm esse tipo de oportunidade na escola. E muitas vezes também não têm oportunidades em suas vidas pessoais para compensar essa falta.

Avaliação

Outro fator que faz as escolas não funcionarem bem para crianças como Jeremy é o fato de que o sistema educacional atual foi construído para classificar e *afastar* os alunos do sistema em vários intervalos. Esse sistema faz julgamentos sobre a capacidade dos alunos antes mesmo de eles terem uma chance justa de darem provas de suas condições.

O sistema tradicional de avaliação não existe para determinar o que um aluno sabe e pode fazer. As notas servem para classificar os alunos — e afastá-los de certos caminhos de vida. Isso talvez não prejudicasse um indivíduo quando a economia oferecia empregos bem-remunerados para aqueles que não tiveram sucesso na escola, mas isso não se aplica mais à realidade atual.

Quando Jeremy não entrega sua lição porque não tem uma estrutura propícia em casa que o ajude a lembrar de fazê-lo — e sua escola não o ajuda explicitamente a desenvolver suas próprias habilidades de autonomia e de execução —, sua nota despenca. Ele não consegue mudar isso porque muitas vezes essa avaliação é projetada para rotulá-lo de maneira que as escolas saibam em quais turmas ele deve ou não ser matriculado.

Da mesma forma, avaliações somativas e padronizadas não são usadas para ajudar os professores a descobrirem como seus alunos podem progredir. Elas são usadas para ajudar a direcionar os alunos para diferentes caminhos.

Avaliações não são inerentemente ruins. Elas são essenciais para a aprendizagem. Mas quando são usadas para classificar ou ranquear um aluno, e não para gerar uma ação, elas se tornam contraproducentes. Se Jeremy desenvolveu uma concepção equivocada em um ano escolar anterior porque não tinha o conhecimento de vida necessário para dar sentido a um conceito fundamental para uma nova lição com a qual precisa lidar no

5º ano, sua falta de compreensão vai transparecer em uma prova. As implicações disso vão persegui-lo.

Essas estruturas de nossas escolas são construídas a partir de um legado histórico de classificar os alunos como aptos para diferentes carreiras, de trabalhadores de linha de fábrica a gerentes e líderes. Elas decorrem de uma mentalidade de escassez — de que há apenas algumas poucas oportunidades, e, por isso, devemos selecionar os poucos alunos que poderão se beneficiar delas.

Essa mentalidade de soma zero, de que para cada vencedor deve haver um perdedor, significa que, aos 18 anos, antes que as pessoas tenham vivido a maior parte de suas vidas, rotulamos a maioria dos alunos e sinalizamos para muitos que eles não são bons o suficiente para certos caminhos, ou que estão "abaixo" dos outros.

Embora possa ser mais fácil do ponto de vista "administrativo" da educação do que a alternativa proposta aqui, isso é devastador, pois ignora completamente talentos que poderiam ser desenvolvidos. Também ignora que grande parte da nossa sociedade — como o capitalismo, quando funciona corretamente — é construída sobre uma mentalidade de soma positiva. O sistema escolar e sua mentalidade de escassez são anomalias hoje em dia.

Como Todd Rose, autor de *The end of average*, nos disse em nosso *podcast Class Disrupted*, o oposto de um jogo de soma zero é um jogo de soma positiva, em que as oportunidades ou benefícios aumentam à medida que mais indivíduos alcançam o sucesso. Um dos pensamentos centrais de Adam Smith no século XVIII, disse Rose, é que "a ideia mercantilista de economias de soma zero estava fatalmente errada" e que a sociedade deveria criar as condições corretas nas quais o interesse próprio poderia criar resultados de soma positiva. Um grande benefício de mudar para um sistema de soma positiva é que, em vez de competir para ser o melhor, como em um jogo de soma zero, você compete para ser único.

"A última coisa que você quer fazer é competir com outras pessoas exatamente na mesma coisa, pois isso limita você. Isso limita seu valor", disse Rose. "[Nossa pesquisa mostra que tentar ser único] se traduz em uma satisfação muito maior com a vida".[5]

Isso é o oposto daqueles que competem para serem os melhores,

> [...] em que níveis mais altos de conquistas não se correlacionam com uma maior satisfação com a vida ou felicidade. Portanto, há algo de positivo sobre

entender como competir, como ser único e como alcançar essa singularidade. Isso é importante tanto para a realização pessoal quanto para a vida que queremos viver, mas também, no final das contas, para uma maior contribuição para a sociedade.[5]

A competição pode ser boa. As comparações sociais podem ajudar um indivíduo a perceber que certas coisas são possíveis — coisas que de outra forma ele nunca teria imaginado. Mas quando restringimos a definição de sucesso na vida, classificando e valorizando as pessoas apenas em uma dimensão uniforme e restrita, a concorrência é problemática. A competição também é um problema quando declaramos prematuramente que o jogo acabou.

As pessoas não aprendem de maneira linear, por um mesmo caminho e no mesmo ritmo. Os alunos se desenvolvem em ritmos diferentes. Eles têm diferentes pontos fortes e fracos, isto é, têm o que alguns chamam de "perfis irregulares". Isso ocorre porque os alunos têm diferentes capacidades cognitivas e de memória de trabalho, diferentes conhecimentos prévios, diferentes estados de aprendizagem social e emocional e diferentes contextos.[6] A personalização do ensino é fundamental para atender a essa realidade e para ajudar todas as crianças a alcançarem seus potenciais como pessoas. É vital que não rotulemos os alunos como pertencentes a determinado caminho tão cedo.

Um episódio ocorrido na Califórnia há muitos anos mostra o quão falho é esse sistema — e como os Jeremys do mundo poderiam se beneficiar se ao menos mudássemos nossas pressuposições.

Na escola primária de Santa Rita, no distrito escolar de Los Altos, na Califórnia, uma escola suburbana em uma área abastada da Califórnia, uma cena se desenrolou em 2010, não muito diferente de cenas que acontecem em outras escolas em várias partes dos Estados Unidos. Um estudante do 5º ano, "Jack" (seu nome foi mudado para proteger sua identidade), começou o ano como um dos piores alunos de sua turma em matemática. Ele tinha dificuldades de acompanhar o conteúdo e se considerava uma daquelas crianças que nunca "entendem direito" a matéria. Em uma escola típica, ele seria selecionado e designado a uma turma inferior de matemática — porque o sistema é construído para classificar os alunos, não para apoiá-los. Isso significaria que ele não teria feito álgebra até o ensino médio, o que teria um impacto negativo em suas escolhas de faculdade e carreira.

Mas a história de Jack tomou um rumo menos provável. Sua escola transformou sua turma em um ambiente de aprendizado híbrido no qual os alunos não apenas aprendiam presencialmente, mas também usavam algumas ferramentas *on-line* de aprendizado. Depois de 70 dias usando os tutoriais e exercícios de matemática *on-line* da Khan Academy para uma parte de suas aulas de matemática, de 3 a 4 dias por semana, o aprendizado de Jack começou a se intensificar. Ele deixou de ser um aluno bem abaixo do nível da turma e tornou-se capaz de trabalhar com um material bem acima do nível do ano dele.

A importância disso está não apenas no uso da tecnologia para personalizar a aprendizagem de Jack, mas também no fato de que sua turma rejeitou uma suposição fundamental e implícita no modelo educacional de hoje: como Jack começou o ano atrás de seus colegas, a escola deveria julgá-lo como um aluno que aprende lentamente e colocá-lo em um grupo do qual ele não poderia sair. O agrupamento fixo de crianças por desempenho medido por testes e notas pontuais restringe as suas oportunidades.

Não é ruim só para os Jeremys do mundo

A percepção das pessoas é a de que o sistema de ensino não vai mudar porque aqueles que vêm de famílias abastadas se beneficiam dele. Embora haja alguma verdade nisso, o sistema também não funciona bem para esses estudantes.

Para alunos como Júlia, que têm muitos recursos além da escola, também é preciso um acompanhamento. Como um aluno do ensino fundamental com pais ocupados vai aprender em quais recursos digitais pode confiar ou não, ou quais desses recursos são genuínos ou seguros? As redes sociais e os mecanismos de pesquisa expõem as pessoas a muitas informações questionáveis.

Férias de verão muito longas provavelmente não são muito proveitosas para Júlia. Ela amontoa um monte de seus interesses nas férias, em vez de distribui-los ao longo do ano. Por que isso é negativo? Ao contrário de mostrar um estilo de vida equilibrado, isso faz com que estudos, esportes, artes e outras áreas de paixão disputem o mesmo tempo.

Isso também não é vantajoso para seus pais ocupados, pois eles têm que descobrir como irão preencher os dias de Júlia e como irão fazer com que os horários sejam compatíveis com os de seus exigentes trabalhos. Isso sem levar em conta as despesas e o estresse que eles sofrem enquanto tentam garantir que Júlia não "perca" nenhuma oportunidade. Isso também forçará Júlia a se encher de coisas para fazer durante o ano letivo, o que também vai criar um estresse significativo para ela.[7] Criar uma rotina mais flexível e equilibrada ao longo do ano não privaria Júlia de nada. Ela e seus pais ainda poderiam, idealmente, tirar folgas quando fizesse sentido para eles. E isso melhoraria a rotina dela.

Isso nos remete à segunda questão. Embora seja provável que Júlia, dado seu histórico familiar e seus recursos, tenha um bom desempenho na escola, isso não significa que ela acha a escola atrativa. Provavelmente ela fica entediada e, em breve, também poderá ficar estressada. As chances são de que seu foco fique em torno de "passar de ano", mas é improvável que ache que a escola tem impacto sobre ela ou sobre como aprende. Pensemos no número de alunos do final do ensino médio que simplesmente param de se importar com a escola depois de descobrir em qual faculdade vão entrar. Também é provável que Júlia se forme sem uma noção real sobre com o que se importa ou quais caminhos diferentes ela poderia construir para si mesma após o término do ensino médio. E, pior ainda, muitos alunos como Júlia terminam o ensino médio exaustos e se sentindo fracassados depois de não serem aprovados para ingressar na universidade. Um aluno com quem conversamos para o meu livro *Choosing College* disse que se sentiu como se estivesse tendo "uma crise de meia-idade" depois que a faculdade dos seus sonhos o rejeitou. Ele tinha 18 anos na época.

E isso conclui as várias razões pelas quais o sistema escolar de hoje não funciona para as Júlias do mundo. Passar os finais de semana fazendo aulas de preparação para provas ou ter aulas extras de matemática à tarde apenas para ficar à frente dos outros é exaustivo, além de ser um sinal inequívoco de que a escola é um jogo a ser vencido — e não um caminho para ajudar os indivíduos a se prepararem para a vida. Embora Júlia possa ter as ferramentas para jogar bem o jogo, isso não significa que esse é um jogo que valha a pena ser jogado. É provável que o que ela realmente esteja aprendendo a fazer é se comparar constantemente com os outros usando alguns critérios selecionados, e provavelmente é isso que ela fará quando entrar no ensino médio. Por outro lado, não é provável que ela esteja aprendendo habilidades críticas de organização ou colaboração, muito menos de capacidade de ação, autonomia e alta *performance*. Essas são habilidades importantes não para *entrar na* faculdade, mas para *melhor lidar* com a trajetória acadêmica, o mundo profissional e a vida. A escola a está preparando apenas para uma "verdadeira" crise de meia-idade.

UM MELHOR CAMINHO A SE SEGUIR

Muitas vezes, os debates em torno da melhoria do sistema escolar ficam presos em uma mentalidade de soma zero, em que para cada vencedor deve haver um perdedor. Mas a realidade é que em nosso sistema educacional atual há muito mais perdedores do que vencedores. Ao passar para um sistema de soma positiva e para uma mentalidade de abundância em vez de escassez, podemos transformar esse sistema de forma que ele beneficie tanto os Jeremys quanto as Júlias do mundo.

Nesse mundo, à medida que as crianças crescem, as escolas as ajudam a descobrir e construir suas paixões, a entender o que é preciso para buscar o que querem, a aprender como podem contribuir com valor para a sociedade e a realizar seus potenciais. Embora muitas pessoas tenham medo da mudança por causa do que elas podem perder, todos têm muito a ganhar.

Como as escolas têm passado dificuldades ao longo dos últimos três anos letivos e os meios de comunicação têm demonstrado preocupação com as perdas na aprendizagem das crianças, especialistas em educação já propuseram várias soluções, desde aulas durante o verão para todos até o adiamento da entrada das crianças na escola. O que essas ideias têm em comum é que todos os alunos devem ter mais do mesmo tipo de experiência escolar que sempre tiveram — uma experiência escolar que já não estava funcionando.

Nos próximos anos, os estudantes precisarão de uma abordagem personalizada para atender às suas necessidades — não apenas acadêmicas, mas também emocionais e sociais. Eles precisarão de apoio e ajuda na construção de relacionamentos e redes de contato fortes. Precisarão desenvolver sólidos hábitos de sucesso. Deveremos pensar de forma abrangente e expansiva, porque, se o objetivo é ajudar todos os alunos a terem sucesso na sociedade complexa atual, voltar ao jeito como as coisas eram não é uma opção.

É para isso que este livro foi feito. Nos capítulos a seguir, revisitaremos muitos dos temas e ideias apresentados nesta Introdução. A análise dessas ideias oferece um caminho a ser seguido para que todos os membros da sociedade possam se beneficiar de uma experiência escolar melhor, mais agradável e mais positiva.

- O Capítulo 1 explica como podemos reestruturar a situação em que os educadores se encontram, considerando isso como uma oportunidade, e não como uma ameaça.
- O Capítulo 2 incentiva os educadores a começarem com o fim em mente: qual é o propósito da educação?
- Com o objetivo definido, é mais fácil trabalhar de trás para a frente a fim de garantir que os alunos desenvolvam o que precisam para ter sucesso. O Capítulo 3 traz uma teoria para ajudar as escolas a definirem seu escopo adequado para que possam cumprir com sucesso seus propósitos.
- Nesse contexto, o Capítulo 4 descreve quais são os reais objetivos dos alunos — e no que as escolas tradicionais não conseguem ajudá-los. Esse capítulo sugere que superemos a noção de perda de aprendizado.
- O Capítulo 5 descreve como deve ser a experiência de aprendizagem para ajudar os estudantes a cumprirem suas prioridades. Ele nos mostra por que precisamos de um sistema capaz de garantir que cada aluno consiga atingir o domínio das matérias.
- O Capítulo 6 reconfigura a experiência de ensino com ênfase em ajudar os educadores a pensar no "E" de "educadores" como um "E" de "equipes".
- O Capítulo 7 fala sobre a experiência parental e como projetar escolas e novas soluções para se encaixarem no progresso que os pais desejam para seus filhos.
- O Capítulo 8 aborda o imperativo da tecnologia no mundo de hoje e oferece algumas dicas para a escolha de *software* educacional.
- O Capítulo 9 discute a importância de se ter uma cultura correta e como criá-la.
- O Capítulo 10 ajuda os educadores a criarem uma mentalidade de testar, aprender e reafirmar. Ele propõe que, em vez de criar um "plano" e segui-lo cegamente, os educadores passem a pensar em "planejamento" como um verbo — um ciclo perpétuo que permite que as pessoas aprendam e melhorem.
- Todas essas mudanças descritas nos capítulos anteriores não são fáceis. As partes interessadas vão concordar em diferentes níveis. Para reunir as diferentes perspectivas, o Capítulo 11 oferece uma estrutura

para ajudar os gestores a gerenciar a mudança quando as principais partes interessadas têm visões diferentes sobre os objetivos das escolas ou sobre como alcançar certos resultados.

Com o caos causado pela pandemia de covid-19 e os desafios que educadores, alunos e pais enfrentam, o desejo por novas soluções que funcionem para todos será maior do que antes.

* * *

Para aproveitar os exemplos, continuaremos acompanhando no início de cada capítulo as histórias fictícias de Jeremy e Júlia, ambientadas em uma escola primária na Califórnia.

PONTOS-CHAVE

- O sistema escolar atual não funciona bem para ninguém, dadas as demandas complexas do mundo hoje.
- O sistema pressupõe que todos os alunos têm recursos que eles não têm; negligencia ensinar-lhes certas habilidades e disposições cruciais e conectá-los a outras redes de contatos; e os rotula prematuramente.
- Passar de um sistema de aprendizagem baseado no tempo para um sistema de aprendizagem baseado no domínio é essencial.
- Mudar de uma mentalidade de soma zero para uma de soma positiva é algo que já deveria ter sido feito há muito tempo.
- Existe um caminho a ser seguido que pode ser personalizado para diferentes necessidades dos alunos e pode ajudar todos os indivíduos a construírem suas paixões e alcançarem seus potenciais.

NOTAS

1. LIEBERMAN, M. Most students now have home internet access. But what about the ones who don't? *Education Week*, Apr. 2021. Disponível em: https://www.edweek.org/technology/most-students-now-have-home-internet-access-but-what-about-the-ones-who-dont/2021/04. Acesso em: 4 jun. 2023.

2. De acordo com o Prepared Parents, hábitos de sucesso abrangem uma variedade de mentalidades e comportamentos, incluindo gerenciamento de estresse, autorregulação, autoconsciência, habilidades de empatia/relacionamento, de execução, mentalidade de crescimento, alta *performance*, senso de pertencimento, crença na relevância da educação, resiliência, capacidade de ação, tenacidade acadêmica, autodireção, curiosidade e propósito. Autodireção refere-se à capacidade de os alunos executarem as ações necessárias para atingir objetivos com ou sem ajuda. Capacidade de ação refere-se à capacidade de um indivíduo de tomar suas próprias decisões e agir sobre elas. Mentalidade de crescimento significa acreditar que alguém pode se tornar mais inteligente, que as pessoas não nascem com um nível fixo de inteligência. E a capacidade de execução refere-se à capacidade de se concentrar, manter-se organizado, lidar bem com muitas coisas ao mesmo tempo e planejar o futuro. PREPARED PARENTS. *Focus on habits instead of test scores*. [S. l.: s. n.], 2023. Disponível em: https://preparedparents.org/editorial/focus-on-16-habits-of--success-not-test-scores/. Acesso em: 4 jun. 2023.

3. CompetencyWorks, uma iniciativa do Aurora Institute, elaborou uma definição atualizada, a partir de 2019, de aprendizagem baseada em competências. Sua definição original começou com uma questão sobre como é a aprendizagem baseada em competências "de alta qualidade", e não apenas a aprendizagem baseada em competências. A definição atual, embora abandone a expressão "de alta qualidade" no relatório, manteve a ênfase no que é uma boa prática de aprendizagem baseada em competências. Ela tem sete partes, que são abreviadas aqui:

   a. os alunos são encorajados diariamente a tomar decisões importantes sobre seus aprendizados;

   b. avaliações são importantes e produzem evidências oportunas e acionáveis;

   c. os alunos recebem *feedback* oportuno e diferenciado baseado em suas necessidades;

   d. os alunos progridem com base no domínio do assunto, não no tempo de aula;

   e. os alunos aprendem ativamente usando diferentes caminhos e ritmos variados;

   f. estratégias para garantir a equidade para todos os alunos são integradas;

   g. expectativas rigorosas e comuns de aprendizagem (conhecimentos, habilidades e disposições) são explícitas, transparentes, mensuráveis e transferíveis.

   Ver LEVINE, E.; PATRICK, S. What is competency-based education?: an updated definition. Vienna: Aurora Institute, 2019. Disponível em: https://

aurora-institute.org/wp-content/uploads/what-is-competency-based-education-an-updated-definition-web.pdf. Acesso em: 4 jun. 2023.

4. DELORENZO, R. A. et al. *Delivering on the promise:* the education revolution. Bloomington: Solution Tree Press, 2009.

5. HELP! My child and I are overwhelmed! Entrevistadores: Diane Tavenner, Michael Horn. *Class Disrupted*, 6 ep., 22 jun. 2020. Podcast. Disponível em: https://www.the74million.org/article/listen-class-disrupted-podcast-episode-6-help-my-child-and-i-are-overwhelmed/. Acesso em: 4 jun. 2023.

6. PAPE, B. Learner variability is the rule, not the exception. *Digital Promise Global*, jun., 2018. Disponível em: https://digitalpromise.org/wp-content/uploads/2018/06/Learner-Variability-Is-The-Rule.pdf. Acesso em: 4 jun. 2023.

7. Esse estresse é algo que tem sido bem documentado e é o outro lado dos desafios enfrentados por estudantes e famílias marginalizados. Ver, por exemplo, *The overachievers: the secret lives of driven kids,* de Alexandra Robbins (New York: Hyperion, 2007).

1

De ameaça a oportunidade

Assim que o sinal tocou, a diretora Kathleen Ball desabou exausta em sua mesa. Ela não pôde deixar de sentir que a situação da escola era a mesma dela naquele momento.

Mas como isso aconteceu?

No verão, após o início da pandemia, ela e os outros diretores de escolas do distrito, juntamente com a equipe do escritório central, começaram a tomar medidas. Eles trabalharam incansavelmente para implementar as aulas remotas e melhorá-las de acordo com as diretrizes do Estado.

Em seguida, trabalharam para desenvolver um plano de reabertura que manteria estudantes e professores seguros e saudáveis — e em condições de estudar — uma vez que o governo começasse a permitir que as pessoas voltassem às atividades presenciais, o que não aconteceu até a primavera. A equipe desenvolveu opções presenciais com horários rotativos para que os alunos reduzissem a densidade de pessoas no local. Eles criaram regras de uso de máscara. Novos sistemas de filtragem de ar foram instalados. Eles fizeram parceria com outros distritos para continuar a oferecer uma opção virtual em tempo integral para aqueles estudantes cujos pais, por qualquer motivo, não se sentiam confortáveis em enviar seus filhos de volta para as aulas presenciais. Eles desenvolveram protocolos de testagem e priorizaram os padrões de aprendizagem mais essenciais.

Depois disso, eles detalharam todos os seus esforços em um abrangente plano de reabertura das escolas, de 70 páginas, que foi colocado em circulação *para a comunidade. O plano tinha seções sobre tudo, desde saúde, segurança, bem-estar e instalações até equidade, engajamento entre alunos e tecnologia. Havia seções detalhando planos para funcionários da escola, desenvolvimento profissional, e parcerias e apoio das famílias. Eles realizaram várias sessões de feedback e reafirmaram tudo.*

Os diretores e funcionários do escritório central até incluíram uma seção sobre ressignificar o ensino e a aprendizagem. A verdade, no entanto, é que Kathleen sempre sentiu que essa não era a mais urgente e imediata de suas preocupações — e o modo como a seção foi escrita refletia isso. Havia um monte de frases sobre diferenciação e equidade, mas nada concreto sobre como eles iriam cumprir essas aspirações.

Todo o esforço, no entanto, não tinha sido nada menos que hercúleo. Foi feito para voltar ao normal — o que quer que isso significasse.

"Normal é bom. Argumente isso", ela murmurou para si mesma.

O celular dela tocou. Era um alerta de calendário, mas provocou um pensamento diferente. Nos meses após o início da pandemia, Kathleen lembrou como tinha sido difícil entrar em contato com algumas famílias. Na verdade, para ser honesta, sempre tinha sido difícil.

Mas então ela se lembrou do dia no início de maio quando ela e sua equipe pararam de tentar enviar e-mails *longos para todos os pais e responsáveis e, em vez disso, ela enviou algumas mensagens curtas. Ela lembrou como a mãe de Jeremy, que nunca tinha ido a nenhum evento escolar, respondeu à sua mensagem em poucos minutos.*

Kathleen encontrou essa conversa. A mãe de Jeremy havia mandado uma mensagem para ela em junho dizendo "Obrigada. Foi muito bom ter notícias da escola".

Mas então, quando o distrito enviou o plano de 70 páginas no outono, Kathleen não recebeu nada da mãe de Jeremy.

Por que será? Kathleen sentiu como se elas estivessem construindo um relacionamento.

Ela se esforçou para tentar lembrar. A equipe dela andava tão ocupada que ninguém teve tempo de entrar em contato. E então as brigas com os pais começaram. Discussões sobre tudo, e todos estavam colocando as mãos na massa.

Mas nem um pio da mãe de Jeremy. Ele não retornou às aulas presenciais até o ano seguinte, em algum momento de novembro. O que aconteceu durante todo esse tempo?

Kathleen decidiu mandar uma mensagem para a mãe de Jeremy, quando, aparentemente do nada, os pais de Júlia a surpreenderam batendo à porta do escritório.

Eis dois pais de quem ela tinha ouvido muito falar. Ela piscou os olhos, ajustou o casaco e levantou-se da mesa com um grande sorriso no rosto.

"Fui rápida, hein?", ela pensou. A mensagem teria que esperar.

"Sr. e Sra. Owens. Que bom ver vocês de novo!"

* * *

No começo da pandemia de covid-19, com a quebra das rotinas e dos planejamentos de tantas escolas em todo o país, muitos compreensivelmente sentiram uma grande sensação de perda. Seus estilos de vida estavam sob ataque. A ameaça era clara.

Em resposta, a prioridade das escolas era a segurança. Gestores escolares (um grupo que muitas vezes encurto para "escolas" ou "gestores escolares" ao longo do livro por brevidade e simplicidade), visando reabrir as escolas, se concentraram em pesquisar o que deveriam fazer e como seria possível criar ambientes seguros e higiênicos para alunos, professores e funcionários. As escolas se concentraram em descobrir como oferecer uma educação híbrida, com uma mistura de oportunidades presenciais e remotas. Elas debateram se os alunos deveriam se alternar, indo presencialmente dois dias por semana ou uma semana sim e outra não. Poderia haver aulas aos sábados para que os alunos pudessem frequentar a escola três dias por semana? Elas se debruçaram sobre os dados e a política em torno do uso de máscaras. As escolas exigiriam que os alunos as usassem? Quais eram as últimas notícias do CDC*? E quais seriam as orientações quando os alunos estivessem ao ar livre? As escolas poderiam dar mais aulas ao ar livre? Qual era o número máximo de alunos permitidos dentro de uma sala de aula? Havia outras maneiras de diminuir a densidade das salas de aula? As escolas tinham que renovar seus sistemas de filtragem de ar e ventilação, ou deixar as janelas abertas o tempo todo? E quanto aos ônibus escolares? E os esportes?

Esse trabalho foi importante, mas também insuficiente.

---

* N. de T. Centers for Disease Control and Prevention (CDC) é a organização reguladora da saúde pública nos Estados Unidos.

O que faltava nessa conversa era a seguinte pergunta: como deveria ser o *aprendizado*? Ou seja, independentemente de onde os alunos aprendem, como as escolas poderiam inovar para superar um modelo instrucional projetado para padronizar a maneira como ensinamos e testamos, que funcionou bem para a era industrial, mas não é adequado para o mundo de hoje?

Em muitos casos, as escolas têm procurado replicar a sala de aula tradicional em um novo formato. Um total impressionante de 42% dos professores, por exemplo, relatou em uma pesquisa nacional do Clayton Christensen Institute que suas aulas em formato remoto durante a pandemia foram apenas uma réplica de uma aula sua antes dela.[1] As escolas, alternativamente, ofereciam uma experiência de aprendizado abaixo da média, na qual os alunos, como Daniel, cuja história contei na Introdução, não recebiam o apoio necessário.[2]

Por que as escolas permanecem engessadas? Como elas poderiam ir além de apenas se concentrar na logística da reabertura para fazer perguntas mais profundas sobre o modelo de aprendizagem em si que deveriam adotar?

A RIGIDEZ DA AMEAÇA

Equilibrar várias preocupações em meio a recursos limitados, políticas restritivas e funções docentes que acabam limitando os próprios professores ajuda a explicar algumas das dificuldades para inovar nesse meio. A pesquisa de Clark Gilbert, ex-presidente da Brigham Young University Pathway Worldwide e da BYU-Idaho, sugere outro conjunto importante de fatores, bem como um caminho a ser seguido.

Na pesquisa de Gilbert, ele descobriu que toda vez que havia uma mudança "descontínua" — um evento abrupto no ambiente —, se uma organização a enquadrava como uma ameaça, então ela era capaz de mobilizar muito mais recursos para enfrentar o desafio do que se ela a enquadrasse como uma oportunidade. Isso significa que dizer que a interrupção causada pela covid-19 é uma oportunidade para reinventar a educação provavelmente não daria certo. Isso ecoa as descobertas dos ganhadores do Prêmio Nobel Daniel Kahneman e Amos Tversky de que as pessoas geralmente estão mais dispostas a comprometer recursos financeiros com algo quando percebem que, se não os usassem, os perderiam.

Mas há um *insight* adicional.

Embora enquadrar algo como uma ameaça possa fazer com que uma organização reúna os recursos para enfrentar o desafio, também pode fazer com que ela responda adotando algo chamado de "rigidez de rotina" ou "rigidez de ameaça". Quando isso acontece, a organização redobra a exigência em seus processos ou rotinas existentes. Isso resulta em mais controle de cima para baixo; menos experimentação (especificamente no momento em que a organização precisa estar experimentando muito, dadas as novas circunstâncias); e foco voltado para a utilização dos recursos existentes na organização, em vez de questionarem o que mais poderia ser feito para responder à ameaça. Quando Gilbert estudou isso na indústria de jornais, ele descobriu que as organizações que viam a internet como uma ameaça organizavam recursos para investir nela, mas "a maioria dos *sites* simplesmente reproduzia o jornal" de forma *on-line*.[3]

Soa familiar?

Isso é, em muitos aspectos, o que as escolas fizeram durante a pandemia. Em meio a uma enxurrada de manchetes e estudos sobre a perda de aprendizado de seus alunos e perguntas sobre como as escolas ofereceriam aulas *on-line* ou, ainda, na maioria dos casos, sobre como seriam capazes de levar os alunos de volta à sala de aula, não havia dúvida de que as escolas veriam o momento como uma ameaça. Muitos mobilizaram recursos para enfrentar essa ameaça. A maioria das escolas apenas se defendeu e procurou fazer as coisas funcionarem sem fazer perguntas mais fundamentais sobre como deveriam ser as experiências de ensino e aprendizagem. Elas normalmente replicavam as experiências existentes de sala de aula, processos de ensino, papéis do educador, currículo, conteúdo, e assim por diante — e simplesmente as modificavam de acordo com a circunstância e a modalidade, ou seja, se estavam em formato *on-line*, presencial ou híbrido.

Em outras palavras, enquadrar a pandemia como uma ameaça foi importante para mobilizar recursos. A pesquisa de Gilbert sugere que focar a atenção na possível perda de aprendizagem tem sido importante para estimular os investimentos federais em níveis sem precedentes para dentro das escolas.

Mas essa classificação da pandemia como ameaça criou uma resposta inflexível, ligada aos processos tradicionais, em vez de imaginar o que a educação poderia ser. Isso não é tão diferente da pesquisa que mostra que é difícil para as pessoas se sentirem curiosas enquanto se sentem ameaçadas.[4]

O Capítulo 4 investiga mais profundamente por que uma mudança na forma de enxergar a possível perda de aprendizagem é importante e como isso deve ser pesquisado nas escolas. Como contribuição, o trabalho de Gilbert apresenta uma forma mais escalável e aplicável de escapar da rigidez de uma ameaça.

Depois de definir algo como uma ameaça, com o objetivo de reunir os recursos necessários, é importante transferir a responsabilidade para um novo grupo independente que possa reformular a ameaça como uma oportunidade. Nesse caso, a oportunidade é reimaginar a experiência escolar. Como Gilbert observou, reconhecer algo como uma ameaça e como uma oportunidade era algo "[...] difícil de enxergar em um ambiente no qual o foco era manter as responsabilidades operacionais para que tudo continuasse funcionando".[3]

Outra maneira de pensar nisso é que, se não houver pelo menos uma pessoa na organização cujo trabalho em tempo integral seja se concentrar na oportunidade em questão e inovar, isso não será trabalho de ninguém. Isso acontece porque as prioridades do dia a dia da organização drenarão a energia e o foco para se criar algo novo e diferente. Em outras palavras, as tarefas urgentes e imediatas que surgirem, mesmo que não sejam importantes a longo prazo, quase sempre vão suplantar o trabalho importante, mas menos urgente, da transformação a longo prazo.[5]

AUTONOMIA

Quão independente deve ser um grupo de pessoas para ser capaz de reformular uma ameaça como uma oportunidade, escapar da cultura da organização existente e inovar com sucesso? A pesquisa de Gilbert destaca os benefícios para uma organização em criar um grupo separado que tenha laços com a organização-mãe para o compartilhamento de certos recursos. Para demonstrar com mais precisão como seria algo nesse formato, aqui está uma estrutura para ajudar a orientar os líderes escolares.

Toda organização tem recursos, processos e prioridades.

Pense que os recursos incluem professores, currículo, salas de aula, tecnologias, livros, e assim por diante.

Processos são formas de trabalhar em conjunto para lidar com tarefas recorrentes de forma consistente. Eles cobrem tudo, desde como os professores fazem a chamada até a forma como eles planejam as aulas e ensinam, além de como a escola cria seu cronograma principal e conduz o desenvolvimento profissional de seus funcionários.

Prioridades são o que uma organização deve realizar.[6]

Depois de entender os recursos, processos e prioridades de uma organização, podemos ver o que ela é capaz de fazer, mas também o que é incapaz de fazer. Qualquer inovação que se encaixe nos recursos, processos e prioridades de uma organização será prontamente adotada, mas qualquer inovação que não se encaixe perfeitamente em todos os três será distorcida e transformada para se adequar às capacidades existentes da organização ou ignorada e rejeitada.

O que é fundamental ao tentar reformular uma ameaça como uma oportunidade é criar uma nova organização que tenha liberdade suficiente para repensar os recursos, processos e prioridades de uma organização-mãe. Isso não significa que todas essas coisas serão descartadas. É bem possível pegar emprestadas coisas da organização-mãe, particularmente os recursos, que, dos três, são os mais fáceis de serem compartilhados sem arruinar as chances de um grupo independente de criar algo totalmente novo.

Se a transformação total é o objetivo, então a regra geral é que um líder não deve permitir que a organização-mãe imponha seus recursos, processos e prioridades existentes ao grupo autônomo. A equipe independente deve ter a liberdade de tomar as decisões sobre o que vai e o que não vai tirar da empresa-mãe.[7] Quanto mais liberdade essa equipe tiver para repensar os processos e prioridades da organização-mãe, maior será o nível de inovação possível.

Isso significa que o trabalho do líder é duplo: primeiro, o de garantir que a organização-mãe existente reconheça seu papel crítico de continuar na execução de suas prioridades enquanto o novo grupo inova e, segundo, o de proteger a equipe independente.

O TOYOTA PRIUS

A história de como a Toyota criou o Prius, o primeiro carro híbrido comercialmente bem-sucedido, mostra como é possível formar uma equipe com um grupo de pessoas experientes, dando-lhes flexibilidade e liberdade para repensar os recursos e processos para a construção de carros.[8]

Em meio a um grande interesse em aumentar a eficiência de combustível dos automóveis na década de 1990, a Toyota se interessou em construir um automóvel híbrido que usaria gás e eletricidade. Quando a Toyota desenvolveu seu carro híbrido, o Prius, no entanto, ela não podia usar suas equipes atuantes existentes e mantê-las sob suas regras hierárquicas de produção porque o carro híbrido tinha uma arquitetura completamente diferente.

A Toyota teve que desenvolver novos componentes que interagissem uns com os outros de novas maneiras. O motor de combustão interna teve que compartilhar a responsabilidade de alimentar o carro com um motor elétrico, e cada um teve que entregar essa responsabilidade ao outro em circunstâncias diferentes. Os freios não apenas desaceleravam o carro; eles também precisavam gerar eletricidade. Isso, por sua vez, mudou completamente o papel da bateria no sistema. Com os componentes executando funções não tradicionais, os engenheiros precisavam encontrar maneiras alternativas de integrá-los de forma coerente.

Para resolver esses problemas, a Toyota reuniu as principais pessoas de cada departamento e as juntou como uma equipe separada em um local completamente diferente. Embora essas pessoas trouxessem seus conhecimentos e experiências para a equipe, seu papel não era representar os interesses ou necessidades de seus respectivos departamentos. Em vez disso, seu papel era usar seus conhecimentos para ajudar a gerar uma arquitetura completamente diferente para o automóvel.

Essa separação e clareza de missão — e a sensação de que estavam criando algo para o futuro, em vez de estarem se protegendo de uma ameaça de aumento de regras para carros movidos a gasolina — deu-lhes a capacidade de colocar os interesses de um grupo à frente dos de outro: adicionar custos em um lugar para que pudessem melhorar o desempenho ou economizar custos em outro; combinar certos componentes, eliminar outros inteiramente, inventar novos, e assim por diante. Essa estrutura de equipe facilitou a criação de uma máquina muito elegante.

Em contraste, a maioria dos concorrentes da Toyota projetou seus carros híbridos usando suas estruturas e hierarquias existentes. Seus carros não tiveram um desempenho tão bom quanto o Prius, que teve desempenho superior e vendas muito maiores do que as outras ofertas de híbridos.

A Toyota manteve sua equipe intacta para a segunda geração do Prius a fim de refinar a arquitetura e garantir que ela soubesse como as peças do sistema funcionavam umas com as outras. Como seus engenheiros aprenderam claramente como o sistema funcionava, eles começaram a codificar exatamente como fazer cada componente e como cada componente deveria interagir com todos os outros componentes afetados. Ao fazer isso, na próxima geração, os engenheiros poderiam projetar o Prius em uma nova estrutura e organização que também poderia ser usada para outros automóveis novos que eles criariam.

SOUTHERN NEW HAMPSHIRE UNIVERSITY

A lógica de formar uma equipe independente para resolver um problema urgente não foi confirmada apenas em indústrias fora da educação. A Southern New Hampshire University tem usado extensivamente essa lógica na concepção de suas próprias respostas aos problemas que no início eram vistos como grandes ameaças, antes de serem transformados em oportunidades.

Se você nunca ouviu falar da Southern New Hampshire University (SNHU), hoje ela é uma das maiores e mais bem-sucedidas universidades do mundo, com mais de 160.000 alunos matriculados. Mas nem sempre foi assim. Quando seu atual presidente, Paul LeBlanc, ingressou na SNHU em 2003, ela era uma instituição ameaçada. Sua taxa de matrículas estava diminuindo e suas finanças colocavam a universidade à beira da sobrevivência.

Um ativo interessante que a universidade tinha era uma oferta de aulas *on-line*, mas essa área era pequena e não estava crescendo. Com sua sobrevivência em jogo, não foi difícil argumentar que investir em aprendizado *on-line* era fundamental. Mas foi o movimento de LeBlanc de separar a divisão *on-line* e criar uma estrutura organizacional diferente daquela que supervisionava o *campus* físico da universidade que se mostrou crítica.

Com uma organização separada no lugar, a universidade foi capaz de mudar tudo sobre sua divisão *on-line*. A equipe notou pela primeira vez que os alunos que estavam se matriculando nos programas *on-line* eram diferentes daqueles que frequentavam as aulas presenciais. Neste último caso, eles geralmente eram alunos recém-graduados do ensino médio procurando dar um próximo passo na continuidade dos estudos. Em contraste, os alunos que iam para os programas *on-line* eram tipicamente adultos no mundo do trabalho que procuravam ascender em suas carreiras. Eles já haviam tido toda a experiência de vida que aguentaram, como disse LeBlanc, e o que eles queriam era o caminho mais eficiente para ganhar novas habilidades. Para que ambos os grupos fossem bem atendidos, eram necessários processos muito diferentes.

Por exemplo, para os alunos de 18 anos, a SNHU fornecia informações gerais e básicas de ajuda financeira durante a 1ª série do ensino médio. Não entrar em mais detalhes por pelo menos um ano funcionava bem tanto para o aluno quanto para a universidade. Qualquer questão dos estudantes levava semanas para ser resolvida porque não havia urgência em nenhum dos lados.

Mas os estudantes mais velhos, que tinham uma urgência maior em suas vidas, precisavam de respostas sobre ajuda financeira imediatamente. A hora de agir era agora ou nunca. Esperar horas, ou até semanas, para responder era tarde demais.

O que tinha de mudar na SNHU? "Praticamente tudo", disse LeBlanc aos autores do livro *Muito além da sorte*.[9] Ele deu à equipe *on-line* permissão para repensar não apenas os recursos e processos da SNHU, como no exemplo da Toyota, mas também as prioridades da organização, o que resultou em inovações que se afastaram drasticamente do *status quo* da universidade.

Os futuros alunos precisavam de respostas rápidas para perguntas sobre ajuda financeira. Também precisavam saber em poucos dias se seus créditos universitários anteriores contariam para uma nova graduação na SNHU. E, depois de se candidatarem, eles precisavam saber rapidamente se tinham sido aprovados — caso contrário, procurariam outro lugar. O processo de admissão que levava meses e que era rotineiro para estudantes do ensino médio não daria certo na divisão *on-line*.

A SNHU percebeu que não bastava apenas matricular os alunos; ela tinha que apoiá-los até e durante a graduação. Isso significava focar as dimensões emocionais e sociais em torno da jornada de um aluno. A escola *on-line* da SNHU começou a designar aos alunos um conselheiro pessoal, por exemplo, que ficava em contato constante com eles enquanto tentava perceber quaisquer sinais preocupantes, o que, em muitos casos, acontecia antes mesmo de os alunos notarem.

Isso também mudou a forma como a SNHU media o sucesso em cada etapa da jornada do aluno. Por exemplo, antes a SNHU teria avaliado como tinham sido suas respostas às questões dos alunos em termos de quantidade e, em seguida, esperaria que os alunos interessados ligassem. Mas agora o objetivo da SNHU Online era ligar de volta para um aluno em potencial em menos de 10 minutos.

O movimento para dar autonomia à divisão *on-line* permitiu que ela visse o aprendizado *on-line* não apenas como algo para tentar evitar uma ameaça existencial, mas como uma grande oportunidade para a SNHU atender os milhões de adultos trabalhadores de todo o mundo que precisavam de mais educação para melhorarem suas vidas.

A equipe aproveitou essa oportunidade. Atendendo cerca de 500 estudantes *on-line* em 2010, a SNHU passou a atender cerca de 17.000 alunos em 2012, 35.000 em 2014, 60.000 em 2016, e mais de 130.000 em 2018. Além disso, o sucesso contribuiu para que seu *campus* físico, que em 2010 recebia cerca de 2.500 alunos, passasse a receber 3.913 estudantes em 2018.[10]

Quando a covid-19 chegou, LeBlanc decidiu classificar a pandemia tanto como ameaça quanto como oportunidade. A ameaça aos *campi* físicos era clara. LeBlanc pretendia usar essa ameaça como uma oportunidade para reinventar a experiência da universidade física, que, em sua opinião, já vinha se arrastando havia anos e estava cada vez mais fora de alcance e insustentável do ponto de vista financeiro tanto para os alunos quanto para as próprias faculdades.

A equipe da SNHU estava convencida havia muito tempo de que deveria existir uma maneira de reinventar a experiência do *campus*. O objetivo ainda era permitir que os alunos desfrutassem das experiências de amadurecimento que a faculdade é tão boa em fornecer, mas também estimular o aprendizado *on-line* baseado em competências — no qual, como explicado na Introdução, os alunos progrediriam com base no domínio dos conhecimentos que eram ensinados, e não no tempo de aula — para criar uma experiência de aprendizado mais robusta. Ao fazê-lo, LeBlanc também queria reduzir drasticamente o preço da faculdade, o que representa uma "placa de pare" para muitos que questionam se a faculdade é possível para eles.[11] A covid permitiu que a SNHU acelerasse e imprimisse urgência no planejamento que estava em andamento havia algum tempo.

Em abril de 2020, a SNHU anunciou que todos os seus calouros receberiam uma "bolsa inovação" única que cobriria suas mensalidades completas do primeiro ano. Por sua vez, os calouros fariam todas as suas aulas *on-line* enquanto vivessem no *campus* (assumindo que ele estivesse aberto durante a covid-19) e participariam de atividades da faculdade.

Após o primeiro ano, o plano da SNHU era relançar seu programa presencial com um preço de US$ 10.000 por ano — uma redução de 61% em relação à taxa anterior de US$ 31.000 por ano — e oferecer um programa que misturasse aulas *on-line* com aulas presenciais adotando a aprendizagem baseada em competências. O primeiro ano gratuito daria ao corpo docente a oportunidade de desenvolver e testar o programa antes de relançar a experiência do *campus* físico. Em última análise, a universidade reabriu com programas oferecidos a dois preços: um a US$ 10.000 por ano, com um componente significativo de aprendizagem baseada em projetos, e outro a US$ 15.000 por ano, oferecendo uma instrução presencial mais tradicional.[12]

LeBlanc disse que, para isso, eles tiraram pessoas de suas funções do dia a dia e as designaram para a equipe de transformação do *campus*. A equipe foi liderada por um de seus reitores, que foi liberado provisoriamente de suas responsabilidades anteriores. A SNHU também colocou sua reitora na equipe em tempo integral, substituindo seu papel provisoriamente. A partir daí, a SNHU adicionou três gerentes de projeto. Todas as funções eram em tempo integral para que os indivíduos pudessem se concentrar completamente na nova experiência, embora LeBlanc reconhecesse que alguns membros da equipe poderiam fazer a transição de volta para suas antigas funções ou para novas atribuições assim que a SNHU entrasse no modo de implementação completa.

A autonomia era fundamental para que os indivíduos tivessem tempo, espaço e liberdade para desenvolver as novas propostas — e não fossem sobrecarregados com a necessidade de equilibrar simultaneamente as demandas de seus trabalhos anteriores, que sempre se apresentariam como mais urgentes, dadas as necessidades do dia a dia de alunos, professores e funcionários.

O padrão é simples. Uma ameaça ganha recursos para ser enfrentada, mas um líder não deve permanecer com esse pensamento em mente. Criar uma equipe independente para enfrentar tal ameaça permite que a organização a reformule como uma oportunidade. Isso possibilita que a organização escape de uma resposta de cima para baixo, em que os funcionários só seguem as ordens estritamente, reinventando a experiência.

Southern New Hampshire University:
https://www.youtube.com/watch?v=MxYZgmoeIuM

REFLETINDO SOBRE ISSO NAS ESCOLAS DE ENSINO FUNDAMENTAL E MÉDIO

Quando conversamos com líderes educacionais de escolas de ensino fundamental e médio, essa estrutura pode parecer fora de alcance e até impossível. Como os gestores poderiam conceder a autonomia necessária sem ter que fazer uma escola completamente nova? Foi o que a Hawken School, uma prestigiada escola particular perto de Cleveland, fez, por exemplo, para ser pioneira na aprendizagem baseada no domínio. Ela criou uma escola chamada Mastery School of Hawken. Isso também é o que outra prestigiada escola particular, a Lakeside School, em Seattle, fez para lançar uma nova microescola, a Downtown School, a um preço significativamente menor.

Essa estratégia está fora de alcance para as escolas públicas?

Não.

Nas escolas de ensino fundamental e médio, uma equipe autônoma pode assumir muitas formas. Um gestor poderia liberar um grupo de educadores de um distrito de suas funções diárias e incumbi-los de reimaginar a educação que eles poderiam oferecer. Esse grupo poderia funcionar como uma equipe separada dentro de uma escola e ser pioneiro de um novo modelo de sala de aula ou de uma nova maneira de ensinar uma determinada matéria ou de realizar avaliações. O grupo independente também poderia existir como uma escola dentro de uma escola, uma microescola ou um grupo de estudos dedicado a criar e implementar essas inovações. Também poderia criar uma nova escola inteiramente.

O objetivo pode ser projetar experiências de aprendizagem mais atraentes e que se concentrem menos no tempo em que os alunos são ensinados e mais em como ajudar cada criança a desenvolver seu caráter e seus hábitos de sucesso, como capacidades de ação e de execução, garantindo que cada criança tenha uma forte base social, emocional e de saúde com uma reserva de capital social; e, em vez de simplesmente se concentrar apenas no ensino de conhecimentos e habilidades acadêmicas, também busque garantir que cada criança aprenda e domine os conhecimentos e habilidades mais importantes, permitindo que elas desenvolvam suas paixões e seus potenciais únicos. A hierarquia tradicional em um distrito poderia continuar a se concentrar na operação das escolas como as conhecemos, enquanto esse novo grupo se concentra na implementação de diferentes inovações projetadas para dar mais apoio a professores e alunos.

Esse modelo sugere uma nova maneira de os distritos se envolverem com microescolas e grupos de estudo como o sugerido anteriormente. Muitos distritos têm visto essas escolas emergentes como uma ameaça ao modo como eles sempre operaram ou como ações que vão criar desigualdade. Mas a perspectiva de ameaça/oportunidade nos ajuda a ver que os distritos poderiam reformular tais microescolas e grupos de estudo como sendo algo que eles mesmos poderiam operar para garantir que todas as crianças tenham relacionamentos sociais profundos e saudáveis. Eles poderiam enxergá-los como parte de um mosaico de ofertas para que sejam capazes de fornecer uma variedade de opções que se encaixem nas diferentes circunstâncias de todos os alunos e famílias. E eles poderiam vê-los como formas de oferecer experiências de aprendizagem personalizadas para as necessidades particulares das crianças, para que elas não fiquem para trás no aprendizado da leitura ou da matemática ou na investigação de diferentes áreas de conhecimento.

A chave é escapar da rigidez da ameaça armando uma equipe relativamente independente de educadores dispensados de suas responsabilidades atuais. Seja como for, a autonomia e o foco são pontos importantes.

Como Jeff Wetzler, um dos fundadores da Transcend Education, uma consultoria de projetos escolares, disse: "[O trabalho é] demorado. Ainda estamos tentando achar uma maneira de fazer com que isso funcione sem tempo e espaço reservados especificamente para isso. Se apenas tentarmos enfiar isso no cronograma existente, simplesmente não vai acontecer".

Ou como Tavenner disse: "A escola não para. Normalmente, os educadores pensam 'eu tenho uma semana para fazer o planejamento do meu mestrado' no verão, e é isso".[13] Esse tempo não é suficiente para repensar as possibilidades de um modelo de educação já antiquado e vê-lo como uma grande oportunidade não explorada.

Aprofundaremos mais a questão de repensar a educação, mas há uma observação final nas descobertas de Gilbert que vale a pena ser destacada.

Na pesquisa de Gilbert, alguém vindo de fora quase sempre exerceu uma influência significativa em cada um dos jornais que, com sucesso, deixaram de ver a internet como uma ameaça e passaram a vê-la como uma oportunidade, criando um grupo independente para estudar o que seria possível fazer com ela. Nesses casos, um membro do conselho, um associado ou alguém novo na organização chegava dizendo que o jornal tinha de questionar suas definições de como deveria ser seu *site* e sua estrutura de suporte, em vez de simplesmente replicar o que eles já tinham de forma *on-line*. Como Gilbert escreveu: "Envolver influência externa ao decidir como responder a mudanças descontínuas aumentará a probabilidade de que os gerentes diferenciem estruturalmente um novo empreendimento de sua organização-mãe".[3]

Nas escolas, isso significa que os conselhos escolares e a comunidade em geral têm um papel importante a desempenhar ao autorizarem ou pressionarem a gestão escolar e distrital a criar entidades relativamente independentes que sejam pioneiras em novas formas de escolarização — sejam esses arranjos novas escolas, escolas dentro das escolas, microescolas ou grupos de estudo como os descritos anteriormente. Como Gilbert escreveu: "Influência externa, estruturas diferentes e novas oportunidades [que] se combinem para aliviar a rotina em uma nova proposta" eram fatores importantes em tempos de mudança descontínua.[3] Alguns exemplos reais podem ajudar a mostrar como é possível implementar essas mudanças.

Mastery School of Hawken:
https://www.youtube.com/watch?v=LZ2Pk6TcQCU

Kettle Moraine

A cerca de 30 minutos de Milwaukee, fica o distrito escolar de Kettle Moraine. Com 11 escolas que atendem pouco menos de 4.000 alunos oriundos principalmente de famílias de renda média e alta, esse distrito escolar suburbano apresentou um desempenho que foi considerado alto em comparação com os outros, com mais de 80% dos alunos graduados dando sequência aos estudos a cada ano.

Por trás dos resultados positivos, no entanto, havia oportunidades para melhorar. Apenas 45% dos estudantes estavam terminando os estudos que iniciavam após saírem da escola, uma porcentagem abaixo da média nacional. Com uma ameaça identificada, o distrito reuniu recursos para enfrentar o desafio.

O distrito não manteve a classificação de ameaça. Uma vez que reuniu os recursos, ele se mobilizou para criar uma variedade de ambientes independentes para personalizar a aprendizagem por meio de microescolas (escolas dentro das escolas, nesse caso) de não mais de 180 alunos. Cada uma tinha características únicas. Kettle Moraine autorizou três microescolas autônomas em seu *campus* de ensino médio e uma em uma de suas escolas primárias para ajudar a implementar um modelo baseado no domínio que personaliza a aprendizagem, separando sete espaços em sua escola para isso.

Dentro de cada ambiente de aprendizagem, os educadores identificaram perfis de aprendizagem baseados em dados, bem como trilhas de aprendizagem personalizados para cada aluno, nos quais o progresso dos estudantes dependia do desempenho que obtinham no processo. Sua microescola autônoma, por exemplo, gira em torno de projetos. Os alunos usam os projetos para demonstrar o domínio das competências necessárias. Outra microescola, no nível de ensino médio, permite que os alunos obtenham certificações de enfermagem e técnico de emergências médicas.

Com um alto nível de responsabilidade estabelecido, as inovações parecem estar funcionando.[14] Os resultados do exame do Programa Internacional de Avaliação de Estudantes (Pisa), um estudo comparativo internacional realizado pela Organização para a Cooperação e Desenvolvimento Econômico (OCDE), classificariam o distrito entre os principais países do mundo. De acordo com a *Education Week*, os alunos do ensino médio tradicional do distrito tiveram um desempenho tão bom quanto o dos alunos do Canadá, da Finlândia e de outros países europeus, à medida que os alunos de suas escolas autônomas tiveram o mesmo desempenho que o de Cingapura — o segundo lugar do *ranking* na época —, com um engajamento muito alto no aprendizado.[15]

Distrito escolar de Kettle Moraine:
https://www.youtube.com/watch?v=GhuTgnAz6fQ

O movimento microescolar

Muitos distritos escolares consideraram o rápido crescimento de microescolas e grupos de estudo durante a pandemia como algo semelhante a estudantes se matriculando em aulas particulares de matemática fora do horário escolar. Eles pensaram que era algo que certas famílias estavam fazendo para dar a seus filhos uma vantagem sobre os outros alunos. Eles desejavam que essas novas escolas desaparecessem.

Mas alguns distritos adotaram uma perspectiva diferente.

Como Eric Gordon, CEO do distrito escolar municipal de Cleveland, disse: "As comunidades suburbanas estavam formando esses grupos por conta própria. Por que meus filhos não deveriam ter esses benefícios também?".[16]

O distrito angariou novos recursos trabalhando com diversas organizações comunitárias (Cleveland Foundation, MyCom, Say Yes Cleveland e United Way of Cleveland) para abrir 24 desses grupos durante a pandemia e atender 808 dos alunos em situação mais vulnerável de Cleveland.[17]

De acordo com uma pesquisa nacional do Clayton Christensen Institute, Cleveland estava entre os 11% dos distritos escolares que tiveram "centros de aprendizagem" funcionando na primavera de 2021. Segundo a pesquisa, 5% dos distritos pretendem continuar com esses centros em funcionamento após a pandemia.[18]

O Center for Reinventing Public Education trabalhou com a TNTP, uma consultoria educacional sem fins lucrativos, para criar parcerias mais sólidas com seis distritos escolares, com o objetivo de converter esse movimento dos grupos de estudo em algo mais duradouro e transformador.[19]

O distrito escolar de DeKalb County, na Geórgia, por exemplo, está usando esses grupos para reinventar escolas alternativas, que atendem estudantes que desistiram ou se transferiram de escolas tradicionais. Como muitas escolas alternativas têm um histórico de enfrentar dificuldades, elas são lugares onde o distrito acha que os grupos de estudo como os descritos anteriormente podem ajudar a fazer a diferença.

As Edgecombe County Public Schools, na Carolina do Norte, lançaram centros de aprendizagem durante a pandemia para ajudar os alunos a se conectarem às aulas *on-line* e a receberem apoio presencialmente quando necessitassem. Os gestores distritais descobriram que as famílias valorizavam uma maior flexibilidade em torno de onde e quando a aprendizagem acontecia, e então eles trabalharam com alunos e professores para projetar um modelo escolar em que a escola seja considerada referência e lidere várias ações com o mesmo objetivo na região. A longo prazo, o distrito espera que esse modelo ofereça uma nova possibilidade à escola, estabelecendo conexões mais fortes entre a escola e a comunidade. Nesse futuro mais híbrido da educação, os alunos se matriculariam em uma escola presencial ou virtual como sendo a referência de sua experiência, e, em seguida, esses alunos do ensino fundamental e médio se juntariam a ações educacionais próximas dessa escola referência — ou em grupos baseados em interesses próprios —

no resto do tempo. Alunos do ensino médio receberiam apoio de tutores e trabalhariam em funções ou estágios remunerados.

As Guildford County Public Schools, também na Carolina do Norte, estão procurando criar dias letivos em que os alunos do ensino médio tenham três horas de aula presencial e, em seguida, tenham um tempo mais flexível fora da escola para se envolver em uma variedade de atividades, incluindo realizar as atividades dadas como tarefas, trabalhar ou receber tutoria, entre as experiências educacionais possíveis. O distrito prevê isso como parte de uma ressignificação de suas escolas de ensino médio, que não estavam sendo muito eficazes com relação à educação oferecida, mesmo antes da covid-19.[17]

Grupos de estudo de Cleveland:
https://www.facebook.com/watch/?v=826632394829967

E se um distrito considerar que não dará conta?

Com recursos escassos, professores sobrecarregados e métodos de trabalho restritos, muitos distritos não têm capacidade interna para fazer o que o distrito de Kettle Moraine fez.

Porém, só porque uma determinada escola ou distrito não tem tempo ou recursos para fazer esse trabalho, não quer dizer que não possa executar essas ideias — nem que seja necessário construir tudo a partir do zero. Existem inúmeras escolas ao redor do mundo que já colocaram em prática muitas ideias inovadoras em que outras escolas podem se inspirar e fazer as adaptações necessárias. Para conseguirem executar as ideias, as escolas podem procurar por grupos externos — sejam eles membros da comunidade, pais, consultores não remunerados ou prestadores de serviços experientes — que possam se dedicar em tempo integral para inovar.

Para começar, os distritos podem usar os recursos federais concedidos pela Lei Cares*. Muitos se preocuparam com a possibilidade de que esses recursos fossem usados para adicionar funções ou serviços que não seriam

---

* N. de T. A Lei Cares (Coronavirus Aid, Relief, and Economic Security Act) foi um estímulo econômico do governo dos Estados Unidos promulgado em resposta à pandemia de covid-19.

sustentáveis depois que o financiamento acabasse. Mas usar o dinheiro para levantar uma equipe autônoma temporária, como a SNHU e a Toyota fizeram, a fim de criar uma inovação duradoura que possa dar retorno e transformar as escolas tradicionais, é um ótimo uso dos impostos dos contribuintes.

Wetzler sugeriu que as escolas olhassem com mais atenção para alguns fatores, como disponibilizar tempo para professores trabalharem nesses projetos, tempo após as aulas e durante o verão para um intensivo de planejamento, além do uso de algum tipo de suporte externo que possa facilitar as sessões de planejamento ou até sintetizar pesquisas e operar como gerente de projeto.

Como o cofundador da Transcend Education, Aylon Samouha, disse:

> Em outras indústrias, vale a pena lembrar que o tempo e o espaço destinados para pesquisa e desenvolvimento muitas vezes não são cedidos aos profissionais enquanto eles fazem seu trabalho. Os médicos que estavam na linha de frente da pandemia de covid-19 não foram os encarregados de criar a vacina.

Outra abordagem possível, de acordo com Samouha, é um grupo externo ajudar uma equipe de uma escola ou distrito a fazer uma sessão de *brainstorm* por uma hora. Mesmo que a equipe não possa dedicar horas ao trabalho subsequente, se um consultor externo puder fazer 15 horas de trabalho após a sessão, então um distrito começará a obter o tipo de direcionamento de que precisa para aproveitar totalmente esses esforços de planejamento como oportunidades, em vez de permanecer congelado pela ameaça do que essas ideias poderiam representar.[13]

O Spring Grove Public Schools, um pequeno distrito escolar com aproximadamente 370 alunos no sudeste de Minnesota, em uma cidade de cerca de 1.200 pessoas, tem apenas uma escola para todos os seus alunos do ensino fundamental e médio. No entanto, ele foi capaz de executar inovações significativas durante a pandemia. Uma chave para o sucesso desse distrito foi o apoio externo de uma empresa de consultoria, a Longview Education, que estava lá para fazer tudo, desde compilar pesquisas em torno de diferentes opções de projetos de escola até ajudar a conectar vertentes de trabalho de toda a escola em algo maior e que gerasse mais transformação.

De maneira similar, provedores de microescolas, como a MyTechHigh e a Prenda Learning, fazem parcerias com distritos e sistemas escolares para ajudá-los a formar rapidamente grupos de estudo com um currículo e com apoio de professores. A Prenda Learning, por exemplo, cria grupos de 5 a 10 alunos nos anos do ensino fundamental. Suas matrículas quadruplicaram durante o primeiro ano da pandemia. A MyTechHigh, que faz parceria com escolas públicas para oferecer um currículo completo para alunos do ensino fundamental e médio sem nenhum custo para as famílias, experimentou um crescimento rápido semelhante. Em setembro de 2021, ela atendeu mais de 18.000 estudantes em sete estados: Utah, Colorado, Idaho, Arizona, Wyoming, Indiana e Tennessee. Algumas de suas parcerias mais robustas foram com o distrito escolar de Tooele County, em Utah; com o distrito escolar de Vilas, no Colorado; com o distrito escolar de Oneida, em Idaho; com as escolas de Putnam County, no Tennessee; e com as escolas comunitárias de Cloverdale, em Indiana.

Da mesma forma, há uma infinidade de apoiadores que podem ajudar a formar escolas virtuais em tempo integral (ou variações híbridas), como a Arizona State University Prep Digital, a Stride ou a Connections Education — ou cursos individuais com professores, como os apoiadores recém-mencionados, além da Outschool, da Florida Virtual School, da Edmentum, da New Hampshire Virtual Learning Academy Charter School, entre outros.

Spring Grove Public Schools:
https://www.youtube.com/watch?v=E6A_ls6JuCU

MyTechHigh:
https://www.youtube.com/watch?v=u9iYz4njgdE

Prenda Learning:
https://www.youtube.com/watch?v=hZPWw0wojlw

---

* * *

A ameaça da covid-19 não é mais novidade. Logo no início, as escolas e os formuladores de políticas públicas fizeram um bom trabalho de mobilização de recursos. Sem o enquadramento inicial de ameaça, a infusão maciça de recursos e a atenção federais e locais teriam sido impossíveis. Deixando a covid-19 um pouco de lado, há muitas mudanças disruptivas que os educadores podem enquadrar como ameaças para buscar mais recursos, desde situações desafiadoras específicas até uma nova inovação educacional que tenha aparecido nas escolas ou uma mudança de realidade na sociedade ou na região.

Mas enquadrar algo como uma ameaça é insuficiente. Se o objetivo é atender melhor todos os alunos, as escolas devem criar uma equipe independente que possa mudar a visão sobre a situação, deixando de vê-la como uma ameaça para vê-la como uma oportunidade. É só então que esse grupo autônomo será capaz de repensar os recursos, processos e prioridades das escolas para ir atrás de oportunidades. O que as escolas devem ter em mente ao fazê-lo é para onde nossa história nos levará em seguida.

PONTOS-CHAVE

- Quando ocorre alguma coisa que impactará negativamente as escolas, enquadrá-la como uma ameaça é fundamental para mobilizar recursos e enfrentá-la.
- Deixá-la nessa classificação de ameaça, no entanto, leva à "rigidez da ameaça" e a uma resposta "de cima para baixo, de mandar e obedecer", em vez de levar à inovação.
- Para ressignificar a ameaça como uma oportunidade de inovar e se reinventar, é necessário criar um grupo independente. As principais medidas de independência giram em torno de recursos, processos e prioridades. Os membros da equipe não devem ser sobrecarregados pelas responsabilidades de suas funções anteriores.
- Escolas e distritos podem criar um grupo independente estabelecendo uma escola dentro de uma escola, uma sala de aula que funciona separadamente ou um grupo de professores que lecione separadamente para um grupo de alunos, uma microescola ou um grupo de estudos, ou uma nova escola.
- Mesmo que um distrito ou escola não tenha capacidade interna suficiente para executar esse conjunto de ideias, existem outras estratégias que podem ajudar a levantar recursos externos.

NOTAS

1. ARNETT, T. *Breaking the mold*: how a global pandemic unlocks innovation in K–12 instruction. Boston: Clayton Christensen Institute, 2021. Disponível em: https://www.christenseninstitute.org/wp-content/uploads/2021/01/BL-Survey-1.07.21.pdf. Acesso em: 1 jun. 2023.
2. CARR, S. For schoolchildren struggling to read, COVID-19 has been a wrecking ball. *Boston Globe*, 19 Jan. 2021. Disponível em: https://www.bostonglobe.com/2021/01/19/magazine/schoolchildren-struggling-read-covid-19-has-been-wrecking-ball/?p1=StaffPage. Acesso em: 1 jun. 2023.
3. GILBERT, C. G. Unbundling the structure of inertia: resource versus routine rigidity. *Academy of Management Journal*, v. 48, n. 5, 2005. Disponível em: https://journals.aom.org/doi/10.5465/amj.2005.18803920. Acesso em: 1 jun. 2023.
4. RIPLEY, A. Complicating the narratives. *The Whole Story*, Jun. 2018. Disponível em: https://thewholestory.solutionsjournalism.org/complicating-the-narratives-b91ea06ddf63. Acesso em: 2 jun. 2023.
5. COVEY, S. *The 7 habits of highly effective people:* powerful lessons in personal change. Miami: Mango, 2017.
6. Uma versão mais completa dessa ideia mostra que as organizações têm quatro componentes que formam seu modelo operacional principal: sua proposta de valor, seus recursos, seus processos e sua fórmula de receita — o modo como elas levantam fundos para apoiar seus recursos e processos, o que lhes permite cumprir sua proposta de valor. Idealmente, os educadores também deveriam poder revisitar sua fórmula de receita e se concentrar em modelos que não apenas alocam dinheiro com base no número de alunos que se matriculam e/ou assistem aula na forma de frequência diária média ou outras medidas de verificação de presença. Em vez disso, eles poderiam ser pagos em parte pelo progresso real da aprendizagem que os alunos fizeram. Porém, a capacidade de criar diretamente esses modelos não é a da maioria das escolas públicas. Existem experimentos nessa linha, como a Virtual Learning Academy Charter School (VLACS), de New Hampshire, mas eles são em grande parte a exceção que prova a regra.
7. ANTHONY, S. D.; GILBERT, C. G.; JOHNSON, M. W. *Dual transformation*: how to reposition today's business while creating the future. Boston: Harvard Business Review Press, 2017. No Capítulo 4, os autores descrevem o conceito de um "elo de capacidades", que conecta os esforços do grupo autônomo aos pais. Esse elo engloba três aspectos: capacidades que vão ajudar o novo esforço transformacional, mas não vão sobrecarregá-lo; uma maneira de gerenciar

interferências por meio de regras de decisão claras; e um líder para proteger o novo grupo e arbitrar divergências.

8. Para ser claro, a equipe que projetou o Prius não teve a liberdade de repensar as prioridades da Toyota; então, o resultado ainda era um carro pelo qual eles podiam cobrar preços mais altos do que os cobrados por seus automóveis tradicionais. Em outras pesquisas, chamamos isso de equipe "dos pesos pesados".
9. CHRISTENSEN, C. *et al.* *Competing against luck*: the story of innovation and customer choice. New York: HarperCollins, 2016.
10. MOESTA, B.; ENGLE, G. *Demand-side sales 101*: stop selling and help your customers make progress. Carson City: Lioncrest, 2020.
11. De acordo com o National Center for Education Statistics (Centro Nacional de Estatísticas da Educação), as taxas de matrícula na faculdade aumentam para aqueles que acreditam que sua família vai conseguir pagá-la. NATIONAL CENTER FOR EDUCATION STATISTICS. *College affordability views and college enrollment*. Washington: NCES, 2022. Disponível em: https://nces.ed.gov/pubs2022/2022057. Acesso em: 2 jun. 2023.
12. SCHWARTZ, N. Southern New Hampshire sets annual tuition at $10K and $15K for in-person degrees. *Higher Ed Dive*, Dec. 2020. Disponível em: https://www.highereddive.com/news/southernnew-hampshire-sets-annual-tuition--at-10k-and-15k-for-in-person-d/592310/. Acesso em: 2 jun. 2023.
13. TRANSCENDING today's schools through design. Entrevistadores: Diane Tavenner, Michael Horn. *Class Disrupted*, 2° temp. 16 ep., 6 abr. 2021. Disponível em: https://classdisrupted.wordpress.com/2021/04/06/season-2-episode-16-transcending-todays-schools-through-design/. Acesso em: 2 jun. 2023.
14. Em todas as suas escolas, o distrito de Kettle Moraine adotou o aprendizado interdisciplinar e o foco no desenvolvimento da habilidade dos alunos de impulsionarem seu aprendizado, sua comunicação, sua colaboração e seu pensamento crítico e criativo enquanto trabalham com conteúdo acadêmico, se envolvem ativamente com a cidadania e são resilientes.
15. KETTLE MORAINE SCHOOL DISTRICT. *District summary ratings*. Wisconsin: GreatSchools.org, 2023. Disponível em: https://www.greatschools.org/wisconsin/wales/kettle-moraine-school-district/#students. Acesso em: 2 jun. 2023.

    KETTLE MORAINE SCHOOL DISTRICT. *Learning without boundaries*. Wisconsin: KMSD, 2023. Disponível em: https://www.kmsd.edu/domain/479. Acesso em: 2 jun. 2023.

MOLNAR, M. Personalized learning in practice: how a risk-taker tailored learning in her district. *Education Week*, Feb. 2017. Disponível em: https://www.edweek.org/leaders/2017/personalized-learning-in-practice-how-a-risk-taker-tailored-learning-in-her-district. Acesso em: 2 jun. 2023.

STURGIS, C. Kettle Moraine: how they got here and where they are going. *CompetencyWorks blog*, Dec. 2017. Disponível em: https://aurora-institute.org/cw_post/kettle-moraine-how-they-got-here-and-where-they-are-going/. Acesso em: 2 jun. 2023.

16. HORN, M. B. Schools squandered virtual learning. *Education Next* 21, v. 21, n. 3, 2021. Disponível em: https://www.educationnext.org/schools-squandered-virtual-learning-timid-response-lessons-for-future/. Acesso em: 2 jun. 2023.

17. HORN, M. B. Some pods will outlast the pandemic. *Education Next* 21, v. 22, n. 1, 2022. Disponível em: https://www.educationnext.org/some-pods-will-outlast-pandemic-students-parents-appreciate-support/. Acesso em: 2 jun. 2023.

18. ARNETT, T. Carpe diem: convert pandemic struggles into student-centered learning. *Clayton Christensen Institute,* Aug. 2021. Disponível em: https://www.christenseninstitute.org/publications/blended-learning-2021/. Acesso em: 2 jun. 2023.

19. CENTER FOR REINVENTING PUBLIC EDUCATION. "We Will Never Return Back to the Old Normal: District-and Community-Driven Learning Pods", 2021.

2

Comece pelo fim: qual é o propósito da educação escolar?

Os pais de Júlia não sorriram de volta para a diretora Kathleen Ball. Pelo que parecia, eles não estavam no clima para brincadeiras.

Já era de se esperar, pensou Kathleen.

A Sra. Owens começou a falar primeiro. "Olá, Sra. Ball. Obrigada por nos receber tão prontamente."

"Sem problemas", disse Kathleen. "Sente-se. Do que se trata?"

"Já se passou um ano desde que Júlia tomou a vacina. Esperávamos que o normal já tivesse voltado, mas Júlia segue nos contando histórias de brigas no parquinho. Às vezes ela tem medo de sair para o pátio depois do almoço. Isso não é normal", disse a Sra. Owens.

Kathleen concordou. A Sra. Owens não estava errada. O retorno às aulas depois de todo esse tempo em casa criou muitos desafios que as escolas não estavam preparadas para enfrentar. Ela optou por não dizer nada nem defender a escola. Cinco anos no trabalho a treinaram para escutar e concordar.

Enquanto isso, o Sr. Owens estava inquieto em sua cadeira. Estava se segurando para não falar. Até que não aguentou mais.

"Como você vai colocar as crianças de volta nos trilhos, Sra. Ball? Tenho ouvido histórias de meus colegas cujos filhos vão para a escola Bradley Mountain Elementary. Os filhos deles já estão estudando matérias bem mais avançadas que as que Júlia está estudando nas aulas dela. Estou pensando em fazer a Júlia começar a usar algum software educacional para estudar à noite, pois *não consigo nem imaginar o que vocês estão tentando ensinar aqui. Sinto que as coisas parecem estar mal organizadas."*

Nesse ponto, a Sra. Owens entra de novo na conversa. "E o que vocês estão fazendo para ajudar as crianças a serem mais gentis e pararem de brigar?"

"É uma boa pergunta. Eu mal consigo garantir que todas as crianças estejam alimentadas adequadamente e tenham os óculos adequados para conseguirem ler com clareza. E alguns jovens claramente têm uma energia extra que precisa ser canalizada de alguma maneira", disse Kathleen.

Ela imediatamente se arrependeu de ter falado isso. Seus pensamentos confusos de autopiedade não lhe fizeram nenhum favor.

A Sra. Owens ficou a encarando. O Sr. Owens estava boquiaberto. Os dois cruzaram os braços. Então, a Sra. Owens quebrou o silêncio.

"Eu não tenho ideia de como essas coisas são problema nosso. Mas eu sei que Júlia parece realmente interessada em robótica. Talvez ela possa fazer isso durante o recreio?"

"Ou você poderia pelo menos ensinar o básico para que ela não fique tão atrás das crianças das outras escolas", disse o Sr. Owens. "Ela tem que pelo menos saber o mínimo de cada matéria, senão vai acabar tendo problemas no ensino médio."

Os pais de Júlia continuaram jogando várias ideias e pensamentos conflitantes em cima de Kathleen. Foi difícil entender todos eles, mas isso levou Kathleen a se perguntar: *quais são minhas expectativas para as crianças da Spruce Peak? Os professores estão de acordo com elas? E os pais? Caramba, a própria Kathleen concordava consigo mesma? Parecia que nem os Owens se entendiam.*

* * *

Qual é o propósito da educação escolar?

Mesmo que possa parecer uma pergunta direta, uma vez que tentamos respondê-la, vemos que é tudo menos isso. Há inúmeras opiniões sobre o tema.

A lista de coisas que as escolas devem fazer — ou que historicamente fazem, para melhor ou para pior — cresce cada vez mais. Essa lista inclui coisas como transmitir conhecimento; garantir a aprendizagem; avaliar os alunos; formar cidadãos; preparar estudantes para o mercado de trabalho;

concentrar-se nas habilidades; ensinar as crianças a interagirem com outras pessoas e socializarem; educar a criança em geral; ajudar os estudantes a se tornarem pensadores independentes; e muitas outras.

Esclarecer as prioridades é um desafio. Fazer trocas é difícil.

Diferentes comunidades e grupos de pais têm diferentes opiniões, pontos de enfoque e prioridades com base em suas crenças pessoais.[1] O Capítulo 7 explora o que os pais esperam das escolas, mas basta dizer que os pais nem sempre concordam com o que os educadores pensam — nem mesmo os educadores concordam sempre uns com os outros. Os formuladores de políticas públicas têm suas próprias concepções, que frequentemente se chocam.

Muitas escolas têm dificuldades porque há uma falta de coerência em meio a todas as prioridades concorrentes. O Capítulo 11 oferece uma estrutura lógica para ajudar os gestores a entenderem quais ferramentas podem ser úteis quando não houver acordo sobre os objetivos de uma escola, o que é algo comum e, portanto, um tópico muito importante.

Mas as escolas também sofrem muitas vezes por falta de clareza sobre o que elas estão tentando atingir. Há pressupostos subentendidos sobre o que as escolas estão tentando fazer. Metas não declaradas estão embutidas implicitamente em políticas, regulamentos, estruturas e práticas formadas há muito tempo.

Abordar o propósito da escola em cada comunidade é essencial.

UMA BREVE HISTÓRIA DO PROPÓSITO DAS ESCOLAS

O cerne da lógica das políticas que abordam o propósito das escolas públicas mudou ao longo do tempo.[2] Em *Inovação na sala de aula*, Clayton Christensen, Curtis Johnson e eu oferecemos uma visão geral dessas mudanças.[3] Aqui está um breve resumo dessa visão.

Durante grande parte do século XIX, uma possível leitura da história diria que o papel central das escolas públicas era preservar a democracia americana e incutir valores democráticos nos estudantes.[4]

Na década de 1890 e no início do século XX, a concorrência com uma Alemanha industrial em rápido crescimento estabeleceu uma pequena crise. Os Estados Unidos mudaram ao criar um novo papel para as escolas públicas: preparar todos para suas vocações. Isso significava arranjar algo para todo mundo, com um florescimento de cursos e um aumento nas matrículas no ensino médio, que em 1905 era frequentado por apenas um terço das crianças que tinham se matriculado no 1º ano.

Outro propósito foi adicionado às escolas americanas no final dos anos 1970 e início dos anos 1980: manter o país competitivo. Embora esse propósito tivesse ecos do anterior, ele era diferente, já que a nação havia se tornado obcecada por saber como os alunos estavam indo na escola, o que era medido por meio de médias de notas em provas. As muitas escolhas que os alunos tinham em um "currículo que era como o cardápio de uma cafeteria", observou o histórico relatório "Uma nação em risco", eram possibilidades "em que os aperitivos e sobremesas podiam ser facilmente confundidos com os pratos principais".[5] Ter algo para todos, em outras palavras, não era mais uma virtude. Era um vício.

Em apenas 20 anos, o propósito principal mudou novamente. Dessa vez, a sociedade pediu às escolas que eliminassem a pobreza, deixando de se concentrar apenas nas notas médias de seus testes para, em vez disso, garantir que as crianças de todos os grupos demográficos atingissem o básico de proficiência em assuntos centrais. A teoria de ação era que o desempenho acadêmico abria oportunidades.

À medida que esse consenso se desgastou nos últimos anos, houve alguns debates sobre o propósito principal das escolas a partir de uma perspectiva política. Dado esse desgaste, descobrir o propósito de cada escola talvez seja agora uma conversa ainda mais vital para que possamos construir um modelo escolar coerente.

A IMPORTÂNCIA DE COMEÇAR PELO FIM

Sem clareza em torno de um propósito, os educadores são frequentemente apanhados pelo que o famoso autor Stephen Covey chamou de "a armadilha da atividade": trabalhar mais com as coisas que as escolas fazem apenas porque são as coisas que elas fazem, e não porque são as coisas mais importantes.

Em um dos livros de não ficção mais vendidos de todos os tempos, *Os 7 hábitos das pessoas altamente eficazes*, Covey escreveu como começar com o fim em mente é fundamental. Sem uma compreensão clara do nosso fim, não sabemos se os passos que estamos dando estão indo na direção certa. "As pessoas muitas vezes se encontram alcançando vitórias que são vazias, sucessos que vieram à custa de coisas que de repente elas percebem que eram muito mais valiosas", disse Covey.

O argumento básico de Covey é que "todas as coisas são criadas duas vezes". A primeira é na nossa mente. Depois, há o ato físico de criar algo para torná-lo real. Se não pensamos antecipadamente no que desejamos que uma escola faça, é fácil deixarmos que hábitos passados e a inércia moldem o que as escolas realizam por padrão.

Se os famosos estudiosos de liderança e administração Peter Drucker e Warren Bennis estiverem corretos ao afirmar que, "se a administração está fazendo as coisas certas, a liderança está fazendo as coisas certas", então a administração tem tudo a ver com execução, mas a liderança tem a ver com esclarecer propósitos e prioridades, argumentou Covey em seu livro. Para ser claro, isso pode e deve ser um processo iterativo e emergente baseado em colocar algo em ação, aprender e ajustar o curso. Falamos um pouco mais sobre isso no Capítulo 10. Mas não deliberar sobre o fim reduz os educadores a "endireitar cadeiras no Titanic", em vez de tentar garantir que o navio não afunde.[6]

Como Grant Wiggins e Jay McTighe escreveram no contexto da educação em *Understanding by design*,[7] bons professores começam com objetivos e sabendo como verificar se os alunos os cumpriram. Eles então mapeiam de trás para frente todas as coisas que precisam oferecer para chegar a esses resultados. Isso também vale para as boas escolas.

UMA OPORTUNIDADE PARA ESCLARECER O PROPÓSITO

Como discutimos no capítulo anterior, a pandemia não é apenas uma ameaça. Ela criou uma oportunidade de termos uma conversa dentro de cada comunidade para esclarecermos o propósito das escolas. Muitas comunidades estão prontas para ter ou já estão tendo essa conversa.

A partir de março de 2020, frases que eram consideradas jargões educacionais se tornaram populares nas conversas do público sobre escolas. Coisas como ensino remoto, ensino virtual, ensino *on-line*, perda de aprendizado, ensino híbrido, ensino assíncrono e síncrono, microescolas e grupos de estudo, bem como perguntas sobre o que é ensinado (como a Teoria Crítica da Raça*) entraram na linguagem popular (ver Figura 2.1).

Muitos dos educadores com quem converso não estão entusiasmados com o fato de muitas dessas frases terem se tornado centrais. Eles queriam que estivéssemos tendo conversas sobre coisas como aprendizagem socioemocional, metodologias ativas, aprendizagem baseada no domínio, hábitos de sucesso, personalização da aprendizagem, relacionamentos, capacidade de ação, habilidades, educação integral, conhecimento, caráter, aprendizagem ao longo da vida, educação cívica e muito mais.

Mas, ao colocar a educação em pauta na mente de muitos pais e criar uma transparência radical sobre o que seus filhos estavam fazendo todos os dias, a pandemia criou um interesse mais amplo e profundo em uma conversa pela qual muitos educadores têm clamado: o propósito da escola e como preparar todos os alunos para alcançar o sucesso ao longo da vida.

Ensino virtual
Ensino remoto
Ensino híbrido Ensino *on-line*
Zoom **Perda de aprendizado**
Assíncrono *Microescolas*
Síncrono
Google Sala de Aula

Figura 2.1 Os jargões educacionais atuais.

---

* N. de R.T. A Teoria Crítica da Raça (CRT, do inglês Critical Race Theory) surgiu na segunda metade do século XX para tentar explicar algumas das desigualdades raciais que existem nos Estados Unidos. Ganhando força principalmente a partir de 1980, tal teoria diz que discriminações de uma pessoa por conta de sua raça não existem apenas por iniciativas individuais, mas que foram também transferidas pela estrutura social que construímos ao longo do tempo. Por conta desse cenário, tais discriminações podem acabar refletindo nas instituições e nas leis, inclusive se expandindo para discriminações de gênero, identidade sexual etc. Aqueles que acreditam nessa teoria dizem que é impossível eliminar as desigualdades se as estruturas existentes na sociedade se mantiverem como são hoje, sendo necessário, portanto, uma reestruturação quase que completa de todas as instituições, inclusive das educacionais.

Essa é uma oportunidade a ser aproveitada, porque, onde há perguntas, há espaço para respostas e soluções.

Sem terem uma conversa para explicitarem seus propósitos e serem claras sobre as diferenças reais entre as pessoas, é provável que muitas escolas retornem à forma como operavam antes da pandemia, quando não atendiam bem grande parte da população.

Embora possa haver um grande consenso entre as comunidades sobre o propósito da escola, também podem existir diferenças — algumas pequenas e sutis e outras maiores. Não há problema nisso, desde que as diferenças não resultem em expectativas reduzidas para certos alunos apenas por causa de sua localidade ou contexto social. Ter propósitos diferentes faz parte de um pluralismo robusto subjacente à nossa democracia, que valoriza o fato de que os alunos estão em circunstâncias diferentes e têm necessidades distintas. A clareza em cada comunidade escolar, no entanto, é fundamental.

UM PONTO DE PARTIDA PARA A CONVERSA SOBRE PROPÓSITO

As escolas podem lidar com isso de diferentes maneiras. A estrutura de "ferramentas de cooperação" que o Capítulo 11 explora mostra que, quando uma comunidade escolar não está alinhada em torno de seus objetivos e de como alcançá-los, seus gestores têm menos ferramentas à disposição para conseguirem progredir e realizar mudanças. Se os gestores puderem ajudar as partes interessadas a se reunirem em torno de uma visão compartilhada para o objetivo da escola, eles terão mais ferramentas das quais eles podem extrair algo.

Uma maneira de criar uma visão compartilhada é participar da construção da persona de um estudante.[8] A ideia é tentar definir para o que um estudante que sai do ensino médio precisaria estar preparado, em um determinado tempo, para conseguir realizar boas escolhas dentre as muitas disponíveis na vida real e para estar engajado na resolução de problemas sociais.

Quando mencionei a importância de fazer esse tipo de trabalho, alguns recuaram. Eles disseram que começar do zero quando tantos educadores e comunidades escolares já fizeram um ótimo trabalho em construir a persona de um estudante era como reinventar a roda — muitas vezes em nome de um controle local sem propósito. Isso pode ser verdade. No entanto, passar pelo processo é valioso. Pode criar consenso e esclarecer diferenças genuínas entre concepções distintas.

Embora os pontos principais desse exercício possam ser aproximadamente os mesmos, as nuances e o que será especificamente necessário para cumprir o propósito de uma escola serão diferentes. É por isso que é fundamental não apenas fazer declarações de alto nível sobre o propósito de uma escola, mas também deixar claro como saber se a escola foi bem-sucedida nessa busca. Quais são os objetivos e como os avaliamos? Sim, as agências governamentais exigem que as escolas públicas avaliem certos resultados, mas as escolas também devem descobrir o que é importante para elas e, em seguida, identificar métricas específicas para indicar se estão no caminho certo. Especificidade e clareza são importantes.

Para esse ponto, essa é uma conversa que não deve acontecer apenas no nível individual das escolas. É uma conversa que deve acontecer em todos os níveis diferentes, de estados a distritos e de organizações de gerenciamento de escolas a escolas individuais. Os educadores públicos são rápidos em apontar que sua autonomia é limitada pela cobrança de que eles ensinem certos assuntos e conceitos. Mesmo em estados que criaram caminhos para o aprendizado baseado em domínio ou competência, ainda existe a exigência de que os alunos façam certo número de créditos escolares em diferentes assuntos, por exemplo. Em muitos casos, as personas de um estudante de uma escola estadual são mais desejos e sonhos do que possíveis de serem executadas de imediato. Ainda assim, a conversa é um começo importante para esclarecer o propósito.

Utah

Muitos estados americanos estão tendo essas conversas. Utah, por exemplo, aprovou seu modelo de "persona de um estudante" quase um ano antes da pandemia, em maio de 2019. O Utah Talent MAP (maestria, autonomia e propósito) identifica as "características ideais de um estudante de Utah depois de passar pelos ensinos fundamental e médio".[9]

Na categoria da maestria, as características abrangem o domínio acadêmico; o bem-estar, ou o desenvolvimento de autoconsciência e conhecimento para manter um estilo de vida saudável física, mental, social e emocionalmente; a educação cívica, financeira e econômica; e a alfabetização digital.

A autonomia, que se refere a ter a "autoconfiança e motivação para pensar e agir de forma independente", inclui as áreas de habilidades de comunicação, pensamento crítico e resolução de problemas, criatividade e inovação, e colaboração e trabalho em equipe.

A última categoria é a do propósito, que consiste em ajudar os indivíduos a guiarem suas decisões de vida, criarem metas, moldarem suas escolhas e criarem significado para sua vida. As características incluem honestidade, integridade e responsabilidade; trabalho duro e resiliência; aprendizagem ao longo da vida e crescimento pessoal; assistência e respeito.

Utah não quer que escolas e distritos adotem o que consideram a persona de um estudante.[10] Em vez disso, o estado está incentivando escolas e distritos a usar seu modelo como ponto de partida para desenvolverem suas próprias personas,[11] assim como fez o Juab School District, em Utah. A persona desse distrito gira em torno de conhecimentos, habilidades e iniciativas que os alunos devem ter para poderem navegar com sucesso pelo mundo após se formarem.[12] Você pode conferir muitas outras personas de estudantes que estados, distritos e escolas construíram no *site* portraitofagraduate.org.

Grosse Pointe Academy

A Grosse Pointe Academy, no Michigan, realizou esse trabalho durante a pandemia e chegou ao propósito ilustrado na Figura 2.2. Veremos alguns temas familiares nela — objetivos que ficam em torno da formação de estudantes intelectualmente curiosos que sejam empáticos e ouvintes ativos capazes de pensar criticamente.

Talvez o mais importante, porém, seja que a escola não apenas estabeleceu lugares-comuns do que quer que seus estudantes possam fazer no futuro. Para cada área, ela também esclareceu o que cada tópico não significava, para que houvesse mais clareza e menos espaço para interpretações erradas. Por exemplo, a cidadania global está relacionada com "entender o mundo e seu lugar nele, respeitar todas as culturas e gestão ambiental e comunitária". Não se trata apenas de viajar, fazer serviço comunitário ou ser bilíngue.

THE GROSSE POINTE ACADEMY

OS ALICERCES DA NOSSA ESCOLA

O currículo e o ambiente de aprendizagem da Grosse Pointe Academy cultivam, desafiam e inspiram os nossos estudantes a se desenvolverem para se tornarem...

CURIOSOS INTELECTUALMENTE CIDADÃOS GLOBAIS
EMPÁTICOS OUVINTES ATIVOS
LÍDERES PENSADORES CRÍTICOS
INDEPENDENTES COMUNICADORES EFICAZES

CURIOSIDADE INTELECTUAL
É
    ter um amor genuíno por aprender sobre uma grande variedade de tópicos e ideias
    ter sede de conhecimento
    sempre fazer perguntas e buscar respostas

NÃO É
    apenas buscar a resposta correta
    apenas tirar boas notas
    apenas se sair bem nas provas

EMPATIA
É
    reconhecer e valorizar as opiniões, visões e dificuldades de outras pessoas
    reconhecer nosso ponto de vista e como ele afeta nossa tomada de decisão
    fazer conexões sinceras com outras pessoas

NÃO É
    simpatizar
    sobre você
    sobre suas emoções

LIDERANÇA
É
    modelar um bom comportamento
    ter a habilidade de se adaptar, mudar e colaborar
    celebrar as conquistas dos outros

NÃO É
    estar no comando
    popularidade
    poder

INDEPENDÊNCIA
É
    saber se defender
    autodirecionar-se
    assumir riscos

NÃO É
    ser egoísta
    fazer tudo sozinho
    ter medo de pedir ajuda

Figura 2.2 Propósito (*continua*).
Fonte: Adaptada da cortesia da Grosse Pointe Academy.

CIDADANIA GLOBAL
É   entender o mundo e seu lugar nele
          respeitar todas as culturas
          gestão ambiental e comunitária
NÃO É apenas viajar
          apenas fazer serviço comunitário
          apenas ser bilíngue

OUVIR ATIVAMENTE
É   estar presente
          entender a intenção
          refletir

NÃO É apenas escutar
          apenas lembrar fatos
          apenas tomar notas

PENSAMENTO CRÍTICO
É   analisar e sintetizar múltiplas fontes e perspectivas
          aplicar conhecimentos e criatividade na solução de problemas
          ter perseverança

NÃO É responder rapidamente
          apenas saber responder de qualquer maneira
          apenas concordar

COMUNICAÇÃO EFETIVA
É   compartilhar de uma maneira clara e concisa
          falar com confiança na frente dos outros
          escrever competentemente com propósito

NÃO É apenas falar para ser ouvido
          escrever palavras para terminar uma tarefa
          falar demais

Figura 2.2 Propósito (*continuação*).
Fonte: Adaptada da cortesia da Grosse Pointe Academy.

Minha opinião

Como prioridade, defendo que o objetivo das escolas de ensino fundamental e médio seja ajudar os alunos a se tornarem indivíduos preparados para:

- maximizar seus potenciais;
- descobrir seus propósitos;[13]
- construir suas paixões e levar vidas com muitas possibilidades de escolha;

- participar civicamente de uma democracia vibrante como cidadãos conscientes e informados, capazes de agir por meio das motivações adequadas da sociedade;
- contribuir significativamente para o mundo e para a economia;
- entender que as pessoas podem ver as coisas de formas diferentes — e que essas diferenças merecem respeito em vez de perseguição.

Mantenho essa visão com base na minha leitura do que é preciso para que os estudantes estejam preparados para levar vidas bem-sucedidas — da maneira como eles definem sucesso — em nosso mundo tão complexo. Mas a minha opinião não é a que importa aqui. O importante é ter essa conversa em sua comunidade.

Depois de definir o propósito, o próximo passo é declarar como você avaliaria se sua escola foi bem-sucedida para que ela pudesse aprender e melhorar. Quais métricas você usaria para saber se a escola está cumprindo seu propósito? Como você as avaliaria?

Depois de fazer isso, você pode começar a pensar sobre o escopo das atividades necessárias para levar os estudantes a esse objetivo. Esse é o tema do próximo capítulo.

PONTOS-CHAVE

- O propósito da escola não é uma questão simples e direta.
- As escolas sofrem quando não esclarecem seus propósitos, pois buscam equilibrar diferentes prioridades ou dificuldades por falta de clareza.
- Começar pelo fim — definir o objetivo — é imperativo para todas as comunidades escolares.
- Construir a persona de um estudante pode ser uma maneira poderosa de introduzir essa conversa em nível estadual, distrital ou escolar.

NOTAS

1. Para uma amostra das diferentes visões que os pais priorizam como sendo o principal objetivo das escolas, ver MORNING CONSULT. *National Tracking Poll #210362*: crosstabulation results. California: Morning Consult, 2021. Disponível em: https://edchoice.morningconsultintelligence.com/assets/140102.pdf. Acesso em: 4 jun. 2023.

2. Às vezes há desacordos sobre essa história.
3. CHRISTENSEN, C. M. et al. *Disrupting class:* how disruptive innovation will change the way the world learns. New York: McGraw-Hill, 2008. chap. 2.
4. Alguns desses desejos foram alimentados por sentimentos racistas, xenófobos e anticatólicos, por exemplo.
5. NATIONAL COMMISSION ON EXCELLENCE IN EDUCATION. *A nation at risk*: the imperative for educational reform. Washington: The National Commission on Excellence in Education, 1983.
6. COVEY, S. R. *The 7 habits of highly effective people*: powerful lessons in personal change. Miami: Mango, 2017.
7. WIGGINS, G.; MCTIGHE, J. *Understanding by design.* 2nd. ed. Alexandria: Association for Supervision and Curriculum Development, 2005.
8. Ver, por exemplo, BATTELLE FOR KIDS. *Portrait of a graduate*: do you have a 21st century, deeper learning vision for every student? Columbus: Battelle for Kids, [201-?]. Disponível em: https://portraitofagraduate.org/. Acesso em: 4 jun. 2023.
9. UTAH STATE BOARD OF EDUCATION. Utah Talent Mastery Autonomy Purpose. 2019. Disponível em: https://www.uaesp.org/resources/Documents/Portrait%20of%20a%20Graduate.pdf. Acesso em: 4 jun. 2023.
10. O Conselho Estadual de Educação de Utah está trabalhando para implementar competências em torno dessas características. Para esse fim, Utah dividiu as competências subjacentes às características em diferentes espaços de notas. UTAH STATE BOARD OF EDUCATION. *UTAH Portrait of a Graduate Competencies.* Utah: Utah.gov, 2020. Disponível em: https://schools.utah.gov/file/4b9d1341-ddaa-47bc-8052-f029e794d513. Acesso em: 4 jun. 2023.
11. UTAH STATE BOARD OF EDUCATION. Board Approves Statewide 'Portrait of a Graduate' Model. *Deseret News*, 2 mai. 2019. Disponível em: https://www.deseret.com/2019/5/11/20673048/state-school-board-approves-aspirational-portrait-of-a-utah-public-high-school-graduate. Acesso em: 6 jun. 2023.
12. JUAB SCHOOL DISTRICT. Portrait of a Graduate, c2023. Disponível em: https://sites.google.com/juabsd.org/pog/portrait-of-a-graduate. Acesso em: 6 jun. 2023.
13. A noção de propósito pode parecer um grande exercício de presunção e algo sobre o que as pessoas falam apenas em ambientes sofisticados, festas de coquetéis chiques e esportes profissionais. Mas, na verdade, isso não precisa ser algo abstrato, grandioso ou erudito (sim, acabamos de usar essa palavra). O ponto é entender o que você quer priorizar e certificar-se de que você não

vai viver violando quaisquer valores profundamente arraigados. Isso também vai ajudá-lo a saber o que priorizar quando você precisar fazer trocas para conseguir as coisas que você identificou que mais quer em sua vida. O propósito também pode ser dinâmico e uma combinação de objetivos e como atingir esses objetivos, que podem evoluir ao longo do tempo à medida que as circunstâncias mudam. Victor Frankl, um neurologista e psiquiatra sobrevivente do Holocausto e fundador da logoterapia (uma forma de terapia baseada na ideia de que as pessoas vivem para encontrar sentido na vida), escreveu um livro famoso, o *Em busca de sentido* (*Man's search for meaning*), que também aborda o tema da busca por propósito. Frankl sugere que o propósito de uma pessoa muda ao longo do tempo como resultado das circunstâncias e que podemos descobrir nosso propósito em um determinado ponto no tempo de três maneiras diferentes: "(1) criando um trabalho ou fazendo alguma ação; (2) experimentando algo ou encontrando alguém; e (3) pela atitude que tomamos em relação ao sofrimento inevitável". Para as escolas de ensino médio, há um curso inteiro feito pela IDEO* em torno de ajudar os alunos a criarem e esclarecerem seus propósitos atuais. Chamado de Projeto do Propósito (https://thepurposeproject.org), o curso ajuda os alunos a esclarecerem seus propósitos, concentrando-se em algumas perguntas. As perguntas derivam dos exercícios anteriores que sugerimos nesta seção. O que você vai fazer hoje? O que você gosta de fazer? O que você pode fazer para obter mais clareza sobre o que o motiva, sobre o que você gosta e o que você não gosta? Em outras palavras, agir, e não apenas falar, esclarece o propósito de alguém. Isso coincide com a primeira maneira citada por Frankl como forma pela qual as pessoas podem descobrir seus propósitos.

---

* N. de T. Empresa multinacional de *design* e consultoria em inovação.

3

Como realizar o propósito de uma escola?

Enquanto os pais de Júlia continuavam dizendo todas as coisas que a Spruce Peak deveria estar fazendo, os pensamentos da diretora Kathleen Ball se voltaram para outra questão.

Se ela fosse capaz de chegar a um entendimento comum sobre o propósito da escola com os pais de Júlia, o que a Spruce Peak precisaria fazer para proporcionar que esse propósito fosse alcançado por cada aluno?

Sua mente começou a ficar agitada.

Para que Jeremy pudesse maximizar seu potencial, ele precisaria não apenas de oportunidades para obter conhecimentos e habilidades acadêmicas, mas também da ajuda da escola com sua alimentação, para que ele pudesse aprender melhor.

A escola já estava fazendo isso no momento. Porém, quando Kathleen pensou mais sobre isso, ela reconheceu que a escola também poderia precisar se esforçar mais para garantir que a audição e a visão de Jeremy estivessem adequadas para suas aulas. A escola precisaria conectar Jeremy a uma variedade de mentores e mostrar a ele possíveis carreiras diferentes para ajudá-lo a ver quais caminhos ele poderia seguir. Jeremy precisaria ter experiências ricas no mundo real para aprender como ele poderia contribuir e para ajudá-lo a imaginar um conjunto maior de oportunidades para seu futuro. Kathleen percebeu que a escola também teria que descobrir como conseguir tutores capacitados para esse trabalho.

A família Owens apoiaria tudo isso?

Para a filha deles, ter a capacidade de conversar sobre diversos assuntos em profundidade e de aprender coisas a que ela não teria acesso em casa seria importante.

E todos os alunos que Kathleen já tinha visto precisariam de ajuda para desenvolver suas habilidades de capacidade de execução e de autorregulação.

O Sr. e a Sra. Owens estavam prontos para essa conversa? Kathleen percebeu que ela mesma não estava, ao menos até aquele momento. Mas ela tinha a sensação de que essa seria uma conversa importante para se ter em breve.

* * *

Uma vez que uma comunidade escolar tenha definido seu propósito, ela deve pensar em como realizá-lo. Há pelo menos seis domínios a serem considerados:

1. conhecimento do conteúdo;
2. habilidades;
3. hábitos de sucesso;
4. experiências do mundo real e capital social;
5. saúde e bem-estar;
6. necessidades básicas.

Muitos desses domínios podem ser vistos nas personas dos estudantes que foram construídas pelas escolas, distritos e estados. Para deixar mais claro, penso nesses domínios não como fins em si mesmos, mas como meios de realizar os fins que expus no Capítulo 2: ajudar cada aluno a maximizar seu potencial humano, descobrir seu propósito, construir suas paixões e ter uma vida cheia de escolhas, participar civicamente de uma vida democrática, contribuir significativamente para o mundo e entender e valorizar que as pessoas podem ter opiniões diferentes das suas. Uma forma de pensar sobre esses seis domínios é como um conjunto de experiências que uma escola deve fornecer para que possa realizar o seu propósito para todos os seus alunos.

Não importa quais sejam nossas conclusões, quando algumas pessoas olham para essa lista de domínios, ficam desconfortáveis. Elas não têm certeza de que as escolas devem estar envolvidas no desenvolvimento de muitas dessas áreas. Os educadores frequentemente não são treinados e formados em muitas delas.

Algumas pessoas querem que as escolas apenas "fiquem na sua", que se concentrem no básico, como conhecimentos e habilidades acadêmicas: leitura, escrita e matemática.

Mas, mesmo para os indivíduos que podem enxergar as escolas como tendo um propósito mais limitado do aquele em que eu acredito, se formos redesenhar as escolas para que todos os alunos tenham o apoio necessário para cumprir o propósito de uma escola, as escolas precisarão considerar esses domínios. As comunidades escolares também deverão reconhecer que diferentes alunos em diferentes situações terão necessidades diferentes. Uma mesma solução pode não funcionar para todos.

O OBJETIVO DAS ESCOLAS

Conversas sobre o objetivo das escolas não são novas. Muitas vezes, no entanto, elas estão acompanhadas de teorias ruins ou criam falsas dicotomias.

Uma teoria amplamente utilizada para orientar o que uma instituição deve ou não deve fazer é considerar suas "competências essenciais". A ideia é que, se algo estiver dentro de sua competência essencial, você mesmo deverá fazê-lo. Mas, se não estiver e outra pessoa conseguir fazê-lo melhor, você deverá terceirizar a tarefa.

O problema com essa linha de pensamento é que algo que é uma competência essencial de uma instituição hoje pode se tornar menos importante no futuro, e o que é uma atividade não essencial hoje pode se tornar uma competência crítica no futuro.[1]

Da mesma forma, sob a categoria de falsas dicotomias, encontra-se uma das discussões mais fortes na reforma da educação: a discussão sobre o que é preciso fazer para atingir as expectativas dos estudantes, travada entre os que desejam reformar as escolas e os defensores de políticas de incentivo aos mais pobres.

Alguns pesquisadores, como Abigail e Stephen Thernstrom, argumentam que as intervenções que podem ser realizadas na educação são a solução mais promissora. Outros, como Richard Rothstein, argumentam que investir nas escolas não é o caminho mais eficiente para combater os efeitos da pobreza. Eles dizem que a sociedade poderia melhor ajudar os estudantes de baixa renda a terem sucesso na escola ao gastar o pouco dinheiro disponível em programas que visem à saúde e ao bem-estar das crianças. Quando Julia Freeland Fisher e eu nos aprofundamos nessa questão para uma pesquisa intitulada "The educator's dilemma: when and how schools should embrace poverty relief",[2] descobrimos que ambos os lados estão simultaneamente certos e errados.

UM BOM CAMINHO A SER SEGUIDO: A TEORIA DA INTERDEPENDÊNCIA E DA MODULARIDADE

A chamada teoria da interdependência e da modularidade, que foi desenvolvida em nossa pesquisa sobre inovação, pode ajudar as escolas a entenderem de que forma podem contar com parceiros externos e como podem realizar seus objetivos por conta própria.

Quando as instituições não fazem o suficiente por seus usuários

A teoria da interdependência e da modularidade afirma que, quando há uma lacuna de desempenho — ou seja, quando a funcionalidade ou a confiabilidade de algo que é oferecido não é boa o suficiente para um certo grupo de pessoas —, as instituições devem melhorar o que é ofertado trabalhando para oferecer os melhores serviços possíveis. Isso é evidente.

Mas há um detalhe: se a instituição não entende bem como diferentes partes do que ela oferece devem se relacionar, ela não consegue simplesmente adotar novos recursos ou funções para fazer as melhorias necessárias. Isso porque a produção de soluções "prontas para uso" não oferece liberdade para os envolvidos no processo, de modo que eles não conseguem criar em cima das soluções ofertadas para obter os melhores resultados. Isso significa que a instituição deve ter um controle mínimo sobre alguns pontos da solução ofertada para alcançar os resultados desejados. Ter os objetivos definidos com os passos para alcançá-los é necessário, pois tudo o que as soluções ofertadas oferecem são imprevisivelmente interdependentes. Isso significa duas coisas: primeiro, que a maneira como uma parte é implementada depende da maneira como outra parte é implementada, e vice-versa; e, em segundo lugar, a maneira como todas as etapas vão ocorrer não é previsível. Ou seja, tudo isso significa que para alcançar os melhores resultados de um processo de inovação implementado em etapas que são imprevisivelmente interdependentes, para concluir qualquer etapa, a instituição deverá concluir praticamente todas.

Um exemplo extremo para ajudar a entender

A IBM enfrentou esse tipo de problema no começo do lançamento dos computadores. Na época, a IBM não poderia ser uma fabricante independente de computadores porque a fabricação era imprevisivelmente interdependente do processo de *design* das máquinas, bem como dos sistemas operacionais, da memória central e dos circuitos lógicos. Ou seja, tudo estava relacionado. A IBM, portanto, teve que integrar de trás para frente a produção de todas essas partes dos computadores, que ainda não eram bem compreendidas, para ter sucesso na venda e na fabricação de computadores. Ela teve que produzir quase todas as peças para conseguir produzir o que desejava.

Quando as instituições fazem demais por seus usuários

Por outro lado, quando as instituições ultrapassam o que um conjunto de pessoas precisa em termos de uma solução que funcione e seja confiável, essas próprias pessoas criam uma nova definição do que é bom e do que não é bom enquanto solução para resolver um problema. As instituições passam a focar em desenhar soluções personalizadas, convenientes para resolver o problema e que possam ser implementadas mais rapidamente.

Nesse contexto, existem poucas (às vezes nenhuma) etapas interdependentes e imprevisíveis na construção da solução. Como resultado, as instituições podem usar uma arquitetura que chamamos de modular. As etapas modulares se encaixam e são realizadas juntas, de maneiras bem compreendidas e cuidadosamente planejadas. Elas podem ser desenvolvidas por grupos de trabalho independentes ou por diferentes instituições ou pessoas que estejam trabalhando próximas umas das outras. Isso é o que permite a personalização rápida, pois as instituições podem conectar, misturar, e combinar as diferentes etapas para construir uma solução de qualidade.

Para ilustrar, considere a "arquitetura" de uma luz elétrica. Uma lâmpada e um abajur têm uma interface entre a base da lâmpada e o soquete no abajur. Essa é uma interface modular. Os engenheiros têm muita liberdade para melhorar o *design* dentro da lâmpada, desde que construam a base dela de modo que ela possa se encaixar nas especificações já estabelecidas do soquete do abajur. Veja como as lâmpadas fluorescentes compactas se encaixam facilmente em nossos abajures antigos, por exemplo. A mesma instituição não precisa projetar e fazer a lâmpada, o abajur, as tomadas e os sistemas de geração e distribuição de eletricidade, pois as interfaces padrão já existem. Por causa dessas padronizações, diferentes instituições conseguem fornecer produtos para cada peça do sistema — e acabamos nos beneficiando com uma variedade de opções personalizadas.

Um *continuum*

A realidade é que os mundos da interdependência e da modularidade existem em um espectro. Uma solução quase nunca é totalmente uma ou outra.

Também existem situações em que o que está sendo oferecido não é bom o suficiente para um conjunto de pessoas, mas já se sabe o que precisa ser feito para se alcançar uma melhoria. Não há interdependências imprevisíveis no processo. Isso significa que a instituição pode melhorar simplesmente adicionando novos recursos ou funções.

Há duas formas de fazer isso. Primeiro, a instituição pode firmar parceria com um parceiro externo para oferecer esse recurso. Posto isso, ela pode integrar verticalmente, ou seja, assumir as etapas adjacentes ao que seu parceiro está executando. A integração vertical é algo recomendado e necessário se não existir nenhum parceiro que possa fornecer o recurso, ou se for mais caro e menos confiável firmar parceria com um parceiro externo.

APLICANDO A TEORIA ÀS ESCOLAS

Como isso se relaciona com a realidade das escolas?

Para cumprir o propósito de uma escola para todos os alunos, as escolas precisam adotar uma abordagem sistêmica que considere o estudante por inteiro, levando em consideração conhecimento do conteúdo, habilidades, hábitos de sucesso, experiências do mundo real e capital social, saúde e bem-estar e necessidades básicas. Mesmo para aqueles que veem o propósito da escola como sendo apenas melhorar resultados acadêmicos, se não tivermos uma visão completa que considere e compreenda as diferentes circunstâncias em que os alunos entram na escola, deixaremos inúmeros estudantes para trás. Não existe uma solução única para todos.

Quando as escolas não fazem o suficiente pelos alunos

A sociedade está pedindo ao sistema educacional dos EUA que forneça resultados inovadores para os alunos mais necessitados. Há muito tempo existe uma lacuna de desempenho entre os estudantes. Nossas ações até o momento para preencher a lacuna ocorreram em um mundo em que não conseguimos criar as soluções precisas que possam nos levar aos resultados desejados. Ainda assim, restringimos nossa capacidade de obter sucesso ao estruturar o sistema escolar de uma maneira modular, em vez de interdependente. Se o objetivo das escolas é ajudar os alunos mais necessitados, que não são atendidos pelas opções de ensino existentes, a terem sucesso acadêmico, elas devem se integrar de maneira interdependente às partes não acadêmicas da vida desses estudantes.

Nas últimas duas décadas, várias instituições educacionais que atendem estudantes de baixa renda começaram a atacar os efeitos da pobreza. Elas fizeram isso integrando áreas que vão além do domínio acadêmico tradicional das escolas. Essas escolas adotaram os tipos de apoio (serviços de saúde mental, atendimento pediátrico e orientação educacional, para citar alguns) que os defensores da assistência aos mais pobres há muito tempo vêm pedindo. Quando analisamos alguns desses esforços em nosso artigo "The educator's dilemma", fizemos duas observações importantes.

Primeiro, a mera integração de forma modular para o oferecimento de serviços abrangentes com parceiros externos geralmente não é suficiente para ajudar os alunos mais necessitados a terem sucesso acadêmico. Estudantes mais necessitados compartilham uma necessidade de apoio extra, mas o que cada aluno precisa é diferente. As soluções devem ser interdependentes para que a escola possa ajustar o equilíbrio, a forma e os tipos de serviço oferecidos a cada aluno. A personalização é importante.

Segundo, o sucesso desses modelos parece depender do objetivo final em torno do qual eles estão se integrando. Se ajudar os alunos a construir conhecimento acadêmico, habilidades e hábitos de sucesso não é a força motriz que faz com que uma escola integre soluções para outros problemas, é improvável que vejamos mudanças significativas nos resultados acadêmicos de alunos com mais necessidades.

Isso ajuda a explicar por que os esforços de muitas escolas comunitárias* ou escolas que integram apoios abrangentes viram apenas resultados modestos ou inconclusivos. Primeiramente, muitos modelos de escolas comunitárias podem não estar suficientemente integrados para enfrentar de forma plena os desafios de preencher a lacuna de desempenho existente. Dado seu foco em coordenar parceiros externos, em vez de controlar totalmente a entrega, a estrutura e a forma de oferecer os serviços, as escolas comunitárias podem ser incapazes de criar um modelo coerente que funcione bem para atender às diversas e imprevisíveis necessidades de seus alunos. Em segundo lugar, é possível que algumas escolas comunitárias estejam devidamente integradas no que diz respeito à mistura de serviços que oferecem, mas não estejam fazendo o suficiente no lado acadêmico para corrigir a lacuna de desempenho dos alunos. Como Michael J. Petrilli, presidente do Thomas B. Fordham Institute, disse: "Sim, com certeza, vamos nos certificar de que fornecemos um forte apoio social para estudantes desfavorecidos, mas não vamos usar isso como uma desculpa para ignorar o que está acontecendo ou o que não está acontecendo dentro da escola".[3] A prestação coordenada de serviços, em outras palavras, pode ser um impulsionador necessário, mas não suficiente, para o sucesso acadêmico.

Quando as escolas estão fazendo demais pelos estudantes

Por mais estranho que possa parecer, existem algumas famílias que recebem das escolas de hoje mais ajuda do que o necessário. São famílias que não precisam do "pacote" completo que muitas escolas tradicionais oferecem: todas as refeições, as horas complementares, a ampla gama de aulas e a oferta de muitas opções de atividades esportivas e artísticas, entre outras coisas. Os alunos dessas famílias vão bem academicamente. Talvez essas famílias sejam capazes de fornecer em casa o apoio necessário para construir os hábitos de sucesso de seus filhos, para garantir que eles tenham

---

* N. de R.T. Nos Estados Unidos, uma escola comunitária é um tipo de escola financiada pelo governo que funciona como uma instituição educacional e também como um centro comunitário, oferecendo serviços de saúde, sociais e apoio às famílias, além do conteúdo educacional de uma escola comum. Seu funcionamento pode ser apoiado pela própria comunidade. Essa ação conjunta visa favorecer a aprendizagem dos alunos e a fortalecer a relação entre escola e famílias.

acesso a projetos e conexões do mundo real e para ajudá-los a viver vidas saudáveis e realizadas. Suas preocupações, em vez disso, giram em torno da personalização para as necessidades ou interesses específicos de seus filhos.

Essas famílias geralmente ficam felizes por seus filhos se matricularem em uma escola virtual em tempo integral para que elas possam continuar investindo no desenvolvimento deles como atletas. Ou ficam entusiasmadas com um arranjo híbrido de educação domiciliar, no qual elas educam seus filhos em casa, mas a criança vai à escola local para participar de atividades algumas vezes por semana. Nesses casos, as ofertas modulares funcionam bem.

Estávamos vendo mais ofertas de ensino como o que é oferecido em escolas comunitárias surgirem antes da pandemia, mas a covid-19 acelerou o interesse nesses arranjos. Mais famílias perceberam que tinham preferências específicas para a educação de seus filhos e buscaram ofertas personalizadas. Veja, por exemplo, quantas famílias procuraram tutores *on-line*, inscrevendo-se para aulas na plataforma Outschool, e ajudaram seus filhos a conseguirem estágios *on-line* por meio de várias plataformas de *networking*.

Outschool:
https://www.youtube.com/watch?v=_lxiZFSwCvI

Um *continuum*

A maioria dos alunos fica entre a necessidade de uma oferta educacional totalmente interdependente e uma oferta completamente modular e desagregada. Isso significa que muitas escolas poderão integrar ofertas de outros parceiros, como recursos digitais que prometem soluções e resultados a partir do uso de suas plataformas pelos alunos, de empresas que oferecem alimentos específicos e com uma determinada filosofia por trás (alimentação saudável, por exemplo), e até mesmo iniciativas de apoio à saúde mental para estudantes e famílias. A partir disso, é possível questionar se as escolas pensaram o suficiente sobre toda a amplitude de serviços abrangentes para certos alunos e sobre o que elas estão tentando implementar, o que nos remete à conversa sobre propósito do Capítulo 2.

Novas formas de oferecer etapas ou serviços educacionais modulares também estão surgindo. O Capítulo 7 discute mais esse fenômeno, mas o rápido crescimento da aprendizagem digital nas escolas significa que a entrega de conteúdo acadêmico é cada vez mais uma mercadoria, e não um diferencial. Inovações disruptivas, como *coaching on-line*, mentoria *on-line*, programas de tutoria *on-line* e redes sociais, estão mudando a forma como as pessoas se conectam. Isso está abrindo as portas para permitir que os alunos construam relacionamentos e expandam radicalmente seu capital social, o que pode mudar sua visão sobre o que é possível e sobre suas capacidades de realizar novos sonhos.

À medida que essas inovações melhoram, as escolas mais experientes as usarão para liberar tempo e recursos para se concentrar em coisas como oferecer discussões valiosas, projetos comunitários e enriquecimento; garantir ambientes físicos limpos e agradáveis; eliminar o *bullying*; fornecer refeições nutritivas; apoiar a saúde e o bem-estar; oferecer uma variedade de programas atléticos, musicais e artísticos; avaliar necessidades generalizadas e variadas das crianças; e desenvolver os alunos para se tornarem bons criadores e inovadores.

SEIS PONTOS A SEREM CONSIDERADOS AO DESENHAR O PROPÓSITO DE SUA ESCOLA

À medida que as escolas consideram seus serviços para atender com sucesso os alunos e cumprir seus propósitos educacionais, há pelo menos seis pontos que elas devem considerar: conhecimento de conteúdo, habilidades, hábitos de sucesso, experiências de mundo real e capital social, saúde e bem-estar, e necessidades básicas. Na prática, esses domínios não são mutuamente excludentes, pois se cruzam e se apoiam de maneiras interdependentes.

Conhecimento do conteúdo

Há uma diversidade de pesquisas sobre a importância do desempenho acadêmico e do conhecimento do conteúdo em uma variedade de disciplinas. Construir uma base mínima de desempenho acadêmico é importante para o sucesso na vida futura[4] — posteriormente, outros fatores aumentam em importância. Sem conhecimento, preparar os alunos para o sucesso na vida é inviável.

Apesar de alguns afirmarem que o conhecimento de conteúdo não importa mais em um mundo onde tudo pode ser pesquisado no Google,[5] ter um profundo conhecimento básico continua sendo imperativo. Sem ele, os alunos terão dificuldades para se tornarem estudantes bem-sucedidos e para conseguirem aprender os conceitos de diferentes disciplinas. O conhecimento do conteúdo é fundamental. Sem uma familiaridade funcional com um tópico, o Google só consegue nos levar até o ponto em que precisamos formular a pergunta certa a ser feita para avançar. Como disse Maria Montessori, "a mente constrói com o que encontra".[6] Sem conhecimento, em outras palavras, a mente é limitada no trabalho que consegue fazer e nas perguntas que consegue formular. Ou como o cientista cognitivo Daniel Willingham escreveu: "Cada passagem que você lê omite informações... Toda essa informação omitida deve ser trazida ao texto pelo leitor".[7]

À medida que aprendem a ler, os alunos devem construir uma base sólida e ampla de conhecimentos. Eles devem se engajar com estruturas coerentes de conteúdo em todas as disciplinas. O conhecimento prévio de um aluno é fundamental para aprender bem e absorver informações do que está sendo lido e consumido. Se os alunos não tiverem uma familiaridade funcional com uma estrutura de conhecimento, uma nova passagem sobre um novo tópico para esse leitor — não importa quão elementar isso possa parecer e não importa quão forte sejam as habilidades fundamentais de decodificação dele — vai frustrá-lo.

Um famoso experimento sobre beisebol ilustra esse conceito. Quando os pesquisadores ofereceram uma passagem comum sobre beisebol para algumas pessoas, os leitores classificados como de "baixa habilidade" que sabiam muito sobre beisebol superaram significativamente os leitores classificados como de "alta habilidade", mas que sabiam pouco sobre esse assunto. A razão é que os leitores de alta habilidade não tinham o contexto para entenderem o que estavam lendo.[8] Imagine, por exemplo, a perplexidade de alguém que não sabia nada sobre beisebol tentando entender por que a multidão aplaudia quando um corredor "roubava" uma base — um ato que soaria criminoso sem o contexto adequado.

Sim, explorar e desenvolver os interesses das crianças e incutir nelas um senso de poder sobre sua própria educação é importante. Mas isso deve ser feito com metas e limites de aprendizado claros. É importante que as crianças não deixem de construir uma ampla base de conhecimento, nem sejam sobrecarregadas de opções em relação às suas áreas de interesse.

Um dos desafios para as escolas é que cada aluno tem conhecimentos prévios diferentes. Alunos de famílias mais ricas, por exemplo, tendem a desfrutar da exposição a uma série de experiências fora da escola que constroem seus conhecimentos sem que eles sequer percebam. Pode-se dizer que esses alunos conseguem "se safar" mesmo em escolas que são menos intencionais em sua construção de conhecimento. Os estudantes de baixa renda geralmente têm um conjunto muito mais limitado de experiências fora da escola, o que os deixa mais para trás.

Dentro desses dois grupos, as diferenças podem ser ainda mais discrepantes. Construir esse conhecimento prévio dos alunos de maneiras escaláveis, que sejam personalizadas para suas necessidades específicas, é desafiador. Como o Capítulo 8 discute, esse é um ponto em que a tecnologia pode fazer a diferença, ajudando os educadores a personalizarem a aprendizagem. Mas as escolas devem considerar esses pontos ao determinar seus próprios papéis e escopos para os alunos que elas atendem.

Em relação aos conteúdos que todos os alunos devem aprender, esse é um tópico para outros autores.[9] As escolas e o sistema escolar devem, no entanto, ter uma conversa sobre quais tópicos são essenciais para todos os alunos.

Os "reformadores da educação" muitas vezes lamentam que as escolas não abandonem programas (ou partes do currículo) que não são mais necessários ou eficazes. Novas iniciativas escolares são, consequentemente, acumuladas sobre práticas passadas. Como resultado, as escolas ficam sobrecarregadas. Educadores têm dificuldades para implementar novas ideias. Essa prática de adicionar, mas não subtrair, custa caro. Porém, "os reformadores", infelizmente, muitas vezes parecem menos propensos a se perguntarem se é hora de descartar parte do currículo de uma escola, apesar das mudanças nas condições do mundo.

A álgebra é um exemplo. Ela é vista como uma matéria relacionada com o sucesso na faculdade, com uma série de pesquisas apoiando essa ideia.[10] Os reformadores, em função disso, muitas vezes redobram os esforços para ajudar os alunos a passarem em álgebra — e mais especificamente no curso de Álgebra 2. Mas e se o problema for que talvez uma aula de Álgebra 2 não deva, em primeiro lugar, ser exigida para todos os alunos? Existem experiências matemáticas melhores para construir a fluência dos alunos para o mundo atual?

O economista Steven Levitt, da University of Chicago, dedicou um episódio inteiro do seu *podcast Freakonomics* à questão.[11] Ele concluiu que a obrigatoriedade da álgebra deveria ser repensada. Levitt observou que a principal razão pela qual as escolas secundárias oferecem álgebra é porque a partir de 1820 a Harvard University passou a exigir esse conhecimento para se obter admissão. Como resultado, essas escolas começaram a ensinar álgebra. Cinquenta anos depois, Harvard acrescentou geometria aos seus requisitos — e as escolas secundárias novamente seguiram o exemplo.

Levitt conclui que todo estudante do ensino médio deve se formar com fluência em ciência de dados, que ele descreve como "uma compreensão da diferença entre correlação e causalidade; a capacidade de avaliar argumentos que os outros fazem com dados; e talvez até mesmo pegar uma quantidade de dados e dar sentido a eles". No entanto, ele ressalta que "apenas 10% dos estudantes do ensino médio fazem aulas de estatística, e, mesmo assim, essas aulas, em sua maioria, são principalmente teóricas, em vez de exigirem que os alunos coloquem a mão na massa com dados".[12]

Para a maioria dos estudantes, a fluência em ciência de dados seria mais relevante do que um curso completo de Álgebra 2. Como Anthony Carnevale, diretor do Center on Education and the Workforce da Georgetown University, disse à *Education Week*, apenas 11% dos empregos nos EUA envolvem trabalho que requer compreensão dos conceitos de Álgebra 2 e apenas 6% usam regularmente operações algébricas avançadas.[13] Tópicos como fluência em ciência de dados e alfabetização financeira, por outro lado, parecem ser muito mais demandados, não apenas no local de trabalho, mas também na vida cotidiana.[14]

Algumas escolas secundárias estão repensando suas exigências em relação à álgebra. Elas ainda oferecem álgebra para que os alunos sejam expostos a ela e possam optar por se aprofundar em álgebra e cálculo se gostarem dessas matérias. Mas essas escolas estão diminuindo o tempo obrigatório para garantir que os alunos também aprendam ciência de dados e estatística. O distrito escolar unificado de Escondido, na Califórnia, por exemplo, repensou a sequência de suas aulas de matemática; o estado do Oregon também está fazendo isso.[15] O estado do Texas abandonou sua exigência de Álgebra 2 em 2014, embora seus distritos escolares não necessariamente tenham seguido o exemplo.[16]

Para ser claro, largar a álgebra não significa que os alunos não devem aprender conceitos algébricos. O raciocínio algébrico pode ser ensinado muito mais cedo aos alunos do que no ensino médio.[17] A maior mudança é, principalmente, deixar de ajudar os alunos a saber calcular problemas e passar a ajudá-los a dominar o pensamento computacional, um método de pensamento que formula problemas e expressa soluções de maneira algorítmica.[18]

Isso tem relação com outra queixa dos críticos sobre a redução do tempo em álgebra, a de que isso atrapalharia o desenvolvimento de habilidades de resolução de problemas e pensamento crítico dos indivíduos. Essa preocupação nos leva ao segundo domínio a que as escolas devem prestar atenção.

Habilidades

O propósito do conhecimento não é ter um fim em si mesmo, mas possibilitar que os indivíduos o apliquem de maneiras úteis.[19] Pensamento crítico, resolução de problemas, colaboração, comunicação e criatividade são habilidades[20] que os empregadores relatam consistentemente como sendo cada vez mais importantes para seus funcionários.[21] Dominar essas habilidades ajuda a preparar os estudantes para o sucesso na vida.

A capacidade de usar essas habilidades depende de ter algum domínio de conhecimentos específicos. Para ilustrar essa dependência: embora eu possa pensar criticamente e me comunicar bem sobre o futuro da educação (alguns concordariam com essa afirmação!), se você me colocar em um trabalho de programador do Google, já que eu não sei programar, eu seria incapaz de pensar criticamente e me comunicar bem no trabalho.

Algumas pessoas vão um passo além e sugerem que a expressão dessas habilidades é inteiramente específica de cada disciplina. Elas argumentam que essas habilidades são apenas uma função do domínio do conteúdo e não podem ser ensinadas por si só.

Porém, isso é ir um pouco longe demais.

Primeiro, é importante codificar com precisão cada uma dessas habilidades, algo que muitas comunidades escolares negligenciam. A Minerva University, uma nova e altamente inovadora faculdade de artes liberais, fez esse trabalho com riqueza de detalhes, por exemplo.

Com essa codificação em vigor, os educadores conseguem, então, fornecer oportunidades de aprendizagem estruturadas que intencionalmente e repetidamente constroem essas habilidades.

Ao fazer isso, ao longo do tempo, os alunos podem transferir e aplicar essas habilidades em diferentes domínios. Isso significa que, à medida que os indivíduos dominam essas habilidades por meio da prática deliberada em diferentes áreas, eles podem aplicá-las mais rapidamente em novas áreas à medida que dominam o conhecimento e o léxico delas.[22]

Como Jonathan Haber explica em seu livro *Critical Thinking*, vários estudos apoiam essa abordagem. Eles mostram que o maior aprendizado ocorre quando habilidades como pensamento crítico são ensinadas explicitamente e de forma integrada com as outras lições de uma aula. Isso significa que os alunos devem ter oportunidades consistentes para praticar e aplicar conscientemente as habilidades.

Ensinar essas habilidades de uma maneira separada do resto da matéria em uma aula não funciona bem. Esses achados ecoam a teoria da interdependência e modularidade. A melhor maneira de aprender habilidades é de forma interdependente com o conhecimento do conteúdo.

O método menos eficaz para ajudar a desenvolver habilidades de pensamento crítico é quando os professores apenas assumem que os alunos as aprenderão como um subproduto do conteúdo de uma aula. Isso é o que muitas vezes ocorre nas aulas de álgebra ou em outras aulas de matemática atualmente.[23]

Como diz Haber:

> Uma das primeiras oportunidades que os estudantes têm para experimentar argumentos lógicos ocorre quando eles aprendem sobre provas geométricas. No entanto, quantos professores de matemática aproveitam essa ocasião para mostrar aos alunos como premissas que fornecem razões para acreditar em conclusões podem ser aplicadas a qualquer forma de argumento, incluindo argumentos que, diferentemente da matemática, não são baseados em raciocínio dedutivo? Da mesma forma, quantos professores de ciências enfatizam como os métodos que eles ensinam podem ser aplicados em situações que não envolvem a experimentação controlada tão ligada à ciência, como escolher qual faculdade devemos frequentar ou qual candidato merece nosso voto?[24]

Além de pensamento crítico, comunicação, pensamento criativo, colaboração e resolução de problemas, os fundamentos da leitura — especialmente aprender a ler — também deveriam ser incluídos nas habilidades que devem ser aprendidas. Ensinar a ler é talvez a coisa mais próxima que a educação tem de um conjunto acordado de métodos que são baseados em regras e relativamente confiáveis. O foco deve ser em ensinar os alunos a decodificar palavras escritas em linguagem falada. Como disse Tavenner: "As escolas em todo o país estão verdadeiramente falhando com os alunos agora, nos primeiros anos, não garantindo que eles aprendam a ler. Esse é um problema solucionável, e... sua resolução deveria estar recebendo atenção total das escolas primárias".[25]

Minerva University:
https://www.youtube.com/watch?v=n201cHf88O4

Hábitos de sucesso

Para que os alunos estejam preparados para o mundo de hoje, dominar os hábitos de sucesso é vital. Esse grupo de práticas tem uma variedade de nomes, que vão desde "habilidades de caráter"[26] até "habilidades de vida", e desde "aprendizado socioemocional"[27] até "disposições" e, meu menos favorito, "habilidades não cognitivas".[28] De acordo com a Summit Public Schools, o que chamo de "hábitos de sucesso" durante o restante do livro gira em torno de 16 práticas centrais, apresentadas a seguir.[29]

Desenvolvimento saudável

- Ligações: formar laços duradouros com indivíduos solidários.
- Gestão do estresse: descobrir como se tornar calmo e equilibrado quando as situações se tornam estressantes.
- Autorregulação: direcionar e controlar a atenção e as emoções.

Preparação acadêmica e de vida

- Autoconsciência (reflexão): estar ciente dos próprios pensamentos, sentimentos, ações, pontos fortes, fraquezas (metacognição) e impacto sobre os outros.
- Consciência social/habilidades de relacionamento: entender como os outros se sentem e ter habilidade para manter relacionamentos fortes.

- Funções executivas: concentrar-se, manter-se organizado, lidar com várias tarefas ao mesmo tempo, planejar o futuro.

Mentalidades positivas

- Mentalidade de crescimento: acreditar que a inteligência pode ser cultivada e que não se nasce com uma quantidade fixa dela.
- Autoeficácia: acreditar na capacidade própria de fazer algo com sucesso.
- Sentido de pertencimento: sentir-se pertencente à comunidade.
- Relevância da escola: aprender que a educação é valiosa e enxergar os aprendizados como interessantes.

Perseverança

- Resiliência: lidar com situações desafiadoras e se recuperar delas.
- Capacidade de ação: tomar as próprias decisões e agir de acordo com elas.
- Tenacidade acadêmica: superar distrações e trabalhar com metas de longo prazo.

Independência

- Autodireção: fazer as ações necessárias para atingir os objetivos, com ou sem ajuda.
- Curiosidade: estar interessado em muitas coisas e querer saber mais sobre elas.
- Propósito: traçar um curso para uma vida que seja significativa e tenha impacto no mundo.

Para cada um desses hábitos, há evidências de que eles são mensuráveis e ensináveis, se alinham ao desenvolvimento de um estudante e têm impacto no desempenho acadêmico.[30]

Ainda assim, quando olham para essa lista, os educadores têm um momento de teste de Rorschach. Eles ficam animados porque a lista engloba hábitos que eles acreditam que deveriam ter sido parte de uma experiência de aprendizagem dos alunos o tempo todo, ou eles ficam desconfiados, pois se preocupam com a escola interferindo demais na vida das crianças. Alguns se preocupam porque, como disse o educador e fundador da Match Charter Public School Mike Goldstein, as escolas não são tão boas em ensinar esses hábitos, e os hábitos que são ensinados não vão além do contexto acadêmico.

Parte da razão pela qual as escolas têm tido dificuldades em ensinar esses hábitos é que, de maneira semelhante ao ensino das habilidades, as escolas muitas vezes veem esses hábitos como algo para ensinar aos alunos em uma lição própria, em oposição a um ensino interdependente com conhecimento e habilidades acadêmicas.[31] Os educadores muitas vezes os tratam como mais uma coisa na longa lista de coisas que as escolas devem ensinar aos alunos. De fato, menos de um quarto dos professores diz que suas escolas implementam essas habilidades em uma base programática na escola por completo.[32] Como ilustrado na Introdução e reforçado no Capítulo 5, o modelo tradicional de educação de soma zero também prejudica esses hábitos, porque as escolas não recompensam os alunos por desenvolvê-los. Em essência, as escolas parecem dizer: "faça o que eu digo, não faça o que eu faço".

Como resultado, as escolas geralmente não ensinam esses hábitos muito bem.

Mas isso não significa que ajudar os estudantes a construírem esses hábitos seja uma má ideia. Afinal, muitas escolas têm lutado para ensinar conhecimentos ou habilidades acadêmicas fundamentais. Isso não significa que não possa ser bem feito ou que não deva ser feito. Algumas escolas, como as escolas Montessori ou as da Public Summit Schools, estão mostrando que é possível fazer bem esse trabalho quando os hábitos são ensinados de forma interdependente com os conteúdos acadêmicos centrais, para que eles não sejam uma reflexão tardia ou algo que esteja substituindo o conteúdo. Em vez disso, eles devem tornar o conhecimento acadêmico e a aquisição de habilidades mais eficazes.[33]

Algumas pessoas conseguem sobreviver sem que esses hábitos sejam ensinados explicitamente? Sim.

Existem maneiras diferentes de ensinar esses hábitos? Certamente.

Porém, as escolas têm esperado que os alunos adquiram esses hábitos sem ensiná-los explicitamente. Elas têm abordado esses hábitos implicitamente por pelo menos um século. Essa combinação cria um cenário que faz com que muitas crianças fracassem.

Experiências do mundo real e capital social

Conectar a escola ao mundo exterior é importante para que os estudantes aprendam que há diferentes maneiras de eles darem sua contribuição para o mundo, com o que eles se identificam, por que o que eles estão aprendendo é importante[34] e por que vale a pena alcançar certos objetivos. As escolas podem conectar os alunos ao mundo exterior por meio de projetos, atividades extracurriculares, estágios, e muito mais. O Capítulo 5 mostra algumas maneiras específicas como as escolas de ensino médio poderiam melhor incorporar oportunidades do mundo real — não oportunidades inventadas — no dia de cada aluno. Por enquanto, o ponto é que, à medida que os alunos envelhecem e passam de novatos a aprendizes experientes em diferentes áreas, ter mais conexões com o mundo exterior se torna mais importante para que eles possam desenvolver um senso de propósito e para que possam estar preparados para a idade adulta.

Isso também é algo que os alunos há muito desejam. De acordo com o "The silent epidemic: perspectives of high school dropouts",* um relatório de 2006 encomendado pela Fundação Gates, a principal razão pela qual os alunos desistem do ensino médio é a falta de relevância para a vida deles, e não os desafios acadêmicos. A principal sugestão para os educadores é conectar a aprendizagem com experiências do mundo real.[35]

Embora existam ressalvas quanto ao quão longe ir nesse esforço,[36] muitas escolas têm atendido atentamente a esse chamado.[37] A Summit Public Schools, por exemplo, oferece oito semanas por ano durante as quais os alunos trabalham fora do *campus* com organizações externas. Os alunos do distrito escolar unificado Cajon Valley, nos arredores de San Diego, exploram mais de 50 carreiras diferentes, desde o jardim de infância até ao equivalente ao 9º ano, por meio de oportunidades imersivas e experienciais. Isso ajuda cada criança a ganhar autoconsciência sobre seus pontos fortes, interesses e valores únicos; uma janela para diferentes oportunidades acadêmicas e de carreira; e a capacidade de fundamentar e contar sua própria história.

Vincular-se ao mundo real também cria mais oportunidades para os estudantes se conectarem com adultos de diferentes esferas da vida. Se a função da escola não se limita ao ensino acadêmico, cabendo a ela também ajudar os alunos a terem acesso a boas oportunidades de vida e carreiras,

---

* N. de T. A epidemia silenciosa: perspectivas para quem abandonou o ensino médio.

então esses relacionamentos externos são essenciais. Como Julia Freeland Fisher argumenta em seu livro *Who you know*, no mundo atual as escolas precisam se envolver nessa atividade. Depois de construir uma base de conhecimentos e habilidades acadêmicas, quem você conhece é muito mais importante do que o que você sabe. Os relacionamentos ajudam os indivíduos a terem acesso a oportunidades e empregos, ajudam os empreendedores a levantarem capital e ajudam as pessoas a aprenderem sobre novos caminhos.

Os pesquisadores sabem há muito tempo que quem você conhece importa. O capital social de um indivíduo tem um impacto significativo no sucesso dele na vida, bem como em sua saúde. Da mesma forma, a robustez do capital social de uma sociedade impacta o bem-estar dessa sociedade.

Infelizmente, como o livro *Who you know* ilustra, as escolas têm historicamente sido construídas para manter o que é de fora... fora da escola.

Isso deve mudar, particularmente porque a pandemia mostrou o quanto as relações são importantes.[38] Deixar as conexões sociais ao acaso é uma estratégia pobre, considerando o quão desigualmente distribuídas são as relações. Dado que a sociedade já está se movendo para responsabilizar as escolas pelos resultados de vida que os alunos alcançam, reduzir a lacuna de oportunidade significa aumentar a reserva de capital social dos estudantes.

As relações também afetam o que as pessoas sabem. Os alunos que não têm relações afetuosas são mais propensos a abandonar a escola, por exemplo. Eles são mais propensos a sofrer com questões de saúde que afetem seu desempenho acadêmico. Também lamentamos o fato de haver uma escassez de professores qualificados em certas disciplinas. Se as escolas explorassem o mundo mais amplo de especialistas de todo o mundo, no entanto, elas conseguiriam resolver muitos desses desafios de falta de pessoal.

Isso evidencia uma questão muito maior. Tal como acontece com o ensino de habilidades e hábitos de sucesso, incorporar experiências do mundo real e capital social não é um complemento para o que as escolas estão tentando realizar. De fato, a equipe de liderança do distrito escolar unificado Cajon Valley me contou que as habilidades de leitura dos alunos melhoraram à medida que eles adquiriram conhecimentos sobre diferentes campos e carreiras.[39] Como um relatório recente do Hoover Institute disse: "Juntar o aprendizado acadêmico e a exposição a pessoas que trabalham com problemas do mundo real pode aprofundar o pensamento dos alunos e abrir possibilidades adicionais de aprendizado. Mesmo quando os próprios professores não têm ferramentas ou tempo para construir materiais ricos por conta própria, instituições como a Nepris oferecem uma compilação selecionada de palestrantes, vídeos e planos de aula para uso em sala de aula. Outras instituições, como a Composer, se especializam em oferecer experiências de aprendizagem e de ação de educação cívica conectadas globalmente.[36]

Saúde e bem-estar

Assim que as escolas foram reabertas após a pandemia, os alunos voltaram com uma série de questões sociais, emocionais e físicas. Alguns desses desafios resultaram em violência física.

Muitos acreditam que as escolas não devem se envolver em saúde e bem-estar. Depois que sugeri em um artigo que as escolas devem se concentrar em saúde e bem-estar, por exemplo, um educador me escreveu dizendo que há um "mercado robusto de maneiras alternativas de produzir saúde e bem-estar em crianças" e que as escolas públicas não se dão bem fazendo isso.

O desafio com essa linha de pensamento é que, se as escolas não estiverem trabalhando com estudantes saudáveis e que estejam bem, será mais difícil para esses alunos aprenderem.

Porém, também há boas notícias. Tal como acontece com a construção de conhecimentos, habilidades, hábitos, experiências do mundo real e capital social, as escolas não precisam enxergar o apoio ao bem-estar dos alunos como algo totalmente separado e desvinculado de suas tarefas. Phyllis Lockett, CEO da LEAP Innovations, que trabalha com escolas para transformar seus ambientes de aprendizagem com o objetivo de personalizá-los para cada aluno, escreveu:

> A recuperação acadêmica não é a única crise que nossos educadores e pais estão enfrentando. Os alunos estão relatando aumento da ansiedade, do estresse e de pensamentos suicidas, levando muitos a rotular as consequências para a saúde mental da covid-19 como a "segunda pandemia". Não surpreendentemente, a confluência dessas crises duplas está sobrecarregando a capacidade do sistema escolar durante o que tem sido uma temporada particularmente difícil de "volta às aulas", à medida que os educadores lutam para atender a uma gama mais ampla de necessidades acadêmicas e socioemocionais de seus alunos. Esses desafios podem parecer não relacionados, em parte porque criamos uma falsa dicotomia entre aprendizagem acadêmica e socioemocional. Mas a ciência do

desenvolvimento e da aprendizagem nos diz que esses dois aprendizados estão, de fato, inextricavelmente ligados, e que um fator em particular, fortes relações positivas entre alunos e professores, pode impulsionar os chamados resultados acadêmicos e não acadêmicos. De fato, pode ser mais exato ver nosso atual desafio de "aprendizado inacabado" como um subproduto de "relacionamentos perturbados", e não apenas tempo de instrução perdido.[40]

As escolas americanas também têm experiência nessa área com os chamados programas de recém-chegados, que apoiam estudantes imigrantes que são novos no país e interromperam a educação formal e sofreram estresse e trauma. Como Audrey Cohan, a reitora sênior de pesquisa e bolsas de estudo da Molloy College, em Nova York, que estuda esses programas, disse à *Education Week*: "Muitas das técnicas e estratégias, das pedagogias usadas em escolas com programas de recém-chegados, nós podemos usar com todas as crianças agora que elas estão voltando para a escola". Isso inclui fornecer suporte socioemocional e de saúde mental e ajudar a construir rotinas e conexões com a comunidade para os alunos.[41]

As escolas também sempre desempenharam algum papel na saúde e no bem-estar. Veja, por exemplo, a longa história da educação física e de saúde nas escolas ou a provisão de refeições e a disponibilidade de aconselhamento. Como o Capítulo 5 discute, a aptidão física, por exemplo, ajuda a preparar os estudantes para aprenderem. Portanto, mesmo a educação física não deve ser tratada como algo independente da aprendizagem de conhecimentos e habilidades. Ajudar os alunos e as famílias a construírem rotinas que priorizem o sono é fundamental. E fazer um trabalho melhor para garantir que todos os alunos tenham acesso consistente a refeições equilibradas com menos açúcar e menos alimentos processados ajudará diretamente os alunos a melhorarem vários de seus hábitos e suas capacidades de aprender. Sem algum foco no bem-estar, será difícil para os estudantes realizarem seus potenciais.[42]

Necessidades básicas

A conversa sobre saúde e bem-estar entra em outra questão que as escolas podem ter que considerar: as necessidades básicas dos estudantes em torno de coisas como comida, abrigo e roupas são atendidas? Se elas não forem, as escolas terão dificuldade em atingir seu propósito com os alunos.

A maioria das escolas não tem recursos para lidar com muitas das questões que esse tópico levanta. Mas é uma questão que nós, como sociedade, devemos abordar. As escolas Seed*, por exemplo, invertem a noção de que os internatos são para os membros mais privilegiados da sociedade, já que seus alunos vivem e aprendem gratuitamente em seus *campi*. Sem fazer essas grandes perguntas, não seremos capazes de projetar soluções escolares equitativas.

PERSONALIZANDO ESSA ABORDAGEM NA MINHA COMUNIDADE

Se as escolas aceitarem essas ideias de base, elas podem pegar esses domínios e construir para cada um dos alunos metas Smart — *specific, mensurable, attainable, realistic, and time-bound* (específicas, mensuráveis, atingíveis, realistas e com prazo definido). A forma como cada uma dessas metas vai se encaixar em cada comunidade escolar será diferente. Ainda mais complicado, a abordagem para implementá-las provavelmente deve ser personalizada com base nas necessidades e contextos distintos de cada aluno. É um erro uma escola assumir que todos os alunos se encontram nas mesmas circunstâncias e precisam do mesmo tipo de apoio. Como a pandemia mostrou, esse não é o caso. Jennifer Orr, uma professora do ensino fundamental, escreveu:

> É claro que alguns alunos têm comida o suficiente, saudável e sempre disponível. Mas outros estudantes não têm. Alguns alunos têm acesso a conexões de internet estáveis e vários dispositivos. Outros estudantes não. Alguns alunos têm tutores e famílias que estão em casa e podem ajudá-los com trabalhos escolares a qualquer momento. Mas outros estudantes não. Alguns alunos têm famílias que são capazes de defendê-los ferozmente. Outros não.[43]

Durante a pandemia, as Spring Grove Public Schools, em Minnesota, notaram que diferentes alunos e famílias têm diferentes necessidades e preferências. De acordo com a superintendente assistente do distrito, Gina Mei-

---

* N. de T. As Schools for Educational Evolution Development (Escolas para o Desenvolvimento e Evolução Educacional), ou *Seed schools*, são escolas americanas que apresentam um modelo de educação alternativo, baseado na formação de líderes comunitários dentro de contextos menos privilegiados.

nertz, à medida que o distrito trabalhava com alunos e pais para entender o que eles precisavam para se sentirem seguros, foi-se percebendo que havia "vozes escondidas" que tinham necessidades diferentes das da maioria.[44] Como Meinertz me disse:

> Talvez precisemos responder a uma voz escondida porque eles têm um motivo válido que pode não ser o motivo válido de todos os outros, e por isso criamos esse documento, que se tornou muito, muito longo, sobre temas comuns e vozes escondidas. E a partir disso começamos a criar protótipos para o próximo ano, o que iríamos manter e o que não iríamos manter.[44]

Os líderes de Spring Grove observaram, por exemplo, que dar aos estudantes o direito de chegar à escola em momentos diferentes poderia ser benéfico. Começos progressivos das aulas ajudaram os professores a criar um ambiente mais calmo e menos caótico, no qual eles poderiam ter uma conversa pessoal com cada criança conforme elas chegavam à escola. Eles descobriram que havia uma divergência de opiniões sobre onde as pessoas almoçavam, e então a escola passou a oferecer opções diferentes.[39] O pensamento de Spring Grove faz parte da lógica por trás das escolas que começam suas próprias microescolas ou escolas dentro das escolas, que discutimos no Capítulo 1, para que os educadores não forcem todos os alunos e famílias a se encaixarem em certos arranjos que não funcionam bem para eles.

OUTRAS PREOCUPAÇÕES

As pessoas que estão lendo este capítulo provavelmente ainda terão preocupações sobre o papel das escolas.

Algumas dessas preocupações podem girar em torno dos custos financeiros da integração em domínios não acadêmicos. A teoria da interdependência e modularidade oferece três respostas.

Primeiro, se pararmos de ver esses diferentes domínios como tarefas independentes que vão sobrecarregar uma escola existente e, em vez disso, passarmos a vê-los como algo a ser projetado de forma interdependente como essencial desde o início, os custos serão menores do que imaginamos.

Em segundo lugar, a teoria mostra que os custos de não integrarmos essas áreas são maiores para a sociedade. Eles apenas estão escondidos no balanço financeiro das organizações.

Em terceiro lugar, a teoria também sugere que os custos podem cair ao longo do tempo. Ela prevê que, à medida que as escolas começarem a ter sucesso no atendimento a estudantes de baixa renda, obteremos uma noção mais clara dos mecanismos causais que levam a esse sucesso. Nesse ponto, o sistema educacional vai ser capaz de modularizar, o que criará uma maior eficiência.

Um segundo conjunto de preocupações gira em torno de quem fará o trabalho. Muitos continuam a ter preocupações sobre as escolas que se estendem para áreas nas quais seus professores não foram treinados e nas quais elas não têm especialistas disponíveis.[45] Nesse caso, a modularidade poderia funcionar a favor das escolas, permitindo a elas trazer mais pessoas com conhecimentos aprofundados em outras áreas, para que professores que foram treinados para um conjunto de funções não sejam forçados a fazer coisas para as quais não foram treinados. O fato de a pandemia fazer as instituições terem tido o desafio de preencher funções de educadores durante a pandemia pode criar uma janela para as escolas contratarem, em vez de empregarem, educadores e funcionários para preencher lacunas. Se as escolas conseguirem prover funcionários de forma sustentável em suas escolas e manter a flexibilidade desses arranjos,[46] elas vão conseguir fazer a transição mais facilmente de seus modelos de recrutamento de funcionários ao longo do tempo para corresponder ao que sua comunidade precisa para que seus alunos tenham sucesso.

A infusão temporária de incentivos federais também pode ajudar. Como discutido no Capítulo 1, os especialistas em finanças escolares temem que muitas escolas façam investimentos insustentáveis em funcionários e programas. Porém, sabendo que esses fundos eventualmente vão acabar, as escolas poderiam contratar determinados serviços para criar um modelo mais flexível que possa se adaptar continuamente ao que elas precisam oferecer aos alunos.

Ainda mais intrigante do ponto de vista da elaboração de um modelo devidamente integrado é como as organizações comunitárias em lugares como Cleveland e Boston administraram microescolas durante a pandemia, o que está detalhado no Capítulo 1.[47] Essas organizações puderam criar modelos que incorporaram suportes sociais sólidos aos lugares onde os alunos estavam aprendendo, enquanto os especialistas em conteúdo trabalhavam de forma remota.

O FUTURO DAS ESCOLAS

À medida que surgem soluções educacionais mais modulares, a possibilidade de uma versão mais personalizada e customizável da educação parece estar mais ao nosso alcance. Quando olhamos para o futuro do que a escola poderia ser, podemos imaginar algo como um centro comunitário com uma variedade de serviços acadêmicos, de saúde e de apoio disponíveis para os alunos. Nesse novo sistema, tanto os serviços quanto a parte acadêmica poderiam ser distribuídos de maneira flexível, com diferentes recursos, horários e apoios para diferentes alunos. Isso poderia facilitar uma integração racial e socioeconômica maior do que a que vemos nas escolas atualmente. Para se manter eficiente e expandir as oportunidades e as escolhas, esse sistema de ensino poderia acolher uma série de provedores que poderiam se conectar a várias interfaces nesse centro de ensino. Alguns alunos ainda usariam mais os serviços oferecidos pela escola do que outros, mas a escola estaria posicionada para atender muito mais tipos de alunos com base em suas necessidades.

Isso tudo parece ótimo. O problema continua sendo que o sistema atual não está integrado o suficiente. As escolas, particularmente aquelas que atendem os alunos mais necessitados, não podem pular os estágios iniciais de integração.

Mesmo quando elas puderem, as escolas deverão detalhar os tipos de coisas para as quais os seus alunos precisarão estar preparados no futuro. Isso significa que elas deverão ser claras sobre seus propósitos e, em seguida, priorizar o que devem fazer *versus* o que elas devem terceirizar *versus* com o que elas não precisam se preocupar para cada aluno nos domínios do conhecimento, das habilidades, dos hábitos de sucesso, das experiências do mundo real e capital social, da saúde e bem-estar, e das necessidades básicas.

Sem essa consideração detalhada, ajudar todos os estudantes a maximizarem seu potencial humano, descobrirem seu propósito, construírem suas paixões e levarem vidas cheias de escolhas, participarem civicamente de uma democracia vibrante, contribuírem significativamente para o mundo e a economia e valorizarem que as pessoas podem enxergar as coisas de formas diferentes permanecerá um sonho distante.

PONTOS-CHAVE

- Uma vez que uma escola tenha definido seu propósito, ela pode considerar as atividades que deve realizar para cumpri-lo, levando em conta todo o conjunto de experiências de que um aluno precisará para ter sucesso.
- A teoria da interdependência e modularidade oferece um caminho mais sustentável para as escolas pensarem sobre seu objetivo do que as ideias tradicionais de "competência essencial".
- Os estudantes em situação vulnerável precisam de mais apoios oferecidos de forma interdependente.
- Os alunos que têm mais auxílio do que precisam querem ofertas mais personalizadas, possibilitadas por uma organização escolar mais modular.
- Para pensar sobre os conjuntos de serviços que uma escola oferece e como ela deve oferecê-los, as escolas devem considerar pelo menos seis domínios: conhecimento de conteúdo, habilidades, hábitos de sucesso, experiências do mundo real e capital social, saúde e bem-estar, e necessidades básicas.
- Não existe uma solução única para todos. A personalização é essencial.

NOTAS

1. CHRISTENSEN, C. M.; RAYNOR, M. E. *The innovator's solution*. Boston: Harvard Business Review Press, 2013.
2. HORN, M. B.; FISHER, J. F. *The educator's dilemma*: when and how schools should embrace poverty relief. California: Clayton Christensen Institute, 2015. Disponível em: https://www.christenseninstitute.org/wp-content/uploads/2015/06/The--Educators-Dilemma.pdf. Acesso em: 6 jun. 2023.
3. PORTER, C. More schools open their doors to the whole community. *Wall Street Journal*, 28 jul. 2014. Disponível: http://www.wsj.com/articles/more-schools--open-their-doors-to-the-whole-community-1406586751. Acesso em: 6 jun. 2023.
4. SINGAL, J. The false promise of quick-fix psychology. *Wall Street Journal*, 9 abr. 2021. Disponível em: https://www.wsj.com/articles/the-false-promise-of--quick-fix-psychology-11617981093. Acesso em: 6 jun. 2023.
5. KAMENETZ, A. Q&A: exit interview with a nationally known school leader. *NPR*, 15 fev. 2015. Disponível em: https://www.npr.org/sections/ed/

2015/02/15/385774711/q-a-exit-interview-with-a-nationally-known-school-leader. Acesso em: 6 jun. 2023.

6. "Constructing Specific Knowledge: The Importance of Non-Fiction Children's Books", Resurrection Episcopal Day School, Nova York. Veja também CORE KNOWLEDGE FOUNDATION. *Montessori meets core knowledge in Memphis*. Virginia: CoreKnowledge, 2018. Disponível em: https://www.coreknowledge.org/blog/montessori-meets-core-knowledge/. Acesso em: 6 jun. 2023.

7. WILLINGHAM, D. School time, knowledge, and reading comprehension. *Science & Education*, jul. 2012. Disponível em: http://www.danielwillingham.com/daniel-willingham-science-and-education-blog/school-time-knowledge-and-reading-comprehension. Acesso em: 8 jun. 2023.

8. RECHT, D. R.; LESLIE, L. Effect of prior knowledge on good and poor readers 'memory of text. *Journal of Educational Psychology*, v. 80, n. 1, 1988. Disponível em: https://psycnet.apa.org/record/1988-24805-001. Acesso em: 8 jun. 2023.

9. Em nosso *podcast Class Disrupted*, Diane Tavenner ofereceu uma estrutura útil que substitui um currículo "obrigatório", ou canônico, para todos os alunos com uma estrutura comum. Essa estrutura é inerentemente personalizada, mas também comunitária. Nela, cada aluno aprenderia por meio de círculos concêntricos — os estudantes começariam com eles mesmos, depois expandiriam para sua comunidade e para a sociedade em que vivem e, a partir daí, poderiam seguir para onde sua curiosidade os levasse.

    WHAT schools should teach. Entrevistadores: Diane Tavenner, Michael Horn. *Class Disrupted*, 3 temp., 2 ep., 21 set. 2021. Podcast. Disponível em: https://www.the74million.org/article/listen-class-disrupted-s3-e2-what-schools-should-teach/. Acesso em: 8 jun. 2023.

    Como Tom Vander Ark, CEO da Getting Smart, escreveu: "O ensino médio deve ser uma oportunidade para descobrir quem você é, no que você é bom e onde você quer fazer uma contribuição. Isso deve começar com a descoberta de problemas — identificando problemas grandes e difíceis de seu interesse". ARK, T. V. The math youth need to make a difference. *Forbes*, 14 nov. 2019. Disponível em: https://www.forbes.com/sites/tomvanderark/2019/11/14/the-math-youth-need-to-make-a-difference/#1a38e3e34bd6. Acesso em: 8 jun. 2023.

    A estrutura de Diane Tavenner espelha alguns dos pensamentos da educação montessoriana. Essa filosofia sustenta que as crianças devem primeiro entender o mundo concreto que habitam. Com o tempo, elas podem aprender sobre coisas que são cada vez mais abstratas ou distantes de sua realidade.

    Escolas que intencionalmente criam experiências coerentes fornecerão uma vantagem para seus alunos. Isso significa que as escolas devem ter uma visão menos fragmentada e mais integrada das disciplinas de ciências, estudos sociais, matemática, linguagem, música, arte, e assim por diante. Elas devem ver todas essas disciplinas como oportunidades para reforçar umas às outras com um conteúdo conectado e coerente. Isso é algo que muitas escolas não fazem particularmente bem hoje em dia. E tampouco muitas o fizeram bem à medida que os estudantes avançam a cada ano nas escolas. Como Stephen Sawchuk escreveu na *Education Week*, "as evidências sugerem que leitura, matemática e ciência básicas, mesmo dentro da própria escola, careciam de coesão ano em ano escolar *antes* da pandemia".

SAWCHUK, S. What is the purpose of school? *Education Week*, 14 set. 2021. Disponível em: https://www.edweek.org/policy-politics/what-is-the-purpose-of-school/2021/09?utm_source=nl&utm_medium=eml&utm_campaign=eu&M=63798075&U=67948&UUID=2a97314eb8614a7f8123bed720cdf420. Acesso em: 8 jun. 2023.

10. GOJAK, L. M. Algebra: not 'if' but 'when'. *In*: NATIONAL COUNCIL OF TEACHERS OF MATHEMATICS. Virginia: NCTM, 2013. Conselho Nacional de Professores de Matemática. Disponível em: https://www.nctm.org/News-and-Calendar/Messages-from-the-President/Archive/Linda-M_-Gojak/Algebra_-Not-_If_-but-_When_/. Acesso em: 8 jun. 2023.

11. AMERICA'S math curriculum doesn't add up. *Freakonomics*, 391 ep., 2 out. 2019. Podcast. Disponível em: http://freakonomics.com/podcast/math-curriculum/. Acesso em: 8 jun. 2023.

    Ver também BOALER, J.; LEVITT, S. D. *Opinion:* modern high school math should be about data science-not algebra 2. *Los Angeles Times*, 23 out. 2019. Disponível em: https://www.latimes.com/opinion/story/2019-10-23/math-high-school-algebra-data-statistics. Acesso em: 8 jun. 2023.

12. O número, de acordo com o Centro Nacional de Estatísticas da Educação, foi de 10,8% em 2009. Ver TABLE 179. Percentage of public and private high school graduates taking selected mathematics and science courses in high school, by sex and race/ethnicity: Selected years, 1982 through 2009. *In*: NATIONAL CENTER FOR EDUCATION STATISTICS. *2012 tables and figures*. Washington: NCES, 2012. Disponível em: https://nces.ed.gov/programs/digest/d12/tables/dt12_179.asp. Acesso em: 8 jun. 2023.

    Uma análise mais recente sugere que 23% dos estudantes do ensino médio fazem em algum momento aulas de probabilidade ou estatística. Os estudantes de baixa renda são menos propensos a ter essas aulas. LOEWUS, L. Just 1 in 4 high school seniors have taken statistics. *Education Week*, set. 2016. Disponível em: https://www.edweek.org/leadership/just-1-in-4-high-school-seniors-have-taken-statistics/2016/09. Acesso em: 10 jun. 2023.

13. QUESTIONS arise about need for algebra 2 for all. *Education Week*, jun. 2013. Disponível em: https://www.edweek.org/ew/articles/2013/06/12/35algebra_ep.h32.html. Acesso em: 10 jun. 2023.
14. AMPIL, C. et al. Investing in america's data science and analytics talent. *The Business-Higher Education Forum*, 2017. Disponível em: https://www.bhef.com/publications/investing-americas-data-science-and-analytics-talent. Acesso em: 10 jun. 2023.
15. GEWERTZ, C. Should high schools rethink how they sequence math courses? *Education Week*, nov. 2019. Disponível em: https://www.edweek.org/teaching-learning/should-high-schools-rethink-how-they-sequence-math-courses/2019/11. Acesso em: 10 jun. 2023.
16. SAWCHUK, S. Texas dropped algebra 2 as a requirement. Its schools didn't. *Education Week*, fev. 2018. Disponível em: https://www.edweek.org/teaching-learning/texas-dropped-algebra-2-as-a-requirement-its-schools-didnt/2018/02. Acesso em: 10 jun. 2023.
17. Se as escolas mudarem para a aprendizagem baseada no domínio, como argumentado no Capítulo 5, também deixaríamos de pensar em aulas distintas por períodos fixos e nos concentraríamos nas competências que um aluno dominou.
18. CONRAD Wolfram on Computational Thinking. *Getting Smart*, ago. 2020. Disponível em: https://www.gettingsmart.com/podcast/conrad-wolfram-on-computational-thinking/. Acesso em: 10 jun. 2023.
19. Muitos podem observar que memorizar a tabuada — mesmo que não seja por meio de um processo mecânico de aprendizagem — também é antiquado. Mas a razão pela qual isso é importante é que tem valor no desenvolvimento de uma automaticidade que nos permite aprender uma matemática de ordem superior e aplicar conceitos mais complexos. Porém, isso não vale tanto para Álgebra 2, em que raramente os conceitos são usados no mundo real. O ponto mais profundo aqui é que a compreensão da álgebra não é a única maneira de aprender habilidades de pensamento crítico — e certamente não é a mais direta. A álgebra não precisa ser a porta de entrada para habilidades de pensamento crítico, muito menos a porta de entrada para o aluno ter sucesso na faculdade.
20. THESE skills prepare kids for any future. *Prepared Parents*, 2023. Disponível em: https://preparedparents.org/editorial/universal-skills-for-kids-to-succeed/. Acesso em: 10 jun. 2023.
21. GRAY, K.; KONCZ, A. The key attributes employers seek on students' resumes. *National Association of Colleges and Employers*, nov. 2017. Disponível

em: Acesso em: https://www.naceweb.org/talent-acquisition/candidate-selection/key-attributes-employers-want-to-see-on-students-resumes/. Acesso em: 10 jun. 2023.

22. KOSSLYN, S. M.; NELSON, B. (ed.). *Building the intentional university: minerva and the future of higher education*. Cambridge: MIT Press, 2017. Veja também PONDISCIO, R. How to help students think critically. *Robert Pondiscio*, jul. 2019. Disponível em: https://www.robertpondiscio.com/blog/how-to-help-students-think-critically. Acesso em: 10 jun. 2023.

23. Como pode parecer isso para diferentes habilidades?

    Para o pensamento crítico, de acordo com Haber, isso incluiria pensamento estruturado ou a lógica — ser claro sobre o que se pensa, sobre as razões por trás dessa crença e ter a capacidade de avaliar se as razões são justificadas. Também incluiria habilidades linguísticas, como a capacidade de traduzir argumentos em sistemas de lógica, bem como comunicação persuasiva, retórica e argumentação, o que requer conhecimento prévio e capacidade de localizar, avaliar, organizar, sintetizar e comunicar informações.

    Para a habilidade de comunicação, é importante ajudar os alunos a dominá-la em várias modalidades. Como mostra a Minerva University, é importante ser capaz de analisar os trabalhos dos outros e de se comunicar por meio da escrita, da fala, das artes visuais e musicais e de diferentes meios tecnológicos, à medida que a tecnologia muda a maneira como a comunicação ocorre em diferentes assuntos. Essa universidade inclui nisso o ensino sobre escolha de palavras, gramática, estilo, lógica, fatos, organização, evidências, emoção, ferramentas retóricas, persuasão, e muito mais. Ver KOSSLYN, S. M.; NELSON, B. (ed.). *Building the intentional university*: Minerva and the future of higher education. Cambridge: MIT Press, 2017. cap. 5.

    O pensamento criativo na Minerva University é combinado com análises empíricas. A universidade enfatiza os aspectos iterativos e criativos da pesquisa empírica e da resolução de problemas. Ela constrói explicitamente conceitos, como reconhecer e superar vieses, caracterizar ou definir um problema, derivar soluções novas e criativas para problemas, avaliar essas soluções, empregar ambos juntamente com raciocínio dedutivo no método científico, sintetizar, e muito mais KOSSLYN, S. M.; NELSON, B. (ed.). *Building the intentional university*: minerva and the future of higher education. Cambridge: MIT Press, 2017. cap. 6-7.

24. HABER, J. *Critical thinking*. Cambridge: MIT Press, 2020. cap. 3.

25. HANFORD, E. Hard words: why aren't kids being taught to read? *APM Reports*, set. 2018. Disponível em: https://www.apmreports.org/episode/2018/09/10/

hard-words-why-american-kids-arent-being-taught-to-read. Acesso em: 10 jun. 2023. HANFORD, E. At a loss for words: how a flawed idea is teaching millions of kids to be poor readers. *APM Reports*, ago. 2019. Disponível em: https://www.apmreports.org/episode/2019/08/22/whats-wrong-how-schools-teach-reading. Acesso em: 10 jun. 2023. SCHWARTZ, S. Popular literacy materials get 'science of reading' overhaul. but will teaching change? *Education Week*, out. 2021. Disponível em: https://www.edweek.org/teaching-learning/popular-literacy-materials-get-science-of-reading-overhaul-but-will-teaching-change/2021/10. Acesso em: 10 jun. 2023.

26. CHARACTER LAB. *Character*. Philadelphia: Character Lab, 2023. Disponível em: https://characterlab.org/character/. Acesso em: 10 jun. 2023.

27. CASEL. *Fundamentals of SEL*. Chicago: CASEL, 2023. Disponível em: https://casel.org/fundamentals-of-sel/. Acesso em: 10 jun. 2023.

28. Para uma boa visão geral de vários dos diferentes hábitos de estruturas de sucesso que existem, consulte LEVINE, E. Habits of success: helping students develop essential skills for learning, work, and life. *Aurora Institute*, out. 2021. Disponível em: https://aurora-institute.org/wp-content/uploads/Aurora-Institute-Habits-of-Success-Helping-Students-Develop-Essential-Skills-for--Learning-Work-and-Life-2.pdf. Acesso em: 10 jun. 2023. Nessa obra, Levine não apenas dá uma visão geral de vários dos quadros que existem, mas também ajuda a destacar a importância deles, como eles podem ser ensinados e as questões que existem com a avaliação dessas habilidades.

29. Isso é baseado no Building Blocks for Learning Framework desenvolvido pela Dra. Brooke Stafford-Brizard para o Turnaround for Children. FOCUS on habits instead of test scores. *Prepared Parents*, 2023. Disponível em: https://preparedparents.org/editorial/focus-on-16-habits-of-success-not-test-scores/. Acesso em: 10 jun. 2023.

    Para um mergulho mais profundo na base de evidências por trás dessa estrutura de trabalho, bem como em torno da importância do conhecimento do conteúdo, das habilidades cognitivas e do senso de propósito, consulte SUMMIT PUBLIC SCHOOLS. *The science of summit*. California: SPS, 2017. Disponível em: https://summitps.org/the-summit-model/the-science-of-summit. Acesso em: 10 jun. 2023.

    STAFFORD-BRIZARD, K. B. *Building blocks for learning*. New York: Turnaround for Children, 2016. Disponível em: https://turnaround.ams3.digitaloceanspaces.com/wp-content/uploads/2016/03/14034511/Turnaround-for-Children-Building-Blocks-for-Learningx-2.pdf. Acesso em: 10 jun. 2023.

30. Segundo Diane Tavenner, a única exceção é a curiosidade, que é difícil de ensinar. Existem práticas para ensinar a curiosidade, mas também há evidências de que as escolas atuais a desestimulam. Portanto, reformular as escolas para não acabarem com a curiosidade que os indivíduos têm naturalmente é importante. E, como Diane me disse, também podemos possibilitar que as pessoas permaneçam curiosas ao entrarem na idade adulta, ajudando-as a construir sua mentalidade de crescimento, seu senso de pertencimento, sua resiliência e sua tenacidade.

    Ver também ENCOURAGE your kid to be curious. *Prepared Parents*, *2023*. Disponível em: https://preparedparents.org/tip/encouraging-my-kids-interests. Acesso em: 10 jun. 2023. Para uma visão geral a respeito da curiosidade e de sua importância para o sucesso na escola e na vida.

31. Outros enfatizam que os educadores não foram treinados para ajudar os estudantes a construírem esses hábitos.

32. BRIDGELAND, J. M.; RICHARDS, F. Where does social-emotional learning go next? *Education Week*, maio 2021. Disponível em: https://www.edweek.org/leadership/opinion-where-does-social-emotional-learning-go-next/2021/05?utm_source=nl&utm_medium=eml&utm_campaign=eu&M=59971982&U=67948&UUID=2a97314eb8614a7f8123bed720cdf420. Acesso em: 10 jun. 2023.

33. De fato, a curiosidade e a persistência estão "mais intimamente ligadas a um melhor desempenho acadêmico para crianças de 10 e 15 anos, de acordo com a primeira pesquisa internacional de habilidades socioemocionais". SPARKS, S. D. The SEL skills that may matter-most for academic success: curiosity and persistence. *Education Week*, out. 2021. Disponível em: https://www.edweek.org/leadership/the-sel-skills-that-may-matter-most-for-academic-success-curiosity-and-persistence/2021/10?utm_source=nl&utm_medium=eml&utm_campaign=eu&M=64194894&U=67948&UUID=2a97314eb8614a7f8123bed720cdf420. Acesso em: 10 jun. 2023.

34. Esse é um exemplo em que esses domínios se sobrepõem. Entender por que o que se está aprendendo importa se sobrepõe ao hábito de sucesso em que os alunos desenvolvem uma compreensão da importância da educação.

35. BRIDGELAND, J. M.; DILULIO, J. J.; MORISON, K. B. The silent epidemic: perspectives of high school dropouts. *ERIC*, mar. 2006. Disponível em: https://docs.gatesfoundation.org/documents/thesilentepidemic3-06final.pdf. Acesso em: 10 jun. 2023.

36. Dito isso, isso não quer dizer que as escolas devam, de uma perspectiva superficial, seguir cegamente o que os alunos desejam e gostam. Claramente

existem limites para essa abordagem. Como escreveu Jason L. Riley em sua biografia intelectual do economista Thomas Sowell: "Ao final do primeiro semestre, [Sowell] se aproximou do presidente do departamento para pedir permissão para abandonar o curso porque ele achava que não estava aprendendo nada. A permissão foi concedida, e seria só décadas mais tarde que Sowell perceberia seu erro. Em uma coluna muito emocionante escrita após a morte de Becker em 2014, Sowell disse que seu ex-professor estava 'introduzindo sua própria estrutura analítica, que estava destinada a mudar a maneira como muitas questões seriam vistas pela profissão de economia nos anos seguintes'. Becker estava ensinando 'algo importante, mas eu simplesmente não estava na mesma página'. Sowell descreveu sua arrogância juvenil como 'uma fonte contínua de constrangimento para mim ao longo dos anos, depois que eu tardiamente entendi o que ele estava tentando fazer'. Sua conclusão desses episódios e de outros foi que os alunos muitas vezes não sabem — porque não conseguem entender na época — o que é 'relevante' para sua educação". RILEY, J. L. *Maverick*: a biography of Thomas Sowell. Nova York: Basic Books, 2021. p. 82.

Mais especificamente, muitas vezes esquecemos o quanto os mistérios do mundo são de interesse genuíno dos alunos. Pode ser desnecessário tentar conectar conceitos a algo em que eles expressam interesse hoje — por causa de suas próprias experiências em seus contextos (talvez ainda limitadas a esse ponto) — que pode distraí-los da intenção do aprendizado. Colocar perguntas interessantes na frente deles, que despertem uma curiosidade para desconstruir o tema pode ser suficiente em muitos casos para alavancar os "interesses" de uma criança. Como Daniel Willingham escreveu em *Why students don't like school*, problemas que os alunos acreditam que podem resolver, perguntas e histórias podem despertar seu interesse. RAYMOND, M. M. COVID-19, high school, and the 'both and' world. *Hoover Institution*, maio 2021. Disponível em: https://www.hoover.org/research/covid-19-high-school-and-both-and-world. Acesso em: 10 jun. 2023.

37. De fato, uma série de estados e fundações criaram programas inovadores de carreira e educação técnica nas escolas para tentar atrair estudantes desmotivados de volta. HAWKINS, B. Fueled by grants, states bet innovative career programs will lure disengaged youth back to school after COVID—starting in middle school. *The 74*, nov. 2021. Disponível em: https://www.the74million.org/article/fueled-by-grants-states-bet-innovative-career-training-programs-will-lure-disengaged-youth-back-to-school-after-covid-starting-in-middle-school/. Acesso em: 10 jun. 2023.

38. De acordo com o Next Generation Learning Challenges, as escolas que priorizavam relações estavam bem preparadas para a pandemia. WHAT made them so prepared?: why these schools and districts could take on COVID effectively—and what you can learn from them. *NGLC, 2023*. Disponível em: https://www.nextgenlearning.org/prepared-project. Acesso em: 10 jun. 2023.

    Mais uma vez, essa é também uma área que está relacionada ao hábito de sucesso de se ligar com pessoas.

39. HORN, M. *Behind the innovation in student purpose at cajon valley union school district*. [S. l.: s. n.], 2021. 1 vídeo (37 min). Publicado pelo canal Michael Horn. Disponível em: https://www.youtube.com/watch?v=7pL4OGfFaYI. Acesso em: 10 jun. 2023.

40. LOCKETT, P. Why we must look to the science of learning to strengthen student-teacher relationships. *Forbes*, set. 2021. Disponível em: https://www.forbes.com/sites/phyllislockett/2021/09/22/why-we-must-look-to-the-science-of-learning-to-strengthen-student-teacher-relationships/?sh=7572bc925f59. Acesso em: 10 jun. 2023.

41. SPARKS, S. D. Helping students bounce back from a disrupted year: strategies for schools. *Education Week*, maio 2021. Disponível em: https://www.edweek.org/leadership/helping-students-bounce-back-from-a-disrupted-year-strategies-for-schools/2021/05. Acesso em: 10 jun. 2023.

42. De forma mais ampla, há pesquisas significativas que respaldam essas observações sobre a importância do conhecimento, das habilidades, dos hábitos de sucesso, das experiências do mundo real e capital social, e da saúde e bem-estar. A Science of Learning and Development Alliance, uma parceria de líderes e organizações focadas na ciência da aprendizagem e desenvolvimento para apoiar os sistemas educacionais e ajudar cada jovem a atingir seu potencial pleno, publicou uma estrutura de trabalho com princípios orientadores para garantir um planejamento equitativo levando em conta as crianças como um todo, por exemplo. Embora as categorias sejam diferentes das que apresento aqui, eles chegam a uma lista semelhante, com a exceção de que, ao incluir o bem-estar e as necessidades básicas na minha seção de saúde, minha lista é mais ampla do que a deles. Eles se concentram em cinco categorias: relacionamentos positivos de desenvolvimento, ambientes de segurança e pertencimento, experiências ricas de aprendizado e desenvolvimento de conhecimento (que inclui experiências do mundo real), desenvolvimento de habilidades, hábitos e mentalidades, e sistemas de suporte integrados. O diagrama deles é mostrado a seguir para ilustrar como esses elementos se reúnem em um todo integrado.

Princípios norteadores essenciais para o planejamento equitativo para o desenvolvimento de uma educação integral

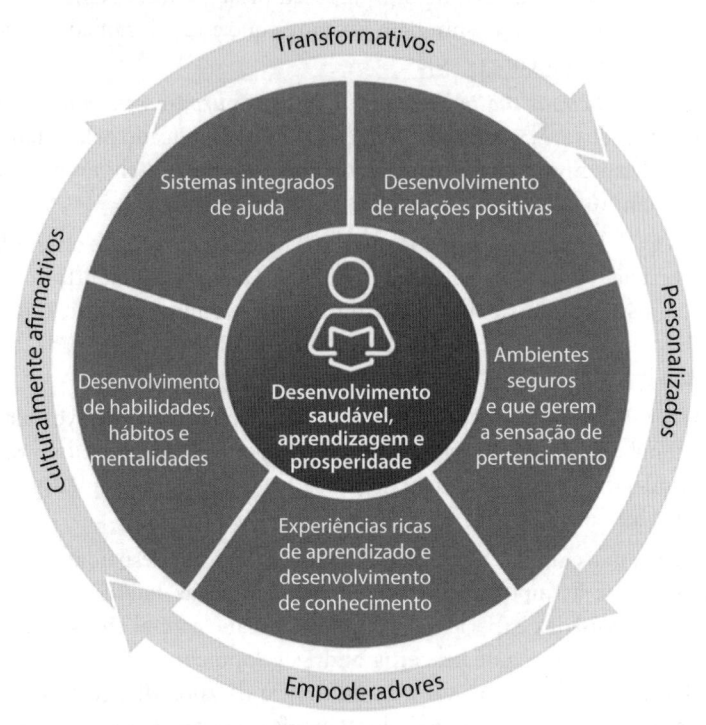

Transformativos

- Sistemas integrados de ajuda
- Desenvolvimento de relações positivas
- Ambientes seguros e que gerem a sensação de pertencimento
- Experiências ricas de aprendizado e desenvolvimento de conhecimento
- Desenvolvimento de habilidades, hábitos e mentalidades

Desenvolvimento saudável, aprendizagem e prosperidade

Culturalmente afirmativos — *Personalizados* — *Empoderadores*

Derivado dos princípios práticos da SoLD: CANTOR, P. How can we design learning settings so that all students thrive? *Science of Learning & Development Alliance*, abr. 2021. Disponível em: https://www.soldalliance.org/post/how-can-we-design-learning-settings-so-that-all-students-thrive. Acesso em: 10 jun. 2023.

43. FERLAZZO, L. The pandemic's glaring lessons for district leaders. *Education Week*, set. 2021. Disponível em: https://www.edweek.org/leadership/opinion-the-pandemics-glaring-lessons-not-yet-learned/2021/09. Acesso em: 10 jun. 2023.

44. Isso levou o distrito a criar espaços de aprendizagem ao ar livre. Spring Grove não apenas recriou uma sala de aula do lado de fora. O distrito aproveitou o ambiente natural. Ele também construiu grupos de estudo.
45. Como Robert Pondiscio escreveu em um resumo para o American Enterprise Institute, as escolas devem ter cuidado ao incorporarem o "aprendizado social e emocional", pois ele "altera fundamentalmente o papel e a natureza da educação". Em particular, Pondiscio argumentou: "A tendência de tomar emprestadas ideias e táticas da terapia traz consigo o risco de patologizar a infância e incentivar os educadores a verem as crianças, particularmente as de subgrupos desfavorecidos, não como indivíduos capazes e resilientes, mas como frágeis e traumatizados". A ênfase explícita no ensino de hábitos de sucesso em torno de capacidade de ação, resiliência, tenacidade acadêmica, autonomia, propósito, senso de pertencimento e mentalidade de crescimento está em desacordo direto com algumas das raízes das preocupações de Pondiscio. Mas muitas de suas preocupações giram em torno do fato de pedirmos a professores não treinados que assumam alguns desses papéis adicionais. PONDISCIO, R. The unexamined rise of therapeutic education: how social-emotional learning extends k–12 education's reach into students' lives and expands teachers' roles. *American Enterprise Institute*, out. 2021. Disponível em: https://www.aei.org/wp-content/uploads/2021/10/The-Unexamined-Rise-of-Therapeutic-Education.pdf?x91208. Acesso em: 10 jun. 2023.
46. LEADERS we need now. *National Association of Elementary School Principals*, 2021. Disponível em: https://www.naesp.org/leaders-we-need-now/. Acesso em: 10 jun. 2023.
47. Em Boston, um grupo de organizações — a YMCA of Greater Boston, a Inquilinos Boricuas en Accion, a BASE e a Latinos for Education — se uniu para criar um Community Learning Collaborative (isto é, uma colaboração de aprendizagem em comunidade) para executar 12 grupos de aprendizagem atendendo 125 alunos a fim de criar estruturas menores para que os alunos tenham atenção individualizada às suas necessidades de aprendizagem conectadas à comunidade. MORTON, J. Morton: combining summer school & summer camp—how a group of boston nonprofits is reimagining public education. *The 74*, maio 2021. Disponível em: https://www.the74million.org/article/morton-combining-summer-school-summer-camp-how-a-group-of-boston-nonprofits-is-reimagining-public-education/. Acesso em: 10 jun. 2023.

4

Experiência do aluno: esqueça a perda de aprendizagem

Enquanto seus pais estavam no escritório da diretora Kathleen Ball, Júlia estava de cabeça baixa na sala de aula do 5º ano. Sua turma estava no meio de uma aula de história, e ela estava entediada.

Eles estavam revisando um conceito específico de história. Ela já entendia esse conceito e estava ansiosa para seguir em frente.

Ela chamou a atenção de Jeremy do outro lado da sala. Talvez ele pudesse ajudá-la no futebol durante o recreio, ela pensou. Isso poderia mantê-la longe de situações que estavam acontecendo durante o recreio.

Jeremy sorriu para ela, olhou para a professora, a Sra. Alvera, e depois revirou os olhos. Júlia soltou uma risadinha.

"Senhorita Owens", disse a Sra. Alvera severamente. A cabeça de Júlia se virou rapidamente para a frente da sala de aula. "Pois não, Sra. Alvera?", disse ela. Droga! Ela tinha sido pega.

"Eu não acho que o conteúdo que estamos estudando seja motivo de riso. Você gostaria de compartilhar as consequências que sofreria se estivéssemos na época que estamos estudando?"

"Eu seria castigada", disse Júlia engolindo em seco. Seus olhos olharam para baixo novamente enquanto a Sra. Alvera continuava.

Jeremy também baixou os olhos. Ele se sentiu mal por ter feito Júlia rir. Ele também estava entediado, mas isso era porque estava totalmente perdido. Não conseguia entender o conteúdo que estava sendo ensinado. E como isso se conectava com os dias de hoje mesmo? Ele não conseguia relacionar isso.

* * *

Se antes não era aparente para as pessoas, a pandemia tornou isso mais óbvio. A escola por si só não é uma prioridade na vida da maioria dos alunos.¹

Se o contrário fosse verdade, mais alunos teriam se aprofundado em formas remotas e híbridas de ensino e permanecido engajados, independentemente da qualidade da experiência. Mas, em grande parte, isso não aconteceu.

No entanto, aparentemente havia um paradoxo. Muitas famílias e educadores testemunharam seus filhos implorando para voltar à escola presencial. Por quê?

A questão não era bem que eles queriam voltar para a escola.

A questão é que muitos deles estavam desesperados para estar em um lugar onde pudessem se divertir e socializar com os amigos.² Como um pai me relatou, seus filhos não o deixaram sair de férias durante a pandemia quando estavam no ensino remoto porque não queriam ficar longe de seus amigos, não importando que fossem poucos os dias em que eles iam à escola presencialmente. Eles tinham visto o que a pandemia podia causar em suas vidas e não queriam que isso acontecesse novamente. Nem mesmo perder uma viagem à Disney.

Os estudos, em outras palavras, não eram uma prioridade. Eles eram um canal para outra coisa.

Esse fenômeno não é incomum. Também não se limita ao mundo da educação.

As pessoas raramente fazem algo como um fim por si só. Elas geralmente estão querendo conquistar algo maior e em um contexto mais amplo, com outras intenções por trás do que está sendo feito (isso é o que chamamos de "trabalho a ser feito"). Eles usam um determinado serviço ou produto para ajudá-los.

O famoso professor de *marketing* de Harvard Theodore Levitt resumiu isso assim: "As pessoas não querem uma broca de um quarto de polegada. Elas querem apenas fazer um furo de 15 cm!".*

---

* N. de R.T. Ou seja, o resultado da ação é mais valorizado do que o instrumento que ajuda a ação a ser realizada. Você não quer uma furadeira, você quer o furo feito por uma furadeira que pode ser sua, do seu vizinho, alugada, emprestada do zelador do seu prédio. Desde que o resultado seja o furo que você deseja, o resto não importa.

O QUE OS ESTUDANTES QUEREM?

Eu estudei essa questão nos últimos 15 anos em escolas de ensino fundamental e médio e estava curioso para saber se as descobertas se manteriam durante a pandemia. Elas se mantiveram.

Em um nível macro, as crianças têm dois "trabalhos a serem feitos". Primeiro, elas querem fazer coisas que as ajudem a se sentir bem-sucedidas, coisas em que elas percebam que estejam progredindo e realizando algo, em vez de experimentar nada além de repetidos fracassos e obstáculos intransponíveis. Em segundo lugar, elas querem fazer coisas que as ajudem a se divertir com os amigos. Querem experiências sociais positivas e gratificantes com os outros, incluindo colegas, professores, familiares, treinadores e conselheiros.[3]

E quanto aos alunos para os quais a educação remota funcionou bem — talvez uma minoria, mas ainda assim um número significativo?

Alguns desses alunos encontraram um lugar em que poderiam ter sucesso e progredir. Uma parte deles teve dificuldade de fazer isso em escolas tradicionais e com o ensino presencial. Alternativamente, alguns estavam agora em um ambiente onde eram capazes de ter interações mais positivas com os outros ao seu redor, coisa que eles podem ter tido dificuldades de fazer quando estavam tendo aulas presencialmente. Essas dificuldades podem ter sido causadas por suas disposições e circunstâncias pessoais ou por fatores como o *bullying*.

Com esse conhecimento, considerando que os educadores buscam construir escolas melhores, como eles devem tentar envolver os alunos? Qual é a experiência escolar que ajudará os alunos a se encontrarem com o sucesso e se divertirem com os amigos?

ESCOLAS TRADICIONAIS DEIXAM A DESEJAR

Para a maioria, não é a experiência das escolas tradicionais.

As oportunidades de experimentar o sucesso na sala de aula tradicional ocorrem com pouca frequência. Por exemplo, em muitas aulas, a única oportunidade real de se sentir bem-sucedido é nas provas trimestrais, que ocorrem apenas a cada três meses. Os alunos muitas vezes não recebem um *feedback* sobre essas avaliações, ou mesmo sobre suas tarefas do dia a dia, em um momento adequado. Com isso, a oportunidade de se sentirem bem-sucedidos fica distanciada do esforço empenhado por eles.

O progresso também é dissociado da aprendizagem porque os alunos avançam de acordo com a programação curricular, e não com base em sua própria aprendizagem. Isso ocorre porque, no sistema escolar atual, o tempo é tido como algo fixo, ao passo que a aprendizagem de cada criança é variável. Os professores são obrigados a fazer os alunos passarem por um conjunto específico de unidades a cada ano com base no nível de escolaridade deles ou nas aulas em que estão matriculados. Na maioria das escolas, as aulas são dadas de acordo com o currículo.

No final de cada unidade, que ocorre em blocos de tempo fixos, normalmente quando os alunos fazem suas provas, alguns desses estudantes inevitavelmente ainda não conseguiram compreender o conteúdo. Eles, portanto, não experimentam o sucesso. O privilégio de se sentir bem-sucedido é reservado apenas a alguns. Devido a essa estrutura, o resto dos estudantes experimenta apenas algo abaixo disso.

Os desafios que os Jeremys e as Júlias do nosso mundo enfrentam por causa da separação e classificação de alunos decorrem diretamente desse fenômeno. À medida que eles recebem notas pelos trabalhos que enviam — notas que geralmente não podem ser alteradas —, surgem rótulos. Ser rotulado muitas vezes significa que os indivíduos vão se ver como alguém fixo em oposição a alguém que pode crescer. Ser classificado em diferentes agrupamentos e caminhos por causa desses rótulos pode prejudicar a autoeficácia de uma criança. Qualquer tipo de rótulo que implique um conjunto fixo e imutável de características ou realidades funciona contra uma mentalidade de crescimento, como Carol Dweck argumentou em seu livro *best-seller Mindset: a nova psicologia do sucesso*. Rótulos negativos carregam uma bagagem extra que desencoraja a maioria das pessoas a sequer tentar.

Apesar do conselho que nos dão muitas vezes para aprendermos com nossos fracassos e erros, são raros os indivíduos que querem *vivenciar e experimentar* o fracasso em algo que estão fazendo, por isso não procuram atividades em que podem fracassar. Como argumenta a professora Lauren Eskreis-Winkler, da Northwestern University, há evidências de que o fracasso frustra o aprendizado.[4]

Ao adotarmos a aprendizagem baseada no domínio, no entanto, podemos ajudar indivíduos a reformular o fracasso como sendo parte do processo de aprendizagem no caminho para o sucesso. Isso segue o conselho da autora *best-seller* Jessica Lahey de ver o fracasso como um presente, em vez de um rótulo permanente.

Ainda pior do que isso é que as atividades escolares em que os alunos podem experimentar o sucesso são muitas vezes explicitamente separadas da experiência educacional comumente desenvolvida dentro das salas de aula, por exemplo. Atividades como esportes, dança, teatro, música, robótica, entre outras, que são mecanismos para se sentir bem-sucedido, são consideradas atividades extracurriculares, em vez de curriculares. Isso diz muito.

Durante a pandemia, por exemplo, o ex-governador de Vermont Peter Shumlin escreveu um artigo no qual defendeu os benefícios dessas atividades extracurriculares: o avanço de comportamentos "pró-sociais", a melhoria da saúde mental e física e uma mente mais criativa. Se, como ele escreveu, "a participação em atividades extracurriculares está associada positivamente à frequência escolar consistente, a notas mais altas e a maiores aspirações educacionais para além do ensino médio",[5] uma das razões é porque os alunos que participam delas são capazes de experimentar o sucesso nessas atividades e se divertir com os amigos.

Mas por que não incorporar a chance de experimentar o sucesso e se divertir com os amigos também durante as aulas regulares, que são o produto principal oferecido pelas escolas?

Se formos usar o fato de que muitas crianças queriam voltar à escola como evidência de que o que é ofertado pela escola tradicional é uma boa experiência social, estaremos nos enganando. Ela apenas é melhor do que o que foi ofertado durante a pandemia, que para muitos era ficar preso em casa e talvez interagir *on-line* com os amigos. Para esses estudantes, estar junto com os amigos, mesmo usando máscaras, era uma alternativa muito melhor.

A experiência tradicional oferecida pelas escolas não é boa em ajudar as crianças a se divertirem com os amigos. No outro extremo, cerca de 20% dos alunos com idades entre 12 e 18 anos relatam sofrer *bullying* na escola.[6] Entre os pais com filhos nos ensinos fundamental e médio, mais de um terço acredita que o *bullying* é um problema na escola de seus filhos, de acordo com uma pesquisa da Harris.[7]

Embora nem todos os estudantes experimentem relacionamentos negativos como esses, surge a pergunta: as salas de aula tradicionais são otimizadas e preparadas para ajudar os alunos a formarem relacionamentos positivos?

Os professores são responsáveis por instruir grandes grupos de estudantes diversos e têm tempo limitado para se conectar com cada aluno individualmente. A instrução de uma classe inteira oferece pouca oportunidade para os alunos formarem relacionamentos uns com os outros ou com o professor.

As escolas são pressionadas a fornecer um conjunto completo de serviços acadêmicos, extracurriculares e sociais. A eliminação do *bullying* e a garantia de um ambiente seguro e positivo pode acabar ficando para trás.

Indo além nesse tópico, como disse Diane Tavenner:

> Todos nós acreditamos que a escola deve ser uma experiência social, que deve ser alegre, que nossos filhos devem gostar dela e que eles devem realmente aprender coisas... Mas o que os pais estão pensando ser aprendizagem social na verdade não é.[8]

Se você der um passo para trás e tentar se lembrar de parte de sua própria experiência escolar, provavelmente vai conseguir enxergar o ponto de vista dela. Se um aluno procura ser sociável durante uma aula, ele normalmente vai se encrencar em uma escola tradicional. Lembre-se do que sempre dizem sobre o palhaço da turma. Ou, no meu caso, por que muitos dos meus professores do ensino médio talvez pensaram que eu havia escrito uma autobiografia quando Inovação na *sala de* aula foi publicado pela primeira vez. Ou como os alunos que pedem ajuda a um amigo para entender algo se metem em problemas por fazerem isso no meio da aula.

É verdade que, além das atividades extracurriculares discutidas anteriormente, as escolas oferecem algumas outras oportunidades de interação social — durante o recreio ou no corredor antes, entre ou depois das aulas. Mas o fato de que a maioria dessas possibilidades sejam realizadas fora das aulas, em vez de inseridas dentro delas, mostra que as escolas têm um grande caminho a percorrer para modificar o ensino que é desenvolvido nas salas de aula.

Como resultado dessas dinâmicas, as escolas estão essencialmente em competição com uma série de opções não acadêmicas que permitem que os alunos experimentem o sucesso e se divirtam com os amigos, incluindo jogar *videogames*, participar de aulas de artes, competir em esportes, abandonar a escola para arranjar um emprego ou para sair com amigos. Muitas vezes, as escolas são concorrentes dessas alternativas.

Isso significa que os alunos que concentram sua atenção em coisas além da educação não estão desmotivados. Eles estão motivados o suficiente: para sentir o sucesso e se divertir com os amigos. O problema é que muitos estudantes simplesmente não se sentem bem-sucedidos no dia a dia e não conseguem encontrar relacionamentos gratificantes em uma escola que segue o ensino que chamamos de tradicional. Em vez disso, a escola faz com que eles se sintam fracassados — academicamente, socialmente ou ambos.

ESQUEÇA A PERDA DE APRENDIZAGEM

Uma vez que entendemos o que os indivíduos estão tentando realizar em suas vidas — o progresso que estão buscando e as dimensões sociais, emocionais e funcionais dele —, podemos começar a pensar sobre quais experiências são importantes para ajudar um indivíduo a fazer esse progresso. Então, podemos descobrir como juntar os recursos certos — pessoas, instalações, tecnologias, currículo, uso do tempo, treinamento e desenvolvimento profissional e afins — para ajudar a criar o progresso que os alunos desejam.

Como as escolas devem construir a experiência de seus estudantes?

Uma boa forma de começar é revertendo a prática de classificação, que gera uma sensação de fracasso. Em vez disso, é importante organizarmos formas para o cultivo do sucesso para cada criança todos os dias.

Isso significa abandonar a noção de perda de aprendizagem que tem sido uma obsessão nacional durante a pandemia. Sim, o foco inicial na perda de aprendizagem como uma ameaça foi fundamental para mobilizar recursos, como discutido no Capítulo 1. Manter essa visão, no entanto, não ajudará os alunos agora.

As interrupções que ocorreram na aprendizagem de muitos alunos ainda são de quebrar o coração. Mas se apoiar nessa perda e testar os estudantes *ad nauseam* apenas para mostrar o quanto eles perderam provavelmente não vai ajudar em nada.

Os alunos não querem ouvir sobre como eles estão falhando. Isso é o oposto de motivá-los. E, se quisermos ajudar a acelerar o aprendizado dos estudantes, eles precisam comprar a ideia, porque são eles que fazem grande parte do trabalho. Há uma razão por que os discursos do lendário treinador de futebol Vince Lombardi se concentram na vitória e no sucesso, e não na perda e no fracasso.

Para ser claro, não devemos tomar essa direção porque os educadores devem se esquivar do conhecimento e das habilidades que os alunos tinham — e ainda têm — que aprender. Em vez disso, devemos tomá-la para aproveitar a motivação natural dos alunos para progredirem em suas vidas. A ideia é alinhar esse progresso com os objetivos dos educadores e das escolas.

E como faríamos isso? Essa questão, juntamente com a forma de incorporar a capacidade de se divertir com os amigos no dia a dia da escola, é o tópico do próximo capítulo.

PONTOS-CHAVE

- A escola não é a principal prioridade na vida da maioria das crianças.
- Suas principais prioridades são experimentar o sucesso — isto é, sentir que estão progredindo e realizando algo — e se divertir com os amigos diariamente.
- As escolas tradicionais deixam a desejar nesses aspectos.
- Concentrar-se no discurso da perda de aprendizagem ajuda a fazer com que os alunos se sintam fracassados e não contribui para que eles experimentem o sucesso.

NOTAS

1. Várias pesquisas mostraram que, em média, os alunos foram menos engajados durante o ensino remoto ocasionado pela interrupção das aulas presenciais na pandemia. Ver, por exemplo, BARNUM, M.; BRYAN, C. America's great remote-learning experiment: what surveys of teachers and parents tell us about how it went", *Chalkbeat*, 26 jun. 2020. Disponível em: https://www.chalkbeat.org/2020/6/26/21304405/surveys-remote-learning-coronavirus-success-failure-teachers-parents. Acesso em: 13 jun. 2023. Segundo o artigo, "dois terços a três quartos dos professores disseram que seus alunos estavam menos engajados durante a instrução remota do que antes da pandemia, e esse engajamento diminuiu ainda mais ao longo do semestre".
2. Ver, por exemplo, esta pesquisa do distrito escolar de Bellevue, em Washington: BSD second grade back-to-school feedback survey. *Bellevue School District*, 21 jan. 2021. Disponível em: https://bsd405.org/wp-content/

uploads/2021/01/grade-two-first-day-back-family-survey-results.pdf. Acesso em: 13 jun. 2023.

3. Como Arthur Brooks escreveu no *The Atlantic*: "Para muitas crianças, a escola é não apenas um trabalho árduo, mas também um isolamento intenso. Pesquisas mostram que 80% das crianças enfrentam solidão na escola às vezes; essa emoção está ligada ao tédio, à inatividade, à tendência de se retirar para a fantasia e a uma atitude passiva em relação às interações sociais". Por outro lado, a amizade na escola é de longe o maior preditor de prazer e comportamentos positivos. A Gallup descobriu que ter um melhor amigo na escola é o melhor preditor de engajamento dos alunos tanto no 5º ano quanto na 2ª série do ensino médio. Da mesma forma, um estudo da Hebrew University of Jerusalem, da University of Warwick e do National Bureau of Economic Research mostra que estudantes com "amizades recíprocas" (em que ambos os lados veem o relacionamento da mesma maneira) são mais propensos a gostar da escola e são mais bem-sucedidos na sala de aula. BROOKS, A. C. The real reason kids don't like school. *The Atlantic*, 26 ago. 2021. Disponível em: https://www.theatlantic.com/family/archive/2021/08/how-help-kids-like-school-better-loneliness/619881/?utm_source=feed. Acesso em: 13 jun. 2023.

4. ESKREIS-WINKLER, L.; FISHBACH, A. Not learning from failure - the greatest failure of all. *Psychological Science*, v. 30, n. 12, nov. 2019. Disponível em: https://pubmed.ncbi.nlm.nih.gov/31702452/. Acesso em: 13 jun. 2023.

5. SHUMLIN, P. Gov. Shumlin: kids are missing more than classroom learning due to COVID-19. Why states must also use relief funds to restore student engagement via in-person extracurriculars. *The 74*, 26 abr. 2021. Disponível em: https://www.the74million.org/article/gov-shumlin-kids-are-missing-more-than-classroom-learning-due-to-covid-19-why-states-must-also-use-relief-funds-to-restore-student-engagement-via-in-person-extracurriculars/. Acesso em: 13 jun. 2023.

6. BULLYING: how many students are bullied at school? *National Center for Education Statistics*, 2020. Disponível em: https://nces.ed.gov/fastfacts/display.asp?id=719. Acesso em: 13 jun. 2023.

7. POLL, H. 6 in 10 americans say they or someone they know have been bulied. *The Harris Poll*, fev. 2014. Disponível em: https://www.prnewswire.com/news-releases/6-in-10-americans-say-they-or-someone-they-know-have-been-bullied-246111511.html. Acesso em: 13 jun. 2023.

8. WHY is my child doing so many worksheets right now? Entrevistadores: Diane Tavenner, Michael Horn. *Class Disrupted*, 1 temp., 2 ep., 25 maio 2020. *Podcast*. Disponível em: https://www.the74million.org/article/listen-class-disrupted-podcast-why-is-my-child-doing-so-many-worksheets-right-now/. Acesso em: 8 jun. 2023.

5

Experiências do estudante para garantir a aprendizagem para o domínio

Jeremy começou a sonhar acordado. Ele se lembrou do começo da pandemia, quando não havia aulas presenciais. Bem, na verdade, havia aulas, mas ele não compareceu aos encontros on-line nos primeiros dois meses. Em maio, ele estava de volta.

Ele se lembrou com carinho de como sua professora do 2º ano havia enviado para sua casa uma folha simples com todos os principais assuntos que ele deveria aprender. Cada assunto foi colocado dentro do seu próprio quadrado, formando um caminho colorido que se parecia com a estrada em Candy Land,[1] seu jogo de tabuleiro favorito naquela época.

Sempre que aprendia algo, Jeremy mostrava à professora pelo Zoom o que tinha aprendido. Quando ela concordava que ele havia dominado a matéria, ele podia colorir o quadrado correspondente — o que ela também fazia em sua tela.

Isso deixava cada lição tão clara — o que significava que ele estava sempre trabalhando em seu próprio mapa, em seu próprio ritmo. Ele gostou disso.

No ano seguinte, sua professora do 3º ano manteve essa prática para que ela soubesse exatamente em que nível ele estava quando ele retornasse das férias. Ela não precisava fazer nenhuma prova para verificar como estava seu aprendizado. Eles apenas realizaram algumas pequenas revisões, e então ele estava liberado.

"Jeremy", disse a Sra. Alvera, enquanto interrompia seu devaneio.

Essa não! Agora ele havia sido pego.
"Bem, qual é a resposta?", ela perguntou.
"Não sei", ele murmurou. Ele suspirou enquanto ansiava por aqueles dias em que sabia o que deveria aprender e suas professoras sabiam onde ele estava em seu aprendizado.

No final do 3º ano, depois que a maioria de seus colegas de classe retornou às aulas presenciais, sua professora parou de usar tabelas parecidas com o tabuleiro do Candy Land *enquanto enchia a turma de matérias novas antes das provas finais do trimestre.*

Bem, pelo menos ele poderia brincar com seus amigos no recreio mais tarde e mostrar como era bom no futebol.

* * *

Quando procuramos reinventar as escolas para melhor atender cada estudante individualmente, uma mudança de perspectiva se faz necessária. Em vez de nos concentrarmos na perda de aprendizado, devemos nos concentrar no que os alunos dominaram. Em vez de focar o que eles não aprenderam, vamos entender os aspectos positivos. O que os estudantes aprenderam? E como podemos fazer das escolas um lugar onde os estudantes possam se divertir com seus amigos ao mesmo tempo que experimentam o sucesso em seu aprendizado?

UM CICLO DE APRENDIZAGEM BASEADO NO SUCESSO

Podemos começar pelo sucesso, e não pela perda.

O ciclo de aprendizagem pelo qual os alunos da Summit Public Schools passam atinge essa reformulação criando um caminho para o sucesso de cada aluno (ver Figura 5.1).

O ciclo começa com a definição de metas. Os educadores trabalham com os alunos para mostrar o que eles irão aprender. Os alunos, então, fazem um plano para alcançar esses objetivos. A partir daí, os estudantes aprendem e depois mostram evidências de sua aprendizagem. Essa evidência pode ser por meio de uma avaliação convencional, um projeto, um trabalho escrito, uma apresentação, e assim por diante. Por fim, os alunos recebem *feedback* e refletem sobre o que aprenderam no processo, o que traz dados para a próxima meta a ser traçada. A implementação desse ciclo ajuda a construir os

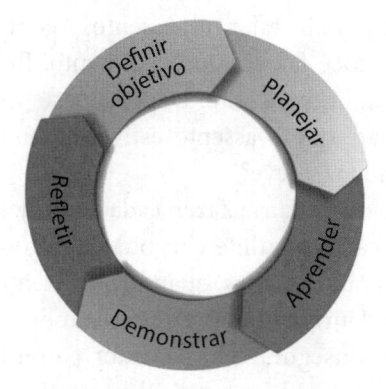

Figura 5.1 Ciclo de aprendizagem da Summit Public Schools.

hábitos de sucesso de autoconsciência, capacidade de ação e funções executivas, à medida que os alunos definem suas próprias metas, planejam como chegarão a elas e refletem sobre o quão bem executaram seus planos.

O ciclo se afasta do foco sobre as lacunas ou perdas de aprendizado para se concentrar na aprendizagem baseada no domínio. Isso significa desconsiderar o ensino com um tempo fixo que temos atualmente para se concentrar na aprendizagem baseada no domínio, também chamada de "aprendizagem baseada em competência".

COMO UM EXEMPLO DA TOYOTA PODE ILUSTRAR A POTÊNCIA DE SE GARANTIR A APRENDIZAGEM BASEADA NO DOMÍNIO

Para mostrar o poder de uma abordagem baseada no domínio, uma analogia pode ajudar. A analogia é de uma história que o professor do MIT Steve Spear conta em seu livro *Chasing the rabbit*.[2] Essa é uma analogia que usei em vários livros, incluindo o *Inovação na sala de aula*, para ajudar a montar um retrato de como pode ser a aprendizagem baseada no domínio.

Quando era estudante de doutorado, Steve aceitou empregos temporários, trabalhando primeiro em uma linha de montagem em uma das três grandes fábricas de Detroit e depois na Toyota, no setor responsável pela instalação dos bancos dianteiros de passageiro.

Em Detroit, o funcionário que fazia o treinamento basicamente disse a Steve: "Os carros descem esta linha a cada 58 segundos, então esse é o tempo que você tem para instalar um assento. Agora vou te mostrar como fazer isso. Primeiro, você faz esse procedimento. Então, faz esse outro e, depois, encaixa isso aqui deste jeito. Depois aperta isso, depois faz aquilo", e assim por diante, até que o assento estivesse completamente instalado. "Você entendeu como faz, Steve?"

Steve achou que conseguiria fazer cada uma dessas coisas no tempo previsto. Quando o carro seguinte chegou, ele pegou o assento e fez cada uma das etapas preparatórias. Mas, quando Steve tentou instalá-lo no carro, o assento não cabia. Durante todos os 58 segundos, ele tentou concluir a instalação, mas não conseguiu. Seu instrutor parou a linha de montagem para resolver o problema. Ele mostrou de novo a Steve como fazer a instalação. Quando o carro seguinte chegou, Steve tentou novamente, mas não conseguiu. Em uma hora inteira, ele instalou apenas quatro assentos corretamente.

Historicamente, uma das razões por que era tão importante testar todos os produtos quando saíam do final de uma linha de produção como a das três grandes fábricas de Detroit era que normalmente havia centenas de etapas envolvidas na fabricação de um produto, e a empresa não tinha certeza de que cada etapa havia sido feita corretamente. Nos negócios, chamamos essa atividade no final da linha de "inspeção". Na educação, chamamos isso de "avaliação somativa".

Quando Steve foi trabalhar na mesma estação na fábrica da Toyota, ele teve uma experiência completamente diferente. Primeiro, ele foi para uma estação de treinamento onde lhe foi dito: "Estes são os sete passos necessários para instalar este assento com sucesso. Você não tem o privilégio de aprender o passo 2 até que tenha demonstrado domínio do passo 1. Se você dominar o passo 1 em 1 minuto, poderá começar a aprender o passo 2 em 1 minuto. Se levar 1 hora para aprender o passo 1, poderá aprender o passo 2 daqui a 1 hora. E, se levar um dia inteiro, só poderá aprender o passo 2 amanhã. Não faz sentido nenhum ensinarmos as etapas subsequentes se você não conseguir executar as anteriores corretamente".

Testes e avaliações ainda eram vitais, mas eram parte integrante do processo de instrução. Como resultado, quando Steve assumiu seu lugar na linha de produção da Toyota, ele foi capaz de fazer sua parte de maneira correta não apenas na primeira vez, mas em todas. A Toyota havia construído em seu processo um mecanismo para verificar imediatamente se cada etapa havia sido feita corretamente, para que nenhum tempo ou dinheiro fosse desperdiçado consertando um produto defeituoso. Como resultado, ela não precisava testar seus produtos quando eles chegavam ao final do processo de produção.

Isso é um grande contraste entre os dois métodos de treinamento apresentados. Na fábrica de Detroit, o tempo era fixo, mas o resultado do treinamento era variável e imprevisível. A "prova" — a instalação do assento — veio no final do treinamento de Steve.

Na Toyota, o tempo de treinamento era variável. Mas a avaliação estava entrelaçada de forma interdependente à entrega do produto final, e o resultado era consistente. Cada pessoa que passava pelo treinamento conseguia previsivelmente fazer o que tinha sido ensinado a fazer. Isso era garantido.

Não só isso, mas o sucesso também foi incorporado ao processo da Toyota. Embora alguém possa ter dificuldades e experimentar pequenas falhas no caminho para aprender a instalar o assento dianteiro direito, a falha não era o ponto final. Porque o aprendizado era fixo, assim como o sucesso no objetivo dele. Em outras palavras, aprender dessa maneira constrói sucesso e progresso significativos. Isso é motivador, e não desencorajador.

APRENDIZAGEM COM TEMPO FIXO *VERSUS* APRENDIZAGEM BASEADA NO DOMÍNIO

O sistema de aprendizagem tradicional, que é semelhante ao processo na fábrica de Detroit, se parece com o que é mostrado na Figura 5.2.

A ideia é que nós ensinamos os alunos, aplicamos testes e avaliações, e dependendo dos resultados eles passam a aprender o próximo conceito ou

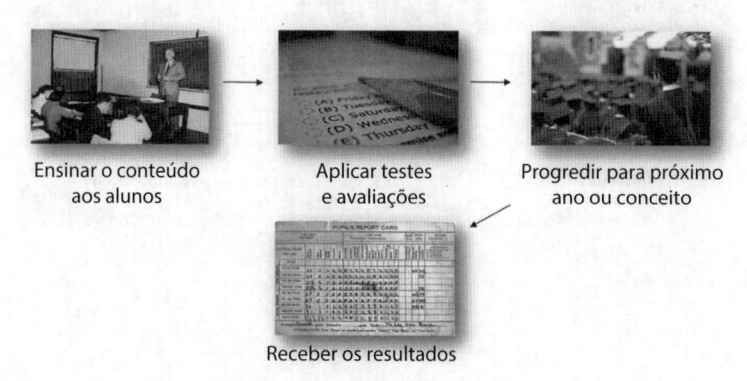

Figura 5.2 Tempo fixo, aprendizado variável.

progridem para o próximo ano ou bimestre. Somente depois eles recebem *feedback*.

Embora ouçamos muito sobre a importância da tomada de decisão baseada em dados e *feedback* na aprendizagem, acontece que nem sempre dados e *feedback* são bons para a aprendizagem. Quando um estudante recebe *feedback*, mas não pode agir sobre o que foi apresentado — ou seja, não pode usá-lo para melhorar seu desempenho ou aprendizado, como no sistema de aprendizado variável e tempo fixo —, esse *feedback* pode ter uma influência negativa no aprendizado do aluno. Por outro lado, quando o aluno pode compreender a devolutiva dada e agir sobre ela para aprender aquilo que não conseguiu anteriormente, isso tem um impacto positivo na aprendizagem.[3]

É nesse ponto que a aprendizagem baseada no domínio pode começar a ajudar. A Figura 5.3 mostra mais ou menos como ela seria.

Com metas de aprendizagem claras estabelecidas, ainda vamos oferecer experiências de aprendizagem e, em seguida, testar e avaliar os estudantes. Mas os estudantes, nesse caso, vão receber um *feedback* que possa ser usado para lhes informar o que farão a seguir. Somente depois de demonstrarem domínio é que eles poderão passar para o próximo conceito.

O sucesso está no processo. O uso de dados e *feedback* é feito de uma maneira que ajuda os estudantes a dominarem os conceitos. O *feedback* pode ser entregue com frequência e em pedaços pequenos, conforme necessário, para ajudar cada aluno a aprender de verdade o que foi ensinado.

Oferecer experiências de aprendizado para os estudantes

Aplicar testes e avaliações

Receber *feedback* adequado sobre a aprendizagem

Progredir para o próximo conceito

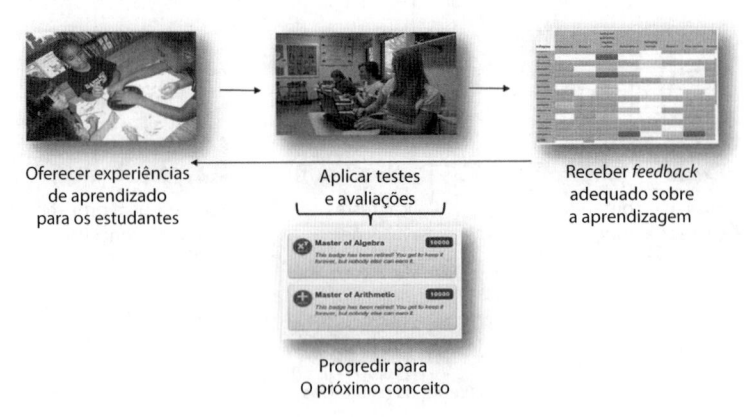

Figura 5.3 Aprendizado fixo, tempo variável.

Na forma como fazemos hoje, por outro lado, as provas são feitas em um intervalo de poucas semanas. Como esse sistema classifica os alunos como acima da média, na média e abaixo da média, a maioria deles não se sente bem-sucedida à medida que aprende.

Alguns psicometristas, especialistas na ciência de medir as capacidades mentais, dizem que as avaliações podem ou ajudar no processo de aprendizagem ou serem usadas como base para um *feedback*, mas não para ambos. A experiência da Toyota sugere o contrário, as avaliações podem ser implementadas em um sistema de aprendizagem baseado no domínio, em que o tempo é variável e a aprendizagem é fixa ao final.

Isso oferece uma alternativa para como o sistema público de educação pode superar as avaliações somativas de final de ano para dizer quais alunos estão aprovados e quais alunos não estão. Em vez disso, podemos usar uma combinação de avaliações curtas para verificar o domínio dos conceitos ensinados, juntamente com outros tipos de avaliação que meçam várias competências — o que um aluno pode fazer com o conhecimento e as habilidades que desenvolveu. Como será abordado no Capítulo 6, os projetos devem ser revisados por pessoas que não sejam os professores do estudante — essas pessoas podem ser outros professores da escola, do distrito, do estado ou especialistas externos. É assim que funciona o Mastery Transcript Consortium, uma organização sem fins lucrativos que busca recriar as diferentes formas de avaliações para as faculdades. Essa visão sobre o uso de avaliações difere das avaliações formativas, diagnósticas e somativas. É um uso constante de avaliações tanto *da aprendizagem* quanto *para* a aprendizagem.

A aprendizagem baseada no domínio tem outro benefício, que é se conectar ao desejo dos estudantes de progredir e experimentar o sucesso.

Há evidências significativas de que o aprendizado dos estudantes é maximizado quando o conteúdo é entregue "levemente acima" de suas capacidades atuais — nem muito difícil, nem muito fácil. Como o cientista cognitivo Daniel Willingham escreveu: "Trabalhar em problemas que são do nível certo de dificuldade é gratificante, mas trabalhar em problemas que são muito fáceis ou muito difíceis é desagradável".[4] É necessário explicar aos estudantes que o papel deles será muito importante durante todo o processo, pois eles serão corresponsáveis pelo seu próprio aprendizado.[4] A personalização para o nível "levemente acima" de cada aluno é natural em um modelo de aprendizagem baseada no domínio, ao passo que é algo impensável para o modelo tradicional de aprendizagem com o tempo fixo, adotado pela maioria das escolas atualmente.

IMPLEMENTAR A APRENDIZAGEM BASEADA NO DOMÍNIO NÃO É SOMENTE MUDAR A FORMA DE AVALIAR O APRENDIZADO DOS ESTUDANTES

Quando os educadores implementam a aprendizagem baseada no domínio, muitas vezes eles começam mudando a forma como avaliam os estudantes. Normalmente os professores param de usar um número ou uma letra que representa o desempenho desse estudante e passam a utilizar uma classificação baseada em padrões, como se fosse uma rubrica. Na classificação baseada em padrões, os educadores atribuem uma classificação para cada competência, como "dominado (4 em uma escala de 4 pontos)", "proficiente (3)", "precisa de mais trabalho (2)" e "ainda não iniciado (1)".

Problemas com o sistema de avaliação tradicional

O sistema de avaliação tradicional tem muitos problemas que precisam ser corrigidos.[5]

O sistema não representa com precisão o que alguém sabe e consegue fazer. Se alguém recebe um C em Álgebra, por exemplo, quais 30% da matéria não foram entendidos? Uma única nota para uma determinada aula ou assunto não fornece especificidade ou informações suficientes.

Também é possível que um aluno tenha recebido essa nota por razões que vão além da compreensão dos objetivos de aprendizagem. Por exemplo, se alguém dominou um assunto até o final de uma aula, mas se saiu mal nas tarefas iniciais, sua nota média pode ser um C. Mas essa nota não representa bem o que esse estudante sabe e consegue fazer agora. Por outro lado, existem casos em que os alunos ganham um A por causa de trabalhos extras que fizeram — o que pode ou não estar relacionado com o domínio do assunto. O sistema de notas tradicional também leva em conta outros fatores além dos padrões acadêmicos em jogo, como comportamento ou atraso, que seriam melhores avaliados por meio de *feedbacks* sobre os hábitos de sucesso dos alunos. Como Diane Tavenner escreveu em seu livro *Prepared: what kids need for a fulfilled life*, "as notas podem oferecer poucas informações significativas a respeito do que os estudantes aprenderam de verdade, já que dois terços dos professores reconhecem que suas notas refletem progresso, esforço e participação nas aulas".[6] Em uma palestra que dei para professores, um membro confidenciou que essa tendência está aumentando. Professores se preocupam com o alto número de reprovação dos alunos por eles terem feito poucos trabalhos, disse o membro. Por conta disso, eles querem garantir que os alunos "tenham nota" suficiente para receber a aprovação e acabam avaliando quesitos sem relação com o aprendizado, como a participação em aula. Isso aponta para a realidade de que as notas tradicionais são muitas vezes desiguais e idiossincráticas, já que a maioria dos professores tem diferentes padrões de avaliação para o mesmo assunto.

A forma de avaliar mais usada hoje também coloca rótulos nas pessoas. Os alunos crescem se enxergando como "alunos nota C em matemática" ou "alunos nota A". Se alguém se classificar como nota A, isso também poderá ser prejudicial, pois é possível que essa pessoa sinta que não deverá pedir ajuda se tiver dificuldades em algum momento.

Comece pelo fim

No entanto, somente mudar o sistema de avaliação é semelhante a um médico tratando os sintomas de um paciente doente, em vez da causa do problema subjacente. Avaliar os estudantes tomando como base o modelo de aprendizagem baseado no domínio é uma mudança sistêmica, e não uma iniciativa simples. É um trabalho árduo que envolve mudar as prioridades e os processos subjacentes ao nosso sistema educacional.

Ao implementar a aprendizagem baseada no domínio, os educadores devem começar pelo fim, esclarecendo os objetivos de aprendizagem. Qual é o objetivo final? O que os alunos devem dominar e saber? Esses objetivos devem abranger conhecimentos, habilidades, atitudes e hábitos.

Depois disso, os educadores devem reservar tempo para esclarecer como podem concluir que alguém demonstrou domínio em cada objetivo de aprendizagem. Qual é a evidência que eles precisariam obter para chegar a essa conclusão? Qual é o critério de avaliação por meio do qual os educadores avaliariam o domínio? Os alunos precisam demonstrar consistentemente sua compreensão durante um determinado período de tempo para comprovar que têm verdadeiro domínio? Como os educadores garantirão consistência e rigor em uma escola para que os alunos não deixem de alcançar o domínio por causa do capricho de um professor, porque um professor gostou ou não gostou de um determinado aluno, ou porque os professores estavam usando diferentes métodos ou critérios de avaliação?

A partir daí, os educadores precisam descobrir como implementar o novo sistema de aprendizagem, no qual cada indivíduo aprenderá com base em suas necessidades individuais, usará a avaliação para receber um *feedback* adequado e que o informe o que deve ser feito em seguida para que consiga progredir para dominar o conceito que está aprendendo, independentemente do tempo que gaste para isso.[7] Isso nos leva à organização da rotina diária do aluno e também dos currículos específicos.

Uma vez que uma comunidade escolar tenha trabalhado nesse processo para redesenhar o sistema, ela pode se aprofundar em avaliações que identifiquem e descrevam o que os estudantes sabem e conseguem fazer em qualquer momento específico do ano. Avaliar, em outras palavras, é algo que ocorre naturalmente no processo. Não é o fim em si.

Concentre-se no sucesso e na aprendizagem, e não nas notas

Embora enfrentar os problemas do sistema de avaliação possa ser uma porta de entrada para mudanças mais profundas, começar por isso também pode ser repleto de desafios e armadilhas, a não ser que os educadores estejam "preparados para debater o tema", como argumenta a especialista em aprendizagem baseada em competências Chris Sturgis.[8] Por quê? Além de ser algo que começa a partir da identificação do propósito final de um processo de mudança mais amplo, os sistemas de notas de A a F ou de 0 a 10 são sinônimo de educação na mente de muitas comunidades. É o que essas comunidades conhecem e como elas pensam que a escola "deveria ser". A menos que você tenha ajudado uma comunidade a reconceituar o propósito da educação e a como motivar os estudantes, tentar começar a jornada da aprendizagem baseada no domínio, subvertendo o sistema de avaliação tradicional, oferece o risco de atrasar o progresso antes mesmo de começar, devido ao foco no "o quê" — as notas —, em vez de no "por quê".

Uma conversa que tive há muitos anos com minha mãe me mostrou o quão poderoso é o sistema de notas de A a F ou de 0 a 10 na mente de muitas pessoas.

Antes da pandemia, quando eu viajava com frequência, minha mãe e eu costumávamos conversar ao telefone enquanto eu esperava no aeroporto.

Vários anos atrás, enquanto eu estava em um aeroporto no Tennessee, minha mãe me ligou. Ela começou a conversa gritando por 10 minutos. A fonte da irritação dela? Uma história que ela havia lido no *Washington Post* sobre uma escola que tinha abandonado o sistema de avaliação com notas de A a F ou 0 a 10.

Ela insistia na pergunta: "Você consegue acreditar em como eles estão emburrecendo as escolas agora?". Ela estava furiosa.

Depois de ouvi-la e não dizer nada, no final da conversa eu respondi timidamente. "Mãe, isso soa como algo que tento fazer com que as escolas façam no meu trabalho!" Em seguida, tentei explicar como a aprendizagem baseada no domínio é na verdade mais rigorosa, porque significa que todos os estudantes terão de dominar cada competência, em vez de apenas negligenciar ou passar por cima dos blocos fundamentais de conhecimento e habilidades.

No entanto, a opinião dela me marcou.

O custo de desafiar o sistema de avaliação usado durante toda a vida dos pais e substituí-lo no início por uma nomenclatura desconhecida pode ser alto. Um novo sistema de avaliação pode parecer menos rigoroso. Muitas vezes, também é confuso. E pode deixar os pais preocupados que seus filhos fiquem em desvantagem quando tentarem entrar em uma faculdade. Muitos se preocupam que as faculdades não entendam maneiras alternativas de representar realizações.

Acontece que os pais não precisam se preocupar. Muitas faculdades já estão familiarizadas com essa dinâmica atualmente. Um número crescente de faculdades está mostrando interesse em outras formas de entender quem são os alunos e o que elas podem realizar trabalhando com grupos como o Mastery Transcript Consortium. Ainda assim, é uma preocupação que os pais têm e que os educadores precisarão abordar.

Talvez seja mais interessante que nenhum dos desafios das avaliações por letras ou números esteja inerentemente incorporado na nomenclatura de A a F ou 0 a 10 em si. As escolas podem passar para os sistemas de avaliações baseados no domínio e ainda manter a representação das notas usando letras ou números.

Uma história sobre as dificuldades de um diretor de uma escola secundária suburbana em Massachusetts pode ilustrar como fazer isso.

Esse diretor implementou um sistema de avaliação diferente do que normalmente encontramos nas escolas bem antes da pandemia. Sua principal motivação era criar um sistema de avaliação mais equitativo. Mas um pequeno grupo de pais se preocupava apenas com o modo como isso afetaria as chances de seus filhos entrarem na faculdade. Com isso, ocorreu um enfrentamento que drenou muitos recursos. O Capítulo 7 aborda mais diretamente essa dinâmica parental, mas, para lidar com esse conflito, eles chegaram a um acordo. A escola poderia manter a nova forma de avaliação até o 7º ano, mas deveria passar para um sistema de avaliação mais tradicional (semelhante ao que vemos na maioria das escolas hoje) para os 8º e 9º anos, a fim de preparar os alunos para o que eles enfrentariam no ensino médio.

Como alguns de nós o aconselharam sobre o que fazer, uma conclusão foi que aderir a um novo sistema de avaliação pode não ser o melhor caminho a seguir. Talvez o diretor pudesse mudar somente o significado das letras A, B, ..., ou dos números de 0 a 10, se fosse o caso, para cada competência. Em um modelo de aprendizagem baseado no domínio, manter as letras por números familiares, mas alterar outros aspectos referentes a como os alunos os recebem, poderia funcionar de forma relativamente boa.

Por fim, outra razão pela qual começar a mudança pelo sistema de avaliação é muitas vezes contraproducente é que isso faz com que as pessoas se concentrem no que estão perdendo. Esse sistema inclui a capacidade de classificar os Jeremys e as Júlias do mundo em categorias organizadas. Alguns pais também podem sentir que esse novo sistema de avaliação pode prejudicar seus filhos, principalmente se eles acharem que seus filhos estão à frente dos demais colegas da mesma turma. Ao se concentrarem no que estão perdendo, é improvável que eles abracem o ganho de melhores oportunidades para todos os alunos.

É importante não inovar sem o consentimento dos pais ou impor mudanças para seus filhos. Em vez disso, deve-se criar as condições sob as quais os pais e a comunidade escolar toda vão trazer mudanças para que você possa inovar *com* a sua comunidade.

O Capítulo 11, sobre as ferramentas de cooperação, aborda ainda mais essa dinâmica e oferece aos gestores maneiras de enfrentar esses desafios. Mas, por enquanto, saiba que isso pode significar que criar uma pequena escola dentro de uma escola mais ampla é a melhor aposta para que você não imponha um conjunto de mudanças a ninguém. Se você for por esse caminho, deixe os próprios pais escolherem seguir o modelo baseado no domínio trazido como uma oportunidade, assim como o distrito de Kettle Moraine fez, como discutimos no Capítulo 1.

De qualquer forma, a grande mensagem para os pais deve ser que você está se certificando de que todos os alunos terão sucesso e dominarão cada uma das competências necessárias. Esse é o ponto principal.

Como deveriam ser os relatórios de avaliação?

Muitas instituições estão trabalhando ativamente para mudar as normas de avaliação dos estudantes. Alguns desses esforços, como o do Mastery Transcript Consortium, já estavam em andamento antes mesmo da pandemia. A pandemia acelerou a mudança em muitos outros distritos e escolas.

Em vez de pensar em um boletim como a palavra final sobre as notas de um aluno para um determinado assunto, reformule-o como a avaliação de um momento no tempo. Professores, alunos e pais devem todos poder ter acesso a essa avaliação sob demanda, porque o objetivo é comunicar o que os alunos sabem e conseguem fazer — e ajudá-los a entender o que mais eles precisam aprender para ter sucesso.

Parte do desafio de se implementar avaliações baseadas no domínio é mostrar todas as competências e mostrar exatamente onde os alunos estão em sua aprendizagem, o que pode ser confuso para todos compreenderem. Mas a avaliação de um momento específico pode, em vez disso, transmitir métricas simples, como, por exemplo, se o aluno está no caminho certo, à frente de onde precisa estar ou ficando para trás em alguma área. Além disso, ela pode trazer a porcentagem dos diferentes níveis dentro de um determinado conceito que o aluno dominou. Também pode mostrar o que os alunos começaram a estudar, mas ainda não dominaram.

A partir daí, essa avaliação pode permitir que alunos ou pais cliquem duas vezes (ou virem a página) em locais de interesse para obter mais detalhes. Eles poderiam revisar uma lista mais detalhada de competências que o aluno dominou, competências em que ainda está trabalhando ou competências em que ainda não começou, bem como um portfólio de evidências — projetos, avaliações e similares — que mostram o trabalho dos alunos para qualquer um dos critérios estabelecidos.

Se a comparação for importante por algum motivo, essa avaliação também poderá, teoricamente, fornecer uma comparação com o resto da turma para mostrar em que parte da matéria o aluno escolheu ir mais fundo. Isso pode indicar um interesse ou uma paixão mais profunda sobre um determinado conceito. Também poderá mostrar a classificação de um aluno

> em relação aos outros no que diz respeito às competências dominadas. Mas isso não faria muito sentido, pois o que é mais importante é saber se os alunos estão dominando as competências necessárias rápido o suficiente para se formarem em tempo.
> A grande mudança deve ser no sentido de entender o quanto um aluno aprendeu sobre um determinado conceito e como foi o processo de aprendizagem até ele compreender determinado conceito.

RESPONDENDO A QUATRO CRÍTICAS COMUNS SOBRE A APRENDIZAGEM BASEADA NO DOMÍNIO

Provavelmente em algum momento você ouvirá algumas dessas críticas sobre a aprendizagem baseada no domínio. Por isso, escrevi algumas abaixo, juntamente com suas possíveis respostas.

1. Não é assim que o "mundo real" funciona.

Alguns podem se questionar por que não estamos deixando os alunos afundarem ou emergirem por seus próprios méritos para prepará-los para o "mundo real". "Não é injusto deixar os alunos ficarem refazendo o trabalho até acertarem?", eles podem perguntar.

O propósito da escola não deve ser *reproduzir* o mundo real. Deve ser preparar os estudantes para *ter sucesso* no mundo real.

Sim, o mundo nem sempre é justo. Mas colocar os alunos em um sistema que os julga em momentos arbitrários e depois os classifica com poucas oportunidades de mudar essa classificação faz pouco sentido. Compare isso com um sistema em que todas as crianças têm experiências de aprendizagem que as ajudam a dominar as habilidades necessárias para fazerem seus trabalhos com sucesso depois de se formarem. Um sistema melhor forneceria aos alunos um *feedback* claro para que eles soubessem quando realmente dominaram essas habilidades. Isso, sim, seria uma verdadeira preparação para o mundo real.

Pense em Michael Jordan, por exemplo. Amplamente considerado um dos melhores jogadores de basquete de todos os tempos, ele tem uma história famosa sobre como foi cortado do time de basquete do colégio quando estava na 2ª série do ensino médio. Se esse fosse o nosso sistema educacional, ele teria recebido uma nota — talvez um C. Essa nota teria ficado gravada em seu histórico escolar e impactado suas futuras oportunidades de entrar na faculdade.

Felizmente, o basquete não funciona como o nosso sistema educacional. Jordan melhorou e foi capaz de se tornar uma estrela no time de seu colégio. Ele foi avaliado pelas habilidades que dominava e exibia nos jogos, e não pelo que havia feito em um momento arbitrário de sua vida. Como resultado, a University of North Carolina e seu lendário treinador Dean Smith o recrutaram para jogar basquete. O resto, como dizem, é história.

O ponto é que permitir que os alunos melhorem seu desempenho e "refaçam" o trabalho é uma característica desse sistema. Contanto que a avaliação seja robusta — e não consista em questões de múltipla escolha sem sentido que possam ser acertadas no chute —, trabalhar para melhorar o desempenho e obter domínio do assunto é o objetivo real. De muitas maneiras, é assim que o mundo real realmente funciona.

Se também concordarmos que incorporar hábitos de sucesso, como perseverança e mentalidade de crescimento, é importante, nosso sistema atual de educação baseado no tempo funciona sistematicamente contra o desenvolvimento dessas habilidades nos alunos. A aprendizagem baseada no domínio, por outro lado, na qual refazer e melhorar o trabalho é a expectativa, naturalmente incorpora esses hábitos de sucesso.

Por que isso acontece? Como discutido na Introdução, o sistema de avaliação mais usado nas escolas hoje sinaliza inequivocamente aos alunos que, se eles ficarem para trás em algo, isso não vai importar, porque eles vão passar para a próxima unidade ou matéria, independentemente de seus resultados, de seu esforço e de sua compreensão. Essa abordagem mina o valor da perseverança, bem como o fomento da capacidade de ação sobre algo e da curiosidade. Isso acontece porque esse é um sistema que não recompensa os estudantes por trabalharem mais em um tópico ou parte de um conceito.

Também é um sistema que desmotiva os alunos no contexto da escola. Muitos ficam entediados quando têm que aprender conceitos que são fáceis demais para eles. Ou ficam para trás quando não entendem um conceito básico, sendo que o restante da classe continua a progredir.

Compare isso com um modelo de aprendizagem baseado no domínio, em que o tempo se torna a variável e a aprendizagem se torna a constante.

Os alunos só seguem em frente quando demonstram domínio do conhecimento e das habilidades. Se falharem, está tudo bem. Eles permanecem em uma tarefa, aprendem com os fracassos, trabalham até demonstrar domínio e, depois, seguem em frente.

Sem falar em perseverança, a aprendizagem baseada no domínio incorpora a construção desse hábito em sua própria estrutura.

A aprendizagem baseada no domínio tem outro benefício para melhorar nossa compreensão dos hábitos de sucesso. Em um sistema baseado no domínio, podemos medir esses tipos de habilidades observando o trabalho diário dos alunos, e não o que eles respondem em um questionário.

Quando os alunos têm dificuldades, eles se aprimoram, colocam a mão na massa e exibem resiliência? Eles precisam de espaço e tempo — e conseguem criar esse espaço e esse tempo intencionalmente — antes de voltarem ao tópico? Ou eles apenas têm dificuldades para se reengajar com o material? Essas reações são iguais ou diferentes em outros tópicos? Da mesma forma, como os alunos abordam novos tópicos sobre os quais sabem pouco? Como eles se organizam? Ao observar os estudantes em um sistema baseado no domínio, podemos aprender muitas coisas sobre seus hábitos de sucesso — algo que os professores do método Montessori há muito sabem, já que eles observam os alunos para avaliá-los e auxiliá-los.

Ironicamente, há um outro lado para o argumento do "mundo real". Alguns dizem que a aprendizagem baseada no domínio está muito focada em fazer com que os estudantes dominem conhecimentos e habilidades adequados para a economia e para a força de trabalho. Esse é um argumento que se ouve mais no ensino superior do que no ensino fundamental e médio, mas vale a pena considerá-lo.

O que é irônico é que aqueles que expressam essa preocupação não notam que o sistema educacional de linha de montagem existente também está alinhado à economia e ao trabalho — mas a uma economia industrial que não existe mais. Como já discutimos, o sistema educacional atual prioriza a triagem, e não o aprendizado. Ele cria uma injustiça grave para os alunos no mundo de hoje. Um sistema de aprendizagem baseado no domínio, no entanto, prioriza a aprendizagem de cada indivíduo para que possamos garantir que todos tenham a base para navegar na economia do conhecimento atual.

2. Como ocorre a aprendizagem dentro do modelo de aprendizagem baseada no domínio? Ela contrasta com a ideia de aprendizagem em espiral?

A resposta é não.

A noção de espiralização decorre do trabalho do psicólogo Jerome Bruner. É uma abordagem em que os alunos revisitam tópicos ao longo do tempo, desenvolvendo e aprofundando sua compreensão sobre esses tópicos, mergulhando em ideias cada vez mais complexas.

Scott Ellis é o fundador da MasteryTrack, que oferece painéis gratuitos para o aprendizado baseado no domínio a fim de simplificar a mudança para professores, escolas e distritos. Ele argumenta que a aprendizagem baseada no domínio não está em desacordo com essas ideias. Para ver a razão disso, precisamos nos aprofundar um pouco na aprendizagem baseada no domínio.

Quando um aluno domina uma ideia específica e, em seguida, passa para um conceito mais profundo, isso significa que ele agora está abordando um objetivo de aprendizagem diferente, argumenta Ellis. Ou seja, cada objetivo de aprendizagem é efetivamente binário, no sentido de que um aluno alcançou o domínio dele ou ainda não o alcançou. Se um aluno ainda não domina um objetivo de aprendizagem, os educadores podem dar classificações como "quase dominado", "iniciado" e "não iniciado" para fornecer mais nuances, transparência e um senso mais profundo de progressão. A Lexington Montessori School, por exemplo, adota essa prática e usa as classificações "consistentemente", para denotar um aluno que mostra consistentemente o domínio de um objetivo de aprendizagem, "praticando", "começando" e "não aplicável". Fazer isso é melhor que simplesmente adotar um sistema de avaliação baseado em letras ou em números que sugere que existem diferentes tipos de domínio e profundidade possíveis para um determinado conceito — por exemplo, um 4 para "dominado", em vez de um 3 para "proficiente".

Quando as pessoas resistem a essa ideia, argumenta Ellis, é porque o objetivo de aprendizagem não foi definido de uma maneira específica e clara o suficiente, que que consiga deixar claro quando e em que momento provavelmente ocorrerá o domínio consistente.[9] Essa é mais uma razão pela qual é tão importante definir antecipadamente as metas de aprendizagem e o que constitui evidência de domínio. As ideias de Ellis são aplicáveis não apenas a áreas como matemática, em que há respostas certas e erradas, ou a aulas de conceitos mais básicos. O MasteryTrack foi implementado em áreas diversas, que vão desde um curso de graduação em psicologia até um curso de pós-graduação em fisioterapia, e desde professores de estudos sociais do ensino médio que ensinam a cadeira de estudos cívicos até um distrito que tenta medir a habilidade de colaboração.[10] A Lexington Montessori School também usa os termos "consistente", "praticando", "começando" e "não aplicável" para áreas como a aprendizagem socioemocional.

Há uma outra pergunta relacionada com essa ideia. Seguir em frente com os tópicos a serem estudados enquanto um aluno estiver tendo dificuldades para compreender um determinado conceito não é melhor do que deixá-lo se frustrar enquanto insiste em compreender tal conceito? Acontece que a frase mais usada para descrever a aprendizagem baseada no domínio — chegar à maestria — pode ser enganosa.[11]

Mesmo que os alunos não dominem um conceito específico em que estão trabalhando, eles podem passar para outros conceitos ou assuntos se estes não forem dependentes do conceito em que os estudantes tiveram dificuldades. Eles podem, então, retornar a essa competência desafiadora quando fizer sentido fazê-lo e visitá-la várias vezes.

O ponto é que os alunos não deixam inteiramente para trás um conceito fundamental que ainda não dominaram. Em essência, eles vão continuar a ter uma designação mostrando que eles ainda estão trabalhando no conceito até que exibam domínio dele. Mas a demonstração desse domínio pode ocorrer no próprio ritmo deles. Diante de certos conceitos opcionais, os estudantes podem decidir ignorá-los se julgarem que esses conceitos não são para eles. E não há problema nisso. O registro dos alunos mostraria que eles começaram algo, mas nunca chegaram a dominá-lo.

Os educadores também podem especificar que os estudantes só podem dominar um objetivo de aprendizagem depois de demonstrarem domínio periodicamente ao longo do tempo. Isso mostra um domínio mais durável e consistente — em completo contraste com o que se obtém com o estudo de última hora para uma prova. Também é mais consistente com a nossa compreensão da aprendizagem e da memória. Praticar um conceito ao longo do tempo, enquanto os intervalos entre o trabalho com esse conceito aumentam, leva a um domínio mais durável.[12]

3. Na ausência de avaliações eficazes, confiáveis e objetivas, a aprendizagem baseada no domínio pode se tornar menos rigorosa e fazer com que as escolas negligenciem hábitos importantes.

A crítica ao rigor está relacionada com a crítica ao "mundo real", mas separada dela. Essa crítica tem dois elementos.

Primeiro, ao se concentrar no domínio do conhecimento e das habilidades acadêmicas e separar isso dos comportamentos — como quando um aluno entrega seus trabalhos no prazo ou não —, a escola corre o risco de não preparar os estudantes para a importância de desenvolverem esses comportamentos para suas vidas. Essa é uma possibilidade, mas é algo simples de se neutralizar. Não é suficiente apenas se concentrar em conhecimentos e habilidades acadêmicas. As escolas também devem avaliar constantemente os comportamentos e hábitos de sucesso dos alunos e indicar, dentro de cada domínio, se os estudantes estão exibindo domínio dos assuntos ou se ainda precisam trabalhar neles. Não se deve permitir que os estudantes sejam inconsistentes nessas dimensões. Eles ainda devem ter prazos para entregar seus trabalhos com base no momento em que eles estarão da sua aprendizagem. Mudar para o aprendizado baseado no domínio deve criar mais transparência e um foco maior nesses hábitos, e não menor do que o do sistema atual.

Em segundo lugar, os críticos temem que os professores possam dizer que os alunos dominaram certas competências importantes quando, na verdade, eles não o fizeram. Isso também é um problema no sistema atual. Mas essa é uma crítica que vale a pena levar a sério, porque os incentivos são diferentes em um sistema baseado no domínio em uma escola pública, onde a política e o financiamento se concentram nos resultados e na prestação de contas. Os incentivos servem para apoiar cada aluno na obtenção do domínio dos assuntos. Como resultado, há indiscutivelmente mais pressão para que os professores passem os alunos de qualquer maneira — não ligando se eles colam, não sendo rigorosos ao dar as notas ou não tendo conhecimento sobre como avaliar as principais competências.

O próximo capítulo aborda esse tópico com mais profundidade, mas o princípio básico é: nesses ambientes, os professores não devem ter a palavra final sobre se seus próprios alunos dominaram ou não a matéria. Um professor ou avaliador terceirizado que, idealmente, os alunos não conheçam, deve julgar se os alunos dominaram os objetivos de aprendizagem.

4. Não há como avaliar o domínio de atividades complexas.

Alguns, como Peter Greene, um professor aposentado, argumentam que o foco no domínio traz o risco de querermos que todos foquem no entendimento de cada conceito e suas particularidades ao invés de entendermos que os alunos podem dominar o conceito de uma forma geral, mesmo não mostrando domínio em alguma particularidade. O argumento de Greene é essencialmente que, embora possamos demonstrar domínio em acertar um lance livre no basquete — e podemos concordar que esse domínio corresponderia a pelo menos 70% de acertos —, a noção de que só com isso temos domínio de como jogar basquete é absurda.

É verdade que podemos correr o risco de esquecer o todo quando reduzimos uma habilidade complexa às partes menores que a compõem. Muitos argumentam que fazemos isso atualmente na educação tradicional por meio do sistema de avaliação que temos. É claro que o sistema atual não é baseado no domínio, o que sugere que a preocupação de Greene pode ser mais ampla.

Ainda assim, seguindo com a analogia do basquete, podemos ficar excessivamente obcecados com como alguém tem domínio sobre seus arremessos, passes e dribles. Podemos até combinar algumas dessas técnicas para formar uma habilidade mais complexa. Talvez pudéssemos focar no domínio de uma sequência de movimentos, como receber a bola, ameaçar o arremesso e fazer a cesta de tabela, por exemplo.

Mas, se alguém não conseguisse fazer essas coisas em um jogo, por que elas importariam?

Essa é uma das razões pelas quais aqueles que praticam a aprendizagem baseada no domínio tendem a se concentrar em como os alunos executam tarefas reais, o que é chamado de "aprendizagem baseada no desempenho". Nesse método, os educadores não avaliam simplesmente se alguém dominou os conhecimentos e as habilidades fundamentais, mas se as pessoas conseguem fazer relações entre conceitos diferentes. A WG Coaching, que trabalha com alguns dos melhores treinadores, atletas, equipes e organizações esportivas em todo o mundo, exemplifica isso com uma estrutura de trabalho que define diferentes níveis de domínio, que variam desde ser capaz de executar uma habilidade específica até ser capaz de executar a habilidade muito bem, com velocidade, sob fadiga e sob pressão, de forma consistente em condições de competição.[13]

Mais amplamente, há um extenso referencial teórico para avaliar o domínio em um determinado campo. Certos sistemas da Lumina Foundation, do Reino Unido e da Europa, por exemplo, existem para medir o domínio em campos específicos. Eles contêm critérios para denotar o nível de domínio que alguém demonstra em uma determinada profissão em uma escala de 1 a 8, em que um 8 seria o que o Lebron James é para o basquete.[14] Isso também mostra que reportar o domínio de alguém pode considerar que o domínio dessa pessoa sobre conhecimentos e habilidades é dinâmico e pode mudar com o tempo — não apenas em direção ao domínio de objetivos mais desafiadores, mas também na direção inversa.

Enquanto queremos evitar qualquer aprendizado que se torne excessivamente reducionista, desenvolver ações que considerem o desempenho dos alunos é importante. Tais ações também são ótima maneira de se divertir com os amigos enquanto aprende — outra razão pela qual qual os estudantes gostariam de frequentar a escola.

DIVERTINDO-SE COM OS AMIGOS

Mudar para a aprendizagem baseada no domínio também altera a natureza da relação entre o aluno e o professor. Falaremos mais sobre isso no próximo capítulo. Em vez de ver o professor como alguém que está lá para julgá-los e rotulá-los, os alunos podem, num ambiente baseado no domínio, ver seus professores como seus defensores, porque, nesse ambiente, o trabalho do professor é garantir que todos alcancem o domínio do assunto em questão. Como resultado, os alunos ficam livres para se divertir mais com seus professores no decorrer de sua aprendizagem.

Mas os estudantes também querem se divertir com seus colegas. E como eles podem fazer isso?

Um caminho possível é intencionalmente separar tempo durante o dia para uma aprendizagem realizada em grupos e/ou entre pares.

Outra possibilidade é a aprendizagem em pequenos grupos. Mark Van Ryzin, professor da University of Oregon, pesquisou os muitos benefícios da instrução eficaz em pequenos grupos, que ele define como quatro alunos ou menos, em escolas de ensino fundamental e médio. Entre os benefícios acadêmicos que ele cita, estão o estímulo a realizações de aprendizagem, um processamento mais profundo e uma maior retenção da matéria.

Mas sua pesquisa se concentra mais nas experiências sociais positivas que podem acontecer em ambientes de grupos pequenos. Para que essas experiências ocorram, os educadores devem estabelecer as estruturas adequadas para que os alunos possam criar uma "interdependência positiva" — uma condição observada quando as pessoas percebem que trabalhar em conjunto é melhor tanto para elas como indivíduos quanto para o todo coletivo.[15]

Trabalhando com projetos

Outro caminho para permitir que os alunos se divirtam com os amigos é focar no trabalho com projetos dentro da experiência de aprendizagem construída com os alunos.

Embora existam muitas definições em torno da aprendizagem baseada em projetos e outros conceitos semelhantes na educação, quando estou falando sobre o uso de projetos na educação básica, uso uma definição semelhante à de Adam Carter. Carter é o diretor-executivo da Marshall Street, um grupo de educadores que trabalham para melhorar as oportunidades oferecidas para ensinar os estudantes.

Nas palavras de Carter, um projeto envolve a resolução de um problema que deve ser feita de forma autêntica por um grupo de alunos. Um produto final deverá ser construído durante a execução do projeto. Um projeto deve consistir na fusão de um conteúdo rigoroso e de alta qualidade com um conjunto de habilidades. Os alunos podem dominar conhecimentos, habilidades e hábitos de sucesso no decorrer do desenvolvimento de um projeto. O produto final pode ser qualquer coisa, desde um produto escrito até uma apresentação ou encenação dramática na frente de uma audiência. Ele é fundamental porque representa o que os alunos fizeram e sobre o que os alunos receberão *feedback* para que possam melhorar e dominar o conhecimento e as habilidades que estão no cerne do projeto.

Também é importante garantir que um projeto não sobrecarregue um aluno, exigindo demais dele. Essa é uma das razões pelas quais um projeto dado a um aluno iniciante deve ser suficientemente simples e curto e ter o suporte adequado, que deve incluir instruções diretas que, idealmente, envolvam a aprendizagem ativa.[16]

Um bom projeto também segue o ciclo de aprendizagem da Summit, no qual há várias oportunidades de planejamento, *feedback* e reflexão. Em outras palavras, a iteração é incorporada nesse ciclo. Isso é importante para que os alunos não criem produtos chamativos sem muita substância, o que é um problema comum nos projetos escolares.

Um projeto também deve começar com uma pergunta ou problema que instigue os alunos. Essa pergunta deve deixá-los curiosos. Pode ser sobre um tópico com o qual eles se importam ou a respeito do qual eles não sabem muito, mas têm curiosidade. O ponto é que os alunos devem estar motivados para construir uma possível solução para o problema proposto.

Como Jonathan Haber escreveu em *Critical thinking*, "[...] os problemas contidos nos projetos devem envolver a curiosidade dos alunos, incutindo dúvida em suas mentes, uma dúvida que, de acordo com a filosofia pragmática de [John] Dewey, estamos todos altamente motivados a eliminar".[17]

Ou, como o cientista cognitivo Daniel Willingham escreveu em *Por que os alunos não gostam da escola?*, "a curiosidade provocada quando percebemos um problema que acreditamos ser capazes de resolver... A pergunta é o que desperta o interesse das pessoas. Uma resposta *dada* não tem serventia nenhuma".[4]

Um componente importante, mais uma vez, é que os alunos devem acreditar que podem resolver o problema ou responder à pergunta que foi feita. Não pode ser algo sem conexão com o que eles já sabem e sem contar com a experiência deles, e também não deve ser algo muito fácil.

Um projeto sólido também incorpora *feedback* não apenas do professor, mas também dos colegas entre si. Aprender a fornecer *feedback* pode ajudar o aluno que o recebe. Mas também ajuda o aluno que está dando o *feedback*, pois permite que ele esclareça o que significa ter domínio. Isso também significa que, mesmo que um projeto seja uma experiência solo, ele naturalmente permite que os alunos comecem a trabalhar — e se divertir — uns com os outros.

Os projetos também podem ser colaborativos ou em equipe, embora muita colaboração possa prejudicar o aprendizado de alunos iniciantes em um domínio específico.[18] Se os alunos forem trabalhar juntos em um projeto, é importante que os educadores forneçam uma orientação e deem suporte explícito para ajudá-los a aprender a trabalhar juntos. Isso ajuda a evitar outro desafio com projetos em grupo: o problema dos alunos que vão nas costas dos outros, isto é, quando um aluno faz a maior parte do trabalho e os outros só aproveitam.

DA SOMA ZERO À SOMA POSITIVA

Mudar para um sistema baseado no domínio, em que os alunos podem dar *feedback* para melhorar o desempenho uns dos outros, oferece mais uma maneira de os alunos se divertirem juntos à medida que aprendem.

Em um sistema de ensino tradicional, os professores muitas vezes comparam seus alunos inconscientemente. Eles fazem isso explicitamente quando elaboram perguntas com pegadinhas nas provas para avaliar os alunos.[19] No sistema tradicional não é comum ter momentos em que os alunos se divirtam uns com os outros e se ajudem durante a compreensão de um determinado conceito, pois isso pode atrapalhar a compreensão do que está sendo ensinado. Como os estudantes estão frequentando a escola em um sistema que está classificando-os e comparando-os entre si e distribuindo escassas oportunidades na forma de admissões em faculdades seletivas, há poucos incentivos para cooperar em vez de competir. Tudo isso vai contra ajudar os alunos a se divertirem uns com os outros enquanto aprendem.

A competição não é algo ruim. Mas a competição por razões extrínsecas — por um desejo de ser o melhor só para ser o melhor, e não pelo valor intrínseco da experiência — tem claras desvantagens. Especialistas que vão desde Frank Bruni, do *New York Times*, até Michael Sandel, de Harvard, já fizeram observações sobre o sistema atual e levantaram questões sobre o quão saudável isso seria, tanto para os próprios indivíduos quanto para a sociedade em geral.[20;21]

"Nossa função de credenciamento está começando a se sobrepor à nossa função educacional", disse Sandel em entrevista ao *The Chronicle of Higher Education*.

> Os estudantes conseguem ingressar em algumas instituições usando seus anos de adolescência para realizar avaliações que geram estresse e dizem ser baseadas na meritocracia. Isso faz as pessoas se sentirem pressionadas para conseguir a aprovação nas universidades. Dessa forma, até mesmo os aprovados sofrem com esse processo, porque ficam se desgastando para acumular conquistas e diplomas, muitas vezes somente para agradar aos seus pais, professores, treinadores e comitês de admissão das universidades. Quando as pessoas entram na faculdade, muitas delas começam a pensar e refletir sobre com o que vale a pena se preocupar e o que realmente gostariam de estudar.[21]

Como Todd Rose compartilhou, essa competição para ser o melhor apenas pelo motivo de ser o melhor é insana.

"Você tem que literalmente ser igual a todo mundo, mas melhor", disse ele. "Tire as mesmas notas, só que mais altas. Certo? Faça as mesmas aulas. Tire notas melhores. [E a suposição é que] isso vai trazer algo que eu acho que é muito legal."[22]

Como discutimos na Introdução, o problema, de acordo com Rose, é que nosso sistema atual de educação — e o ensino superior seletivo, em particular — é de soma zero. Para cada vencedor, há um perdedor.

A boa notícia é que mudar para um sistema baseado no domínio e avaliar os alunos em relação ao avanço individual de cada um deles, em vez de avaliá-los de forma comparativa, comparando uns com os outros, pode mudar esse cenário e criar um novo cenário em que exista um sistema de soma positiva. Isso porque o sucesso de um estudante não estará ligado ao fracasso dos outros alunos. Incorporar projetos e pequenos grupos de estudo em que os alunos estejam ativamente dando *feedback* uns aos outros e se apoiando também ajuda a conduzir alunos e educadores a um sistema de soma positiva.

À medida que os alunos procuram traçar seu próprio caminho na vida, as comparações podem deixar de ser direcionadas para uma tentativa de rotular a capacidade de alguém de acordo com uma pequena lista de critérios para, então, se voltar à compreensão de quem esses indivíduos estão se tornando. Naqueles momentos em que comparações forem importantes, podemos olhar para cada um dos alunos para entender onde estão suas paixões, seu progresso em relação aos seus objetivos ou até mesmo o que mais gostam de aprender e estudar para descobrir em quais áreas estão realmente seus pontos fortes e suas aptidões. Isso oferece uma possibilidade para os educadores ajudarem todos os estudantes a construírem suas paixões, se desenvolverem e entenderem como eles podem melhor contribuir para a sociedade.

ALCANÇANDO O SUCESSO DURANTE A DIVERSÃO COM OS AMIGOS

Como pode ser, na prática, um ambiente de aprendizagem que ajuda os alunos a experimentarem o sucesso e ao mesmo tempo possibilita que eles se divirtam com os amigos? A seguir, mostramos alguns exemplos.

Summit Public Schools

As escolas da Summit não têm um cronograma tradicional. Elas consideram o tempo de aprendizagem de cada aluno, os professores, os conteúdos, a tecnologia e locais ou espaços escolares para construir um ambiente no qual os estudantes experimentam constantemente o sucesso e se divertem com os amigos. Veja a seguir um exemplo de programação.

7h30	Chegada à escola; trabalho em um plano de ensino personalizado
8h25	As aulas começam com um tempo para projetos (matemática e ciências)
10h20	Intervalo
10h35	Tempo para aprendizagem personalizada
11h35	Educação física ou tempo para leitura
12h35	Almoço e recreio no pátio
13h20	Tempo para projetos (inglês e história)
15h15	As aulas terminam; possibilidade de ficar na escola e trabalhar em um plano de ensino personalizado
Nota	Às sextas-feiras, os alunos passam a maior parte do dia em seus planos de ensino personalizados e têm uma conversa individual com seus mentores.

Quando os alunos chegam na escola, eles começam a trabalhar em seus planos de ensino personalizados. Iniciam com seus objetivos pessoais, que eles definem, e buscam desenvolver e acompanham o desenvolvimento por meio da plataforma de aprendizagem da Summit. Essa plataforma tecnológica fornece acesso a tudo, desde os conteúdos até projetos e metas de aprendizado que os alunos escolham abordar.

Por volta das 8h30min, as aulas começam oficialmente, e os alunos iniciam um bloco de duas horas fazendo projetos envolvendo matemática e ciências de forma interdisciplinar. Ter projetos interdisciplinares é outra maneira de combater as preocupações de Greene sobre uma visão excessivamente reducionista do domínio de um assunto.

Depois de um breve intervalo, os alunos voltam para um período reservado para a aprendizagem personalizada por uma hora. O desafio do projeto cria uma necessidade de aprender conteúdos novos. Isso leva ao uso de instruções diretas que podem ser obtidas na plataforma.

Depois disso, os estudantes têm a oportunidade de se movimentar fisicamente ou ler — o que também é importante para a construção de conhecimentos prévios que vão ajudá-los a se tornar capazes de lidar com projetos maiores. Em seguida, almoço e recreio no pátio. Os alunos entram em outro bloco de duas horas para um projeto interdisciplinar envolvendo inglês e história. Quando a aula termina, os estudantes ficam livres para permanecer na escola e trabalhar em seus planos de ensino personalizados.

O cronograma das sextas-feiras é diferente. O dia inteiro fica aberto para a aprendizagem personalizada, o que significa que há tempo dentro das próprias aulas para cada estudante se encontrar com seu mentor — encontros esses que os próprios alunos aprendem a conduzir. Cada professor orienta cerca de 15 alunos por ano.

A Summit também oferece aos seus alunos oito semanas por ano de "expedições", nas quais os estudantes aprendem em grande parte fora do *campus*, no mundo real. Os alunos exploram seus interesses e aprendem sobre opções de carreira, participando de atividades que vão desde cursos eletivos até estágios reais. As expedições dão aos alunos a chance de construir relacionamentos fortes com os professores que estão na expedição e com pessoas em organizações comunitárias externas.

Tudo isso contribui para um ambiente em que os alunos podem fazer progressos significativos e se divertir com os amigos. Conforme os estudantes participam de períodos de aprendizagem personalizada e trabalham para desenvolver o domínio do conteúdo, eles podem, por exemplo, fazer avaliações quando sentem que estão prontos para isso. Essas avaliações são disponibilizadas sob demanda para mostrar evidências de que eles dominaram conceitos ou habilidades. Isso significa que, se os alunos acreditam que já entendem um conceito, eles podem fazer uma avaliação logo no início e pular para a próxima matéria. Se falharem, eles trabalham com seu plano de ensino individual até que consigam demonstrar domínio. O sucesso está embutido no próprio sistema.

Depois de fazer as avaliações, os alunos recebem um *feedback* de aprovação/reprovação, bem como uma explicação detalhada sobre seu desempenho. Esse ciclo de *feedback* rápido permite que os estudantes progridam e se sintam no controle de seu progresso. Ele também lhes dá acesso a dados sobre sua própria aprendizagem. Com esses dados em mãos, todas as sextas-feiras os alunos se sentam com seus mentores para refletir sobre seus progressos semanais, sobre como se sentem em relação à sua experiência de aprendizagem, sobre o que funcionou bem e sobre o que pode melhorar. Os dados e os encontros são todos projetados para ajudar o aluno a se desenvolver e aprender mais.

Como os alunos podem progredir no ritmo em que dominam o material, a Summit desenvolveu um currículo completo que pode ser percorrido por etapas e que tem todas as competências que um aluno deve dominar durante o ensino médio. Isso significa que os professores não precisam planejar as aulas na noite anterior. O outro benefício disso é que a Summit disponibiliza esse currículo e a sequência que os alunos devem realizar em seu *software* para que os alunos possam ver o que irão aprender na sequência — e ajudá-los a saber o que será necessário para se formarem. Essa clareza sobre os passos que devem percorrer para alcançar seus objetivos ajuda ainda mais os estudantes a entenderem como eles podem progredir continuamente e se sentirem bem-sucedidos a cada dia. Ainda, a Summit tem um gráfico em seu sistema de dados que se move com o calendário para ajudar os estudantes a enxergarem onde eles devem estar em seu aprendizado se quiserem concluir o ensino médio a tempo. Isso permite que eles se ajustem dentro do cronograma da instituição, adequando seus estudos para isso.

Arranjar tempo para leitura e exercícios também faz parte de como a Summit ajuda seus alunos a experimentarem o sucesso. Embora oferecer oportunidades para que os alunos se envolvam em trabalhos em grupo produtivos seja vital para que eles consigam dominar as habilidades de trabalho em equipe e se divertir com os amigos, a filosofia da Summit é que muitas vezes as escolas ignoram a importância de proporcionar aos alunos momentos de silêncio em que eles possam mergulhar em um livro. Os alunos muitas vezes não têm em casa um ambiente propício para esse tipo de experiência. Sem isso, os estudantes podem ter dificuldades para construir os conhecimentos e a capacidade de leitura profunda de que eles precisam para ter sucesso em outros contextos de aprendizagem.

Por meio da mentoria construtiva, que ajuda os alunos a construírem suas capacidades de trabalhar em equipe, o extenso tempo dedicado pela Summit a projetos e expedições cria muitas oportunidades para que os estudantes se divirtam com amigos ao mesmo tempo que são produtivos. Dado que a Summit promove um ambiente de soma positiva — e não de soma zero, que é competitivo e cruel —, não é incomum ver os alunos aparecerem para treinar outros alunos à medida que aprendem. O tempo de mentoria também cria um ambiente descontraído para os alunos se divertirem com seus professores. A Summit complementa sua programação com 45 minutos por semana de tempo comunitário, em que os alunos se reúnem em pequenos grupos para se envolver em discussões sobre questões importantes para eles.

Exercícios físicos também são uma parte importante na preparação dos estudantes para serem bem-sucedidos na aprendizagem. John Ratey, especialista em neuropsiquiatria da Harvard Medical School, escreveu extensivamente sobre a importância da aptidão física — e sobre como muitos alunos têm muito pouco dela, o que inibe sua capacidade de ter sucesso. Até mesmo 30 minutos de exercícios físicos antes de um período de estudo pode ajudar a preparar o cérebro para se concentrar. Se bem-estruturado, o tempo para exercícios e recreio também pode ser uma ótima oportunidade para se divertir com os amigos.

Transformando a educação física

Embora os exercícios físicos possam reforçar o sucesso acadêmico dos estudantes, o lugar onde os exercícios devem ocorrer na maioria das escolas — a aula de educação física — muitas vezes tem como foco apenas o ensino de esportes e jogos organizados, em vez de garantir que cada aluno esteja se movimentando diariamente e melhorando seu preparo físico.[23] Muitas vezes, a aula de educação física faz com que alguns indivíduos se sintam fracassados.

Peter Driscoll, um professor de educação física da Hartford High School, do distrito escolar de Hartford, em Vermont, passou grande parte de sua carreira docente mudando essa dinâmica. Ávido praticante de *crossfit*, Peter traz um *ethos* do *crossfit* para suas aulas com foco em ajudar a construir uma base de preparo físico em cada indivíduo. Outros professores da escola disseram a ele que notam que, depois de sua aula, os alunos estão com um estado mental muito melhor para aprender.

Mas Driscoll não apenas ajudou os alunos a serem bem-sucedidos em outros componentes curriculares. Ele também mudou a metodologia de suas próprias aulas para que todos os alunos pudessem ter sucesso na prática da educação física.

A primeira mudança que ele implementou foi quando estava dando aula para o ensino fundamental. No início de cada aula, ele começou a fazer com que as crianças realizassem um treino no qual um indivíduo se exercita por

20 segundos, seguidos de 10 segundos de descanso, por 4 minutos no total. Em muitos casos, esse treino consistia apenas em correr para frente e para trás pelo ginásio. Como era um treino baseado no tempo, nenhuma criança terminava antes da outra. Os alunos adoravam.

Essa prática mudou o que Peter havia observado anteriormente. "As crianças que realmente gostavam de educação física eram as mesmas que eram naturalmente boas em fugir, perseguir e se esquivar, que tinham habilidades de coordenação e agilidade, e eram maiores que as restantes", ele me disse:[24]

> As outras crianças não gostavam. Elas não tinham aquela autoconfiança nas nossas aulas, e eu queria que elas tivessem. Então, quando mudei para uma abordagem baseada no condicionamento físico e me afastei dos jogos em equipe e do lado competitivo dos esportes em equipe, o programa floresceu, e as crianças iam para casa e contavam o que tinham conseguido fazer na aula. E eu recebi muito apoio dos pais.[24]

Desde então, Driscoll expandiu seu trabalho.

Seus alunos do ensino médio agora estabelecem metas pessoais de condicionamento físico com números e índices que desejam alcançar. Isso busca garantir que cada aluno esteja competindo apenas contra si mesmo, e não contra qualquer outra pessoa da turma ou da escola.

Os alunos planejam como vão enfrentar o treino do dia. Qual é a estratégia e qual vai ser o ritmo deles? Onde eles precisam calcular um determinado movimento, por exemplo, para que possam concluir com segurança e sucesso o treino?

Por fim, após o treino, eles recebem um *feedback* imediato sobre como eles foram. Eles usam as informações para refletir com Driscoll sobre o que podem fazer melhor para alcançar seus objetivos pessoais.

O resultado é que cada estudante está essencialmente desfrutando de uma aula de educação física personalizada.[25] Eles também experimentam um ciclo de aprendizado que não é muito diferente dos ciclos da Summit, pois inclui o estabelecimento de metas, o planejamento, a execução do plano e o uso do desempenho para reflexão. Isso permite que os estudantes experimentem sentimentos de sucesso diariamente, além das endorfinas e da dopamina produzidas tanto pelo suor quanto por suas realizações.

Hartford High School:
https://www.youtube.com/watch?v=sN94F2BODjc

Implementações de projetos com foco na aprendizagem baseada no domínio por professores, escolas e distritos

Um número crescente de escolas mudou para a aprendizagem baseada no domínio durante a pandemia. De acordo com o Clayton Christensen Institute, 10% das escolas relataram oferecer a aprendizagem baseada no domínio durante a pandemia, um aumento em relação aos 7% anteriores.[26]

Por exemplo, a Rogers High School, no estado de Washington, ajustou suas políticas em novembro de 2020 para dar alguns passos em direção à aprendizagem baseada no domínio, alterando seu sistema de avaliações para refletir o domínio da aprendizagem, em vez da quantidade de tarefas entregues, de acordo com o *Wall Street Journal*.[27] O objetivo, disse o diretor Roger Smith, era ajudar os alunos que estavam sobrecarregados a encontrar uma maneira possível de sair de seus desafios atuais.

Em muitos outros casos, professores adotaram individualmente ferramentas como o MasteryTrack para operacionalizar a aprendizagem baseada no domínio. Muitos distritos escolares — incluindo distritos grandes, como o de Cleveland e o de Columbus, Ohio — estão migrando para a aprendizagem baseada no domínio não apenas como uma solução para a perda de aprendizado durante a covid-19, mas também como uma maneira melhor de aprender. Tanto Cleveland quanto Columbus se juntaram ao Mastery Transcript Consortium para que ele os ajudasse a superar as políticas tradicionais de avaliação, bem como refletir e relatar melhor as conquistas dos alunos em sistemas baseados no domínio.[28]

Como em Ohio, muitos distritos em Utah também experimentaram a aprendizagem baseada no domínio. O distrito escolar de Iron County, por exemplo, criou uma nova escola em 2020 chamada Launch High School[29] para combinar a aprendizagem baseada no domínio com projetos práticos que se concentram no empreendedorismo. A escola cria oportunidades para os alunos compartilharem seus projetos com os membros da comunidade ao longo do ano — como parte do andamento dos projetos. Ela também permite que os alunos façam suas atividades extracurriculares em outras escolas locais. O distrito está planejando o lançamento de programas educacionais para atrair estudantes para as escolas existentes que funcionarão dentro dessa perspectiva.

O Northern Cass District 97, na Dakota do Norte, e a Parker-Varney Elementary School, em Manchester, New Hampshire, também mudaram seu sistema para a aprendizagem baseada no domínio.[1;30] O Projeto Canopy, iniciado pelo Clayton Christensen Institute e administrado pela Transcend Education e pelo Center on Reinventing Public Education, também tem dados sobre uma variedade de outras escolas que usam a aprendizagem baseada no domínio.[31]

Mastery Transcript Consortium:
https://www.youtube.com/watch?v=PQlgbf3Z6-4

Launch High School do distrito de Iron County:
https://www.youtube.com/watch?v=YnCqMthWLnk

RESULTADOS

Muitas escolas que se comprometem com a aprendizagem baseada no domínio por longos períodos, como o distrito escolar de Kettle Moraine, sobre o qual aprendemos no Capítulo 1, estão, talvez não surpreendentemente, vendo resultados positivos. Para alcançar esses resultados, os distritos não podem prestar atenção apenas à aprendizagem baseada no domínio; eles também devem assumir um compromisso real para garantir que os alunos avancem apenas à medida que dominam as competências. Isso incorpora resultados no processo e envolve os alunos em um ciclo de sucesso. Os dois exemplos a seguir começaram de pontos de partida diferentes, tanto um em relação ao outro quanto de ambos em relação a Kettle Moraine, quando resolveram adotar a aprendizagem baseada no domínio.

Lindsay Unified

Um dos exemplos mais notáveis de aprendizagem baseada no domínio em todo o país é o distrito escolar Lindsay Unified, um pequeno distrito com pouco mais de 4.100 alunos na zona rural da Califórnia. Em 2007, mais de 90% de seus alunos se qualificavam para receber almoço gratuito ou a preço reduzido — uma medida para estudantes que vêm de famílias com renda mais baixa. Além disso, 11% eram sem-teto, mais de 40% estavam aprendendo a língua inglesa, e cerca de 95% eram hispânicos. As escolas de Lindsay também estavam passando por dificuldades. Suas pontuações em provas e taxas de graduação estavam entre as mais baixas da Califórnia. Sua rotatividade anual de professores estava acima de 50%.

Com um amplo consenso entre todas as partes interessadas de que o distrito estava falhando com seus alunos, o superintendente, Tom Rooney, conseguiu reunir um grupo de indivíduos na comunidade para redesenhar os processos educacionais do distrito. O foco estava na aprendizagem baseada no domínio e na personalização para as necessidades de aprendizagem de cada aluno.

Os estudantes não ficam mais engessados em seu aprendizado. Como no modelo da Summit, os alunos assumem a responsabilidade por seus objetivos e pelo progresso. Cada escola tem autonomia significativa para ajustar seu modelo para atender às suas necessidades distintas, desde que elas se alinhem com a visão geral do distrito.

Esse trabalho está valendo a pena. Em 2014–2015, por exemplo, apenas 26% dos alunos do distrito eram proficientes nos testes Smarter Balanced Assessment Consortium (SBAC) usados pelo estado da Califórnia. Cinco anos depois, o número subiu para 47%. O distrito também deixou de estar entre os 33% piores nas provas de artes da língua inglesa da SBAC em comparação com outros distritos escolares semelhantes no mesmo estado e passou a estar entre os 13% melhores. O número de formandos passou de 94%. O dobro do número de seus graduados se matriculou em universidades com cursos de ensino superior.

O engajamento dos alunos também melhorou. A presença nas aulas subiu para mais de 96%. As taxas de suspensão caíram 41%. A participação em gangues caiu de 18% para 3%, o que sugere que o distrito está obtendo sucesso na competição pelo tempo e pela atenção de seus estudantes. O Índice de Clima Estudantil da escola, uma medida derivada de um instrumento estadual chamado "The California Healthy Kids Survey", mostra que Lindsay deixou de se classificar entre os 52% piores em 2011 e passou a figurar entre os 13% melhores no estado em 2018, com sua pontuação absoluta subindo quase 40%.[32]

Distrito escolar Lindsay Unified:
https://www.youtube.com/watch?v=FHK3_aEE46I
https://www.youtube.com/watch?v=HNYCbrjTY_U

NYOS

Em Austin, Texas, a NYOS Charter School — NYOS significa *not your ordinary school*, ou "sua escola fora do comum" — também anda chamando a atenção. A escola, que foi fundada em 1998, era conhecida por atender tanto estudantes com dificuldades quanto aqueles que estavam se destacando. Com uma mistura de estudantes de diferentes origens — um terço de seus 1.000 alunos é oriundo de bairros de baixa renda, mas muitos outros são de áreas mais ricas, e a escola conta com 40% de alunos brancos, 36% de hispânicos e 14% de negros —, há uma longa lista de espera de 3.000 alunos aguardando para se matricular na NYOS.

Cinco anos atrás, a escola decidiu mudar para a aprendizagem baseada no domínio a partir de uma percepção de que atender os alunos em pequenos grupos era melhor do que trabalhar com um grande número de estudantes com diferentes níveis de desempenho acadêmico.

Como Beth Hawkins escreveu na revista *The 74*, pesquisadores que trabalham com quatro universidades — a Texas A&M, a Johns Hopkins, a Duke e a University of Wisconsin–Whitewater — usaram dados das avaliações do MAP da NWEA[*] de 2016 para mostrar que cerca de 1/3 dos alunos do 6º ano estavam apresentando um nível igual ou abaixo em termos de conhecimento quando comparados ao 4º ano em matemática; cerca de um terço igual ou abaixo quando comparados com o 5º ano; apenas 25% igual ou abaixo quando comparados com o 6º ano; e o resto acima do nível que deveriam estar. Dito de outra forma, o conhecimento dos alunos tinha cerca de 7 níveis diferentes com relação ao domínio dos conteúdos.

---

[*] N. de T. A NWEA (Northwest Evaluation Association, ou Associação de Avaliação do Noroeste) é uma organização americana que fornece avaliações que medem o progresso acadêmico de estudantes em diversas disciplinas.

A covid-19 acentuou ainda mais essa diferença. Usando dados preliminares da NWEA, que muitos sugeriram que pode ter superestimado a quantidade de aprendizado que ocorreu durante a pandemia, os pesquisadores disseram que um 6º ano regular pode ter até 9 níveis de proficiência entre os estudantes com relação a um determinado conceito.

Ver essa discrepância aumentar na prática convenceu a NYOS Charter School a mudar seu modelo de aprendizagem. Em um movimento para reconfigurar o tempo e o espaço para que os estudantes pudessem seguir em frente enquanto dominavam os conteúdos — ou seja, em seu próprio ritmo —, a escola obteve resultados robustos. No ano letivo de 2018–2019, relatou Hawkins, os alunos de todos os anos atingiram ou excederam as médias estaduais e distritais em leitura e matemática. A escola conseguiu um A no boletim estadual de 2018–2019 do Texas, em comparação com um B do distrito escolar independente de Austin. Ela também ganhou uma pontuação de 96 de 100 pontos para o desempenho dos alunos, e obteve 100 de 100 para a redução das lacunas de desempenho dos alunos.[33]

IMPLEMENTAÇÃO DE GRUPOS DE ESTUDO E DE MICROESCOLAS

Uma coisa notável sobre os exemplos de Iron County e Kettle Moraine é que ambos usaram microescolas para ajudar a implementar sua estratégia.

Da mesma forma, Cleveland não está apenas avançando com a aprendizagem baseada no domínio. O distrito também está explorando o uso de grupos de estudo e de microescolas para ajudar a criar novas formas de educação que considerem diferentes possibilidades para o uso do tempo dentro das salas de aula. Além disso, eles também estão repensando o papel do professor e os espaços de aprendizagem. Conforme discutido no Capítulo 1, Cleveland colocou os grupos de estudo em vigor durante a pandemia em parceria com uma variedade de organizações comunitárias e agora está procurando usá-los no futuro para atender a uma série de necessidades dos alunos. Eric Gordon, CEO do distrito escolar metropolitano de Cleveland, ponderou que essas necessidades podem variar desde ter momentos para conversar com os alunos que estão entediados na sala de aula porque já dominaram determinados conceitos até ajudar os alunos com problemas de comportamento, evitando suspensões. Ainda, o distrito explorou a possibilidade de ter grupos de estudo administrados por estudantes nos quais os alunos atuavam como tutores para ajudar seus colegas a recuperar o aprendizado perdido.

As microescolas criam mais oportunidades para que os estudantes conseguissem o apoio personalizado necessário para serem bem-sucedidos e compreenderem os conceitos que estavam estudando, além de possibilidades de eles conviverem e se divertirem com seus amigos. A existência delas é o reconhecimento de que não há uma única combinação possível para todos aprenderem, permitindo que os distritos criem uma variedade de opções e escolhas para que estudantes e famílias encontrem o melhor modelo de escola para cada caso. Entre as possibilidades, está o turno integral nas escolas. Um dos supostos benefícios das escolas é o turno integral que elas fornecem, mas, para muitos pais que trabalham, essa cobertura é péssima. Uma assistência oferecida das 8h às 15h não está em sincronia com o horário convencional de trabalho das 9h às 17h ou com os horários de trabalho mais longos que já se tornaram comuns. O Capítulo 7 aprofunda essas dinâmicas, mas basta dizer que mais escolas estão experimentando essas estruturas para criar as oportunidades certas para os alunos progredirem. Elas não presumem que há uma solução única para todos.

Invertendo o dia na escola

Nesse sentido, muitos começaram a questionar como as escolas de ensino médio poderiam repensar o dia escolar para melhor formar seus alunos. Uma estrutura que Bob Harris, ex-chefe de recursos humanos das Pittsburgh Public Schools, bem como das Lexington Public Schools, em Massachusetts, defende é inverter o turno escolar.[34]

Harris já defendia isso antes da pandemia. Mas agora a sabedoria por trás do conceito parece ainda mais clara para os estudantes do ensino médio e para seus pais, que experimentaram a libertação do que é muitas vezes um horário de início das aulas terrivelmente cedo para os adolescentes. As oportunidades de um aprendizado enriquecido que resultam de não estar vinculado a um *campus* físico são outro benefício atraente.

Após a implementação dessas mudanças, um dia letivo pode começar um pouco mais tarde, digamos que às 9h, em um local específico que fica na sua própria comunidade, que poderia ser modificado a cada semestre ou ano.

Depois de trabalhar por metade do dia, os alunos fariam uma pausa para o almoço e iriam para a escola para realizar suas atividades extracurriculares e trabalhar em projetos com seus colegas.

Por fim, à noite, os alunos participariam de suas aulas *on-line* em casa, quando é mais provável que seus pais estejam por perto. Os alunos não teriam uma lição de casa como a conhecemos, pois as lições estariam integradas às suas experiências de aprendizado *on-line*, aos projetos com seus colegas e, idealmente, aos projetos nos quais eles estiverem desenvolvendo pela manhã.

Fazer com que os alunos *participem de apenas uma ou duas aulas on-line de cada vez*, para que possam se concentrar profundamente no que estão aprendendo sem distrações, não ter trabalhos que se estendam até muito tarde, para que eles não prejudiquem o sono do estudante, e criar as condições para que os estudantes consigam dominar e compreender os conceitos antes de passar para as aulas mais avançadas são práticas que também gerariam muitos benefícios. Nessa visão, cada aula duraria cerca de um mês — idealmente, o tempo variaria com base no domínio que cada aluno tivesse desenvolvido com relação aos conceitos —, de modo que, ao longo de um ano, os estudantes pudessem ter uma carga horária completa, mas não ficar sobrecarregados. Além disso, com menos chances de conflitos de horários entre as aulas, os alunos poderiam se aprofundar em projetos maiores. Esses projetos poderiam ser integrados aos seus estudos da tarde no *campus* físico ou aos estudos que eles estiverem fazendo no local que escolherem. Alisa Berger, diretora do programa de aprendizagem significativa para todos em Harvard, disse que essa ideia tem uma grande vantagem. Uma escola de ensino médio com a qual ela trabalhou na Colúmbia Britânica mudou seu sistema durante a pandemia para que os alunos fizessem apenas uma aula de cada vez e viu as taxas de aprovação aumentarem.

Alternativamente, se os alunos fizessem duas matérias de cada vez, as aulas poderiam ser interdisciplinares. Os alunos conseguiriam, assim, se aprofundar em projetos maiores que lhes permitiriam aprender o conteúdo no contexto de algo mais significativo.

Os benefícios dessa abordagem seriam significativos para certos estudantes. Os horários se alinhariam ao ritmo dos adolescentes. Isso estaria mais de acordo tanto com as pesquisas sobre os horários em que os adolescentes deveriam acordar e começar seus dias quanto com as pesquisas que sugerem que os estudantes tendem a ter um melhor desempenho em aulas mais para o final do dia.[35] Isso provavelmente traria benefícios acadêmicos e para a saúde.

Também haveria mais oportunidades para um envolvimento mais profundo em cada matéria. Como Michael Petrilli observou:

> [...] os alunos só aprendem quando estão focados, engajados e se esforçando. No entanto, pesquisas mostram há muito tempo que os adolescentes passam a maior parte do dia entediados, isolados e apenas fingindo ouvir. Muitos estudantes, especialmente os mais motivados, estariam em uma situação melhor, para não dizer mais felizes, se passassem muito mais tempo lendo, escrevendo e concluindo projetos do que executando tarefas de forma mecânica em nossas escolas de estilo industrial.[36]

Os alunos também teriam mais chances de aprender sobre carreiras em potencial, construir seu capital social, forjar conexões com mentores fora da escola e desenvolver suas paixões. Isso tudo é fundamental, já que, de acordo com nossa pesquisa na *Choosing College*, muitos alunos saem do ensino médio sem um forte senso de propósito ou paixão, o que contribui para que eles escolham faculdades não muito boas e, assim, muitas vezes as abandonem e contraiam dívidas.

As escolas Big Picture Learning, uma rede de escolas que se concentram em cultivar a curiosidade e despertar a paixão dos alunos, ajudam a ilustrar as oportunidades que surgem com estudantes mais engajados em trabalhos fora das escolas como parte de sua aprendizagem formal. Como um aluno de uma escola Big Picture Learning em Nashville, Dayvon, disse:

> Tenho amigos que querem ser veterinários, obstetras, ginecologistas e dentistas, e o fato de que eles realmente conseguem trabalhar em um consultório de dentista ou ir a uma clínica veterinária é muito motivador. Eles dizem: 'Ei, estou fazendo essa apresentação e vou me concentrar no que quero aprender'. Você pode apoiá-los e dizer 'Estou aqui' e 'Apoio tudo que você está fazendo'. E, quando você recebe esse mesmo amor de volta, ele te impulsiona. Tipo, ei, eu realmente consigo fazer isso.[37]

Outra aluna da Big Picture Learning, em San Diego, Izzy Fitzgerald, me contou que, ao contrário de Dayvon e alguns de seus amigos, ela ainda não sabia com o que gostaria de trabalhar. Mas sua escola permitia que ela construísse uma compreensão de si mesma e dos diferentes caminhos possíveis. "Há tantas oportunidades diferentes que a escola oferece para eu experimentar. E isso é o que realmente me motiva, porque sou um pouco indecisa, então isso realmente me mostra, ei, você não quer fazer isso ou isso é um pouco assustador demais?, ou ah, não vá inventar de virar médica, você não gosta de sangue. Coisas diferentes assim. Acho que esse é o caso de muitos outros alunos. Nós só não sabemos ainda. Então, o fato de podermos experimentar cada uma dessas coisas é realmente incrível."[37]

Se as escolas organizassem criativamente seus horários para atender às diferentes necessidades dos alunos, elas também teriam benefícios relacionados a custo e à saúde dos estudantes, já que seus espaços físicos ficariam com uma densidade menor de pessoas, o que faria com que eles fossem mais bem utilizadas ao longo do dia e do ano letivo. E, por fim, essa organização também iria preparar melhor os alunos do ensino médio para a faculdade e o mundo do trabalho, pois criaria uma abordagem estruturada e intencional para soltá-los no "mundo real" e ajudá-los a construir seus hábitos de sucesso, como capacidade de decisão, funções executivas e relevância da escola.

Big Picture Learning:
https://www.youtube.com/watch?v=Idimr1Of37o

---

* * *

O ponto não é que começar o dia letivo mais tarde ou modificar a forma de uma escola funcionar dará certo para todos os alunos ou mesmo para todas as escolas, mas que é hora de as escolas pensarem nas oportunidades de usar o tempo, os espaços escolares e o quadro docente de maneira muito diferente do que vem sendo feito, criando oportunidades dramaticamente melhores para os alunos experimentarem o sucesso, aprenderem os conceitos e se divertirem com os amigos à medida que aprendem. Se fizermos isso com um olho no que *cada* aluno precisa, teremos uma grande oportunidade de reforçar a capacidade de *todos* os estudantes de maximizar seu potencial humano.

PONTOS-CHAVE

- Em vez de se concentrar no que os alunos perderam, as escolas devem se concentrar no que os alunos realizaram.
- Ao garantir o domínio dos conceitos, os educadores incorporam o sucesso dos alunos na própria estrutura das escolas.
- A aprendizagem baseada no domínio não se limita a mudar o falho sistema de avaliação tradicional, mas também em mudar o sistema de aprendizagem para garantir que os alunos tenham sucesso.
- Ao fazê-lo, a aprendizagem baseada no domínio também incorpora vários hábitos de sucesso em sua estrutura — ao contrário do sistema tradicional limitado pelo tempo, que mina muitos desses hábitos.
- Desenvolver projetos na escola que foquem e considerem a aprendizagem baseada no domínio também cria oportunidades para que os alunos se divirtam com seus amigos à medida que aprendem.
- Existem vários ótimos exemplos de escolas e distritos implementando mudanças para um sistema de educação de soma positiva que prioriza o sucesso de cada aluno e a capacidade de se divertir com os amigos.

NOTAS

1. Esse conceito e analogia de *Candy Land* é adaptado de uma escola real apresentada em um artigo do *Washington Post*. A escola é a Parker-Varney Elementary School, em Manchester, New Hampshire. Ver WALSER, N. Emerging from the pandemic, districts look to expand personalized competency-based education. *Washington Post*, 13 ago. 2021. Disponível em: https://www.washingtonpost.com/local/education/schools-competency-based-education/2021/08/13/a8fa-ac98-fac0-11eb-9c0e-97e29906a970_story.html. Acesso em: 8 jul. 2023.
2. SPEAR, S. J. *Chasing the rabbit*: how market leaders outdistance the competition and how great companies can catch up and win. New York: McGraw-Hill, 2008.
3. DELORENZO, R. A. *et al. Delivering on the promise*: the education revolution. Bloomington: Solution Tree, 2009. E-book.
4. WILLINGHAM, D. T. *Why Don't Students Like School?*: A cognitive scientist answers questions about how the mind works and what it means for your classroom. San Francisco: Jossey-Bass, 2009. cap. 1.

5. Para uma história maravilhosa do atual sistema de notas de A a F, consulte SCHNEIDER, J.; HUTT, E. Making the grade: a history of the a–f marking scheme. *Journal of Curriculum Studies*, v. 46, n. 2013. Disponível em: https://www.tandfonline.com/doi/abs/10.1080/00220272.2013.790480. Acesso em: 8 jul. 2023.
6. TAVENNER, D. *Prepared*: what kids need for a fulfilled life. New York: Currency, 2019. p. 83.
7. Em essência, os educadores devem estabelecer um sistema que espelhe a definição de aprendizagem baseada em competências do Aurora Institute e seus sete pontos. Ver LEVINE, E.; PATRICK, S. What is competency-based education? an updated definition. Vienna: Aurora Institute, 2019. Disponível em: https://aurora-institute.org/wp-content/uploads/what-is-competency-based-education-an-updated-definition-web.pdf. Acesso em: 8 jul. 2023.
8. STURGIS, C. Progress and proficiency: redesigning grading for competency education. *CompetencyWorks*, 2014. Disponível em: https://aurora-institute.org/wp-content/uploads/progress-and-proficiency.pdf. Acesso em: 8 jul. 2023.

    Mais especificamente, Sturgis argumenta convincentemente que começar com a mudança do sistema de notas muitas vezes tem o efeito de chamar a atenção do público sobre o modo de avaliação em oposição à aprendizagem e "não ajuda as pessoas a entenderem 'por que' as escolas precisam mudar". STURGIS, C. Missteps in implementing competency education: introducing grading too early. *CompetencyWorks*, 2018. Disponível em: https://aurora-institute.org/cw_post/missteps-in-implementing-competency-education-introducing-grading-too-early/. Acesso em: 8 jul. 2023.
9. Para ser claro, o argumento de Ellis não significa que para demonstrar domínio um aluno deva sempre acertar algo em 100% do tempo. A chave é ter clareza sobre o que é domínio e quando será considerado que ele aprendeu o que está sendo ensinado. Isso parece particularmente importante em tópicos mais complexos e nas ciências humanas, de acordo com Ellis, e está ligado a comunicar que alguém alcançou o domínio usando a palavra "consistentemente".

    Além disso, a importância de criar metas de aprendizagem claras se refere a outro princípio da teoria da interdependência e modularidade, que é que, para fazer uma transição para uma organização interna modular, os objetivos devem ser específicos e verificáveis. Muitos processos de inovação são construídos com objetivos gerais, sem a preocupação com a possibilidade de verificar se eles foram alcançados ou não.
10. ELLIS, S. What is mastery learning? *MasteryTrack*, 2019. Disponível em: https://masterytrack.org/blog/. Acesso em: 8 jul. 2023.

11. O Aurora Institute oferece uma definição mais aprofundada, em sete partes, do que é aprendizagem baseada em competências. AURORA INSTITUTE. *Introduction to competency-based education*. Arlington: Aurora Institute, 2015. Disponível em: https://aurora-institute.org/event/an-introduction-to--competency-based-education/. Acesso em: 9 jul. 2023.
12. Como Stephen Kosslyn escreveu: "Os alunos aprendem de forma mais eficaz se forem solicitados a usar informações ensinadas anteriormente repetidamente durante um curso. A prática espaçada é eficaz em parte porque permite que os alunos associem diferentes contextos ao mesmo material, o que mais tarde fornece mais pistas possíveis para ajudá-los a se lembrar do material. KOSSLYN, S. M. *Active learning online*: five principles that make online courses come alive. Boston: Alinea Learning, 2020.
13. SPORTS skills: the 7 sports skills steps you must master in every sport. *WG Coaching*, [2010]. Disponível em: https://wgcoaching.com/sports-skills/. Acesso em: 9 jul. 2023.
14. Ver o perfil de qualificações de grau em: CONNECTING credentials: building a system for communicating about and connecting diverse credentials. Indianapolis: Lumina Foundation, 2015. Disponível em: https://connectingcredentials.org/wp-content/uploads/2015/05/ConnectingCredentials-4-29-30.pdf. Acesso em: 9 jul. 2023.

    Ver também EUROPEAN Qualifications Framework. *In*: *Wikipedia*. [S. l.: s. n.], 2023. Disponível em: https://en.wikipedia.org/wiki/European_Qualifications_Framework. Acesso em: 9 jul. 2023.

    Para ser claro, essa estrutura não está em desacordo com a noção de domínio de Ellis sendo essencialmente binária, já que cada um desses níveis representa seu próprio objetivo de aprendizado distinto, em que uma pessoa ou já cruzou o limiar do domínio ou ainda não.
15. HORN, M. *The small-group learning advantage*. [S. l.: s. n.], 2021. 1 vídeo (30 min). Publicado pelo canal Michael Horn, 22 out. 2021. Disponível em: https://www.youtube.com/watch?v=EEvxOs7_mQI&t=4s. Acesso em: 9 jul. 2023.
16. De fato, como Daniel Buck resumiu em uma pesquisa para o Thomas B. Fordham Institute, a pesquisa sobre aprendizagem baseada em projetos permanece fraca. Parte disso é porque conseguir incorporar bem os projetos é um desafio. O desenvolvimento adequado de um projeto para um determinado aluno é fundamental. E só porque você está fazendo um projeto ou aprendendo algo no contexto de uma questão ou problema maior não significa que começar com a instrução direta primeiro, de um computador ou professor, não seja importante. Para um aprendiz iniciante, geralmente é. BUCK, D. Sorry edutopia, the research base on project-based learning remains weak.

Thomas B. Fordham Institute, 2021. Disponível em: https://fordhaminstitute.org/national/commentary/sorry-edutopia-research-base-project-based-learning-remains-weak. Acesso em: 9 jul. 2023.

Doug Lemov também escreveu especificamente sobre como a aprendizagem baseada em projetos pode funcionar bem para especialistas, mas ser um arranjo ruim para alunos que estão começando a aprender algo. LEMOV, D. Op-ed: pandemic learning loss is real. schools must follow the science to make up for it. *Los Angeles Times*, 6 out. 2021. Disponível em: https://www.latimes.com/opinion/story/2021-10-06/schools-must-follow-the-science-to-make-up-for-pandemic-learning-loss. Acesso em: 9 jul. 2023.

17. HABER, J. *Critical thinking*. Cambridge: MIT, 2020. cap. 3.
18. De acordo com um estudo de Christian J. Grandzol e John R. Grandzol (ambos da Bloomsburg University of Pennsylvania) intitulado "Interaction in online courses: more is NOT always better", "a teoria cognitiva sugere que uma maior interação em ambientes de aprendizagem leva a melhores resultados de aprendizagem e a uma maior satisfação do aluno.

    [...] Usando uma amostra de 359 cursos de negócios *on-line* de nível superior, investigamos as matrículas nos cursos, o tempo gasto pelos alunos e professores em interação e as taxas de conclusão dos cursos.

    [...] Nossas principais descobertas indicam que o aumento dos níveis de interação, medido pelo tempo gasto, realmente diminui as taxas de conclusão do curso. Esse resultado é contrário à teoria predominante do *design* do currículo e sugere que o aumento da interação pode realmente diminuir a reputação e o crescimento desejados do programa. Cientistas cognitivos sugerem que isso faz sentido. Como novatos em um campo, temos informações limitadas armazenadas na memória sobre um tópico, o que significa que nossa capacidade de memória de trabalho é preenchida com detalhes do que estamos aprendendo. Ou seja, há pouco espaço para realizar um trabalho difícil e que não seja familiar. Trabalhar com outras pessoas, em especial amigos e colegas, provavelmente ocupa ainda mais espaço na memória de trabalho, o que sobrecarregaria a capacidade de nos concentrarmos no conhecimento e nas habilidades fundamentais que estamos tentando dominar.

    HORN, M. B. More interaction in online courses isn't always better. *Clayton Christensen Institute*, 2010. Disponível em: https://www.christenseninstitute.org/blog/more-interaction-in-online-courses-isnt-always-better/. Acesso em: 9 jul. 2023.
19. Essa é uma das razões pelas quais as avaliações referenciadas por critérios que avaliam os alunos em relação a um objetivo de aprendizagem claro, em vez das referenciadas por normas que avaliam os alunos em relação aos seus pares, são preferíveis.

20. BRUNI, F. *Where you go is not who you'll be*: an antidotete to the college admissions mania. New York: Grand Central Publishing, 2016.
21. GUTKIN, L. The insufferable hubris of the well-credentialed. *The Chronicle of Higher Education*, 2020. Disponível em: https://www.chronicle.com/article/the-insufferable-hubris-of-the-well-credentialed?cid=gen_sign_in&cid2=-gen_login_refresh. Acesso em: 9 jul. 2023.
22. HELP! My child and i are overwhelmed. *Class Disrupted*, 6 ep., 1 temp., 2020. Disponível em: https://www.the74million.org/article/listen-class-disrupted-podcast-episode-6-help-my-child-and-i-are-overwhelmed/. Acesso em: 9 jul. 2023.
23. O'NEILL, D. F. *Survival of the fit*: how physical education asets academic achievement and a healthy life. New York: Teachers College Press, 2021.
24. HORN, M. B. How this school 's fitness is a good model for all learning. *MichaelBHorn*, 2021. Disponível em: https://michaelbhorn.substack.com/p/how-this-schools-fitness-is-a-good. Acesso em: 9 jul. 2023.
25. Embora possa parecer estranha para aqueles que não viram uma aula desse tipo, uma aula de educação física *on-line* de alta qualidade realiza a mesma coisa e se concentra em garantir que os alunos construam hábitos saudáveis diários.
26. ARNETT, T. Carpe diem: convert pandemic struggles into student-centered learning. *Clayton Christensen Institute*, 2021. Disponível em: https://www.christenseninstitute.org/wp-content/uploads/2021/08/Carpe-Diem.pdf. Acesso em: 9 jul. 2023.
27. KOH, Y. Lessons from remote school, captured by twin sisters who pulled through. *Wall Street Journal*, 14 maio 2021. Disponível em: https://www.wsj.com/articles/twin-sisters-lean-on-each-other-to-survive-a-year-of-remote-learning-11621001883. Acesso em: 9 jul. 2023.
28. O'DONNELL, P. Helping students learn at their own pace: why some Ohio schools are adopting a 'mastery' approach in hopes of closing COVID learning gaps. *The 74*, 2021. Disponível em: https://www.the74million.org/article/helping-students-learn-at-their-own-pace-why-some-ohio-schools-are-adopting-a-mastery-approach-in-hopes-of-closing-covid-learning-gaps/. Acesso em: 9 jul. 2023.
29. LAUNCH HIGH SCHOOL. Cedar City: Iron County School District, 2023. Disponível em: https://launch.irondistrict.org/. Acesso em: 9 jul. 2023.
30. KOH, Y. How schools are rewriting the rules on class time for students: and even ditching grade levels. *Wall Street Journal*, 9 ago. 2021. Disponível em: https://www.wsj.com/articles/how-schools-are-rewriting-the-rules-on-class-time-

for-studentsand-even-ditching-grade-levels-11628517648?mod=article_inline. Acesso em: 9 jul. 2023.

31. THE CANOPY PROJECT. *Research*. [*S. l.: s. n.*], 2023. Disponível em: https://canopyschools.transcendeducation.org/research. Acesso em: 11 jul. 2023.

32. LEVINE, E. Strong evidence of competency-based education 's effectiveness from Lindsay Unified School District. *Aurora Institute*, 2020. Disponível em: https://aurora-institute.org/cw_post/strong-evidence-of-competency-based-educations-effectiveness-from-lindsay-unified-school-district/. Acesso em: 11 jul. 2023.

    SOMMER, B.; NCHISE, A. Building solid evidence: it's working at Lindsay Unified. *Lindsay Unified School District*, [2021]. Disponível em: https://drive.google.com/file/d/0B6QRjuxlEcioUmUtSVNIQnRaelZ6al8yN1V1eld6R0R5cUc4/view?resourcekey=0-K-LWvBybeTgtnDVLIx5_Vw. Acesso em: 11 jul. 2023.

    AVALLONE, A. A decade on: Lindsay Unified's personalized learning journey. *Education Week*, 2018. Disponível em: https://www.edweek.org/leadership/opinion-a-decade-on-lindsayunifieds-personalized-learning-journey/2018/09. Acesso em: 11 jul. 2023.

33. HAWKINS, B. With up to 9 grade levels per class, can schools handle the fallout from covid's k-shaped recession?. *The 74*, 2021. Disponível em: https://www.the74million.org/article/with-up-to-9-grade-levels-per-class-can-schools-handle-the-fallout-from-covids-k-shaped-recession/. Acesso em: 11 jul. 2023.

    HAWKINS, B. New research predicts steep COVID learning losses will widen alrama alramatic achievement gaps within classrooms. *The 74*, 9 jun. 2020. Disponível em: https://www.the74million.org/article/new-research-predicts-steep-covid-learning-losses-will-widen-already-dramatic-achievement-gaps-within-classrooms/. Acesso em: 11 jul. 2023.

34. HORN, M. B. Don 't just flip the classroom, flip the school day. *Forbes*, 2019. Disponível em: https://www.forbes.com/sites/michaelhorn/2019/10/10/dont-just-flip-the-classroom-flip-the-school-day/?sh=2e35702f6dfb. Acesso em: 11 jul. 2023.

35. KLASS, P. The science of adolescent sleep. *New York Times*, 22 mai. 2017. Disponível em: https://www.nytimes.com/2017/05/22/well/family/the-science-of-adolescent-sleep.html. Acesso em: 11 jul. 2023.

36. PETRILLI, M. J. Half-time high school may be just what students need. *Fordham Institute*, 2020. Disponível em: https://fordhaminstitute.org/national/commentary/half-time-high-school-may-be-just-what-students-need. Acesso em: 11 jul. 2023.

37. HORN, M. B. Maintaining engagement during remote learning. *MichaelBHorn*, 20 jan. 2020. Disponível em: https://michaelbhorn.substack.com/p/maintaining-engagement-during-remote?utm_sq=gmz33hib55. Acesso em: 11 jul. 2023.

6

O "e" da palavra "educadores" é o mesmo "e" de "equipe"

A Sra. Alvera não gostou de ter que chamar a atenção de Júlia e de Jeremy na frente da turma. Ela não se sentiu bem com isso. E tinha certeza de que esses alunos também não tinham se sentido bem ou mais motivados para aprender com essa atitude.

Mas o que ela deveria fazer?

Ela examinou os rostos de seus alunos na sala de aula. Vinte e cinco pares de olhos estavam encarando-a. A maioria deles, pelo menos.

"Lá vamos nós de novo", ela pensou.

Durante a maior parte do ano letivo de 2020, ela não esteve pessoalmente com seus alunos. E então o ano seguinte trouxe muitas interrupções, pois alunos diferentes tiveram que ficar em quarentena e ter aulas remotamente em momentos diferentes. Iniciar esse ano letivo com uma sala de aula cheia fazia com que ela se sentisse como quando estava começando a dar aulas. Parecia que ela tinha sido jogada no fundo de uma piscina e deixada para afundar ou nadar sozinha.

Na época, parecia solitário, e agora também.

Isso foi um tanto surpreendente. Apesar do isolamento físico da pandemia, de certa forma ela nunca se sentiu tão conectada com seus colegas professores. Eles trabalharam juntos e dividiram certas tarefas, como dar aulas, responder a perguntas de alunos e pais em diferentes horas do dia e da noite, planejar aulas, adaptar aulas para formatos digitais e escolher um bom currículo digi-

tal, entre outras. Além disso, com a mudança temporária da escola para a aprendizagem baseada no domínio durante a pandemia e o abandono das notas usando letras de A a F, pela primeira vez ela sentiu que não estava julgando seus alunos, comparando-os uns com os outros; em vez disso, estava buscando ver todos dominarem o conhecimento e as habilidades principais do currículo do 5º ano.

Mesmo agora, enquanto olhava para as crianças sentadas nas fileiras de mesas, sua mente estava especulando inconscientemente sobre quem eram seus alunos nota A — e quais eram os alunos nota B, C e D. Jeremy estava caindo rápido nessa escala, e ela também não tinha certeza do que pensar sobre Júlia.

É claro que as aulas remotas não eram um mar de rosas. Longe disso. Mas, enquanto se preparava para mais um ano, ela se perguntava por que não podia manter alguns dos truques que havia aprendido durante a pandemia. Pelo menos enquanto 50 olhos a encaravam e ela se preparava para fazer a transição de história para ciências, ela não se importaria de ter outro professor ao seu lado.

* * *

O ensino nas escolas durante a pandemia inquestionavelmente afetou não apenas muitos estudantes, mas também muitos professores. Depois dos anos letivos de 2020 e 2021, cerca de 25% dos professores, de acordo com a RAND Corporation, relataram que estavam considerando se demitir.

Mas, mesmo antes da pandemia, a cada ano aproximadamente 17% dos professores relatavam que provavelmente deixariam a profissão.[1] Além disso, 30% dos graduados universitários que se tornam professores normalmente deixam a profissão dentro de seis anos. Essa é a quinta maior rotatividade entre diferentes profissões. Ela fica atrás de secretários, cuidadores infantis, assistentes jurídicos e agentes penitenciários — e é maior do que a de policiais e de enfermagem.[2]

Embora tenhamos discutido no Capítulo 3 como um modelo mais flexível de seleção e de distribuição de funções entre os docentes poderia ajudar as escolas, educadores e comunidades devem não apenas se perguntar como desenvolver uma educação de qualidade com uma melhor experiência no processo para os estudantes, mas também procurar tornar a profissão de professor mais viável e gratificante. Há muitos passos necessários nesse esforço. Um dos passos fundamentais é descobrir maneiras de reduzir e simplificar as muitas tarefas que fazem parte da rotina dos professores e reimaginar o ensino como um esporte em equipe — e não como algo que eles devem fazer sozinhos, mas algo que cada professor pode fazer a cada dia (ou mesmo a cada minuto) juntamente com outros colegas.

ACABANDO COM O NORMAL

Nos meses após o ano letivo de 2020, conversei com dezenas de educadores. O contexto em que estavam havia mudado de muitas maneiras. Entre elas, a forma como eles trabalhavam com os alunos na sala de aula e o que os pais viam e entendiam disso estava mais exposta do que nunca.

Isso teve muitas implicações. Uma delas é que a linguagem que antes era considerada jargão educacional agora era comum e convencional, como discutido no Capítulo 2. Os educadores expressaram um desejo de superar o foco nessas expressões.

Mas a expressão que os educadores com quem conversei[3] estavam mais cansados de ouvir era "voltar ao normal". Eles não queriam que as coisas voltassem ao normal; o que queriam era criar uma melhor experiência de ensino e aprendizagem que melhor atendesse cada um dos estudantes. Eles reconheceram que isso não estava acontecendo antes. Se aquilo era o "normal", era melhor deixá-lo para trás.

Além disso, os alunos não queriam apenas voltar à escola presencial para se divertir com seus amigos. Muitos deles estavam buscando desesperadamente conexão e apoio de seus professores.

Para atender a esses desejos, o modelo tradicional de apenas um professor para muitos alunos deve mudar. A profissão docente precisa ser repensada para criar uma rede de apoio às crianças, e não apenas auxílios isolados.

UM MELHOR USO DO TEMPO PRESENCIAL

Dada a tecnologia quase onipresente e o currículo digital que agora existe nas e para as escolas, algo que discutiremos mais no Capítulo 8, simplesmente "passar" conteúdo não é o melhor uso do tempo dos professores. Embora o conteúdo digital ainda tenha muito a melhorar, a entrega dinâmica de conteúdo para ajudar os alunos a construírem seus conhecimentos básicos não é mais o recurso escasso que já foi.

Com isso em mente, o papel do professor pode mudar para o que muitos pesquisadores da educação argumentam que eles deveriam mesmo estar fazendo, que é — adaptando uma frase do musical *Hamilton* — falar menos e ouvir mais.

Reduzir o tempo de fala dos professores para aumentar a quantidade de aprendizagem ativa dos alunos tem sido um objetivo de educadores e pesquisadores. De acordo com o professor da área da educação John Hattie, estudos sobre o tema mostram que os professores falam em média durante 70% a 80% do tempo de aula. A pesquisa do próprio Hattie sugeriu que esse número era ainda maior: 89%. Toda essa conversa não produz um bom aprendizado. Por exemplo, um estudo mostrou que o momento em que o engajamento dos alunos de ensino fundamental e médio mais caía era quando seus professores estavam falando.[4]

A questão sempre foi: o que os professores devem fazer em vez disso? Muitos apoiam fazer perguntas penetrantes, que levem os alunos a aprofundarem seus pensamentos. Mas, se os alunos estão em um ambiente de aprendizagem baseada no domínio, que é personalizado para o nível de cada um, o que mais os professores podem fazer em vez de falar e instruir a turma? Os professores com quem conversei ao longo dos anos destacaram várias ideias, incluindo as apresentadas a seguir.

- Tutoria individual ou em pequenos grupos: essa ideia aproveita os *insights* das pesquisas sobre o valor da tutoria e cria mais oportunidades para os alunos dialogarem com os professores.
- Mentoria de alunos: muitos líderes distritais e professores que adotaram o modelo de aprendizagem da Summit me disseram que a parte mais valiosa dele é a maneira como agora eles conseguem dedicar uma quantidade de tempo para que os professores façam uma mentoria com os alunos a cada semana. Mais alunos precisam de professores como mentores, não apenas para ajudá-los a construir relacionamentos positivos e se divertirem com os amigos, mas também para ajudá-los a ter sucesso na vida. A pandemia deixou claro o número de estudantes que precisavam de um mentor forte em suas vidas. Embora as escolas não substituam um pai engajado, reservar algum tempo de um educador para orientar os alunos pode ajudar.
- Facilitar e mediar conversas e projetos: discussões e diálogos têm um lugar importante nos ambientes de aprendizagem. Sem a pressão

para "passar" conteúdo, os professores podem passar mais tempo se concentrando nas perguntas que fazem, na arte de facilitar e mediar conversas[5] e na variedade de agrupamentos que eles podem aplicar para estimular essas conversas. Eles também podem tentar garantir que os projetos dos alunos tenham significado, consistência e sejam ricos em conteúdo.

- Orientar os estudantes a explorarem diferentes áreas de interesse no mundo e ajudá-los a construir paixões — seja por meio de conteúdo, seja por meio de conexões com profissionais fora da escola — pode abrir caminhos que eles nunca teriam imaginado.

- Curadoria de recursos: Robert Pondiscio,[6] um pesquisador da área de educação e ex-professor, argumenta que os professores não devem passar a maior parte do tempo montando currículos. Eles não são treinados como *designers* instrucionais, ao passo que outras pessoas o são. Mas, quando os estudantes têm dificuldades para compreender conceitos fundamentais, os professores têm um papel importante a desempenhar na busca de outras maneiras de explicar esses conceitos ou preencher lacunas no conhecimento prévio desses alunos. Os professores não precisam criar o material curricular para explicar conceitos ou mal-entendidos. Há uma abundância de recursos de aprendizagem de alta qualidade no mundo que eles podem criar para os alunos a fim de que eles aprendam seguindo um currículo coerente.

- Avaliar e oferecer *feedback* oportuno sobre o trabalho dos alunos: uma das coisas que os professores têm mais dificuldade de encontrar tempo para fazer é dar um *feedback* robusto e oportuno aos alunos para que eles possam melhorar seu desempenho e aprofundar sua compreensão dos conceitos. Dado que o *feedback* é uma das partes mais críticas da aprendizagem, criar mais tempo para ele no cotidiano de um professor oferece um enorme valor para os alunos — e é necessário para facilitar a aprendizagem baseada no domínio, bem como o desenvolvimento de bons projetos.

- Fazer o que chamamos de mineração de dados: uma das expressões mais repetidas na educação é "instrução baseada em dados". Os dados podem ser usados pelos professores para garantir que estão ajudando os alunos com o suporte de que precisam no momento em que precisam dele, bem como para criar grupos dinâmicos de alunos. Há momentos em que ter um grupo homogêneo de estudantes aprendendo em um mesmo nível é o ideal. E há outros momentos em que um grupo heterogêneo de estudantes é o ideal para que os alunos em diferentes níveis possam ensinar e aprender uns com os outros, ou para que aqueles com diferentes conhecimentos possam se envolver em uma conversa e complementar os pontos fortes uns dos outros.

- Dar orientações e apoio: conforme discutido no Capítulo 3, um grande número de alunos teve importantes desafios sociais e emocionais que demandavam atenção antes mesmo da pandemia. Com a pandemia, essa necessidade aumentou significativamente. Apoiar os estudantes como parte da rotina diária deles é fundamental para que eles aprendam. Muitos professores já foram empurrados para esse papel, particularmente durante e depois da pandemia. Dado que hoje a proporção média de orientadores educacionais para alunos é de aproximadamente 464 para 1, os educadores passam a ter um papel importante nesse sentido, visto que têm muito mais interação diária com esses alunos, o que é importante para criar uma rede de apoio melhor para os estudantes.

Muitos observarão corretamente que os professores não foram treinados para algumas dessas tarefas. Mas o ponto é que, se a entrega de conteúdo não for o papel principal de um professor, as escolas poderão começar a reimaginar o que os educadores devem fazer, no que devem ser treinados e quem deve preencher esses diferentes papéis.

NENHUM PROFESSOR DEVE FAZER TODAS ESSAS ATIVIDADES

Ler essa lista é assustador porque não é apenas uma lista de coisas que os professores poderiam fazer com o tempo ganho. É também uma lista de coisas que muitos alunos precisam que os adultos ao seu redor façam para eles terem sucesso.

No entanto, para que um único professor faça todo esse trabalho bem-feito e de uma só vez, ele deve agir como um super-herói — que é o que estamos pedindo que muitos deles façam hoje em dia. Muitos professores assumem habilmente esse papel.

Mas criar um emprego em que os professores devem servir como super-heróis é repleto de estresse e, na melhor das hipóteses, insustentável, além de ser um caminho para o fracasso para muitos. Pedir aos professores que façam coisas para as quais não foram treinados também cria riscos negativos para os estudantes.[7] É o mesmo problema que aparece no documentário *Esperando pelo Super-Ho*. Se a única maneira para que todos os alunos realizem seu potencial é com uma alta porcentagem dos 3,8 milhões de professores em todo o país conseguindo desempenhar todos ou muitos desses papéis com sucesso, isso não vai acontecer, porque é um trabalho impossível de ser feito em escala. Como Pondiscio escreveu de forma memorável ao descrever uma das razões pelas quais os professores não devem construir os currículos:

> [Fazer com que os professores construam e selecionem currículos é] como esperar que o garçom do seu restaurante favorito sirva sua refeição com atenção enquanto simultaneamente cozinha para 25 outras pessoas — e faz todas as compras e preparações na noite anterior. Você também ficaria exausto.[6]

Embora algumas pessoas tenham feito exatamente isso durante a pandemia, essa não é uma receita para o sucesso.

Esse era o caso dos professores antes da pandemia. Pode-se argumentar que é ainda mais difícil agora, dadas as várias experiências que os alunos tiveram desde a pandemia. A tecnologia que tira a entrega de conteúdo das costas dos professores pode ajudar, mas isso não é o suficiente.

ENSINAR POR MEIO DE UMA EQUIPE DE PROFESSORES

Uma mudança que pode ajudar significativamente os professores é fazer do ensino um esporte em equipe, distribuindo diferentes funções entre todos os docentes.

Ao falar em ensino em equipe, não me refiro a colocar professores em equipes ou grupos, e mantê-los em suas salas de aula separadas, reunindo-se apenas durante períodos de planejamento coletivo ou fora dos horários de aula. As escolas fazem exatamente isso há décadas.

Em vez disso, estou me referindo ao que chamo de coensino, em que grupos de professores trabalham ativamente juntos para auxiliar grandes grupos de alunos. Há uma variedade de maneiras de realizar isso.

Criando ambientes de aprendizagem maiores e com mais professores

Criar ambientes de aprendizagem maiores ou combinar salas de aula para criar espaços de aprendizagem mais abertos e amplos são maneiras de criar o ensino em equipe. Isso tem ecos do movimento por salas de aula abertas da década de 1970, que não teve sucesso pelo fato de os educadores passarem as décadas de 1980 e 1990 caminhando para trabalhar individualmente de novo.

No entanto, existe agora uma diferença fundamental. Na década de 1970, havia uma suposição de que qualquer atividade de aprendizagem poderia ocorrer em qualquer lugar. Em outras palavras, não era preciso projetar espaços específicos para modalidades específicas de ensino. Contudo, ao tentar ser todas as coisas para todas as modalidades, os espaços deixavam a desejar em relação a qualquer uma das atividades. Além disso, na ausência de qualquer avanço tecnológico, o modelo dominante de instrução ainda era um professor falando para sua turma, o que produzia ruídos que poderiam perturbar uma aula ou atividade silenciosa ao lado. O uso da tecnologia pode mudar essa dinâmica, porque pode eliminar a instrução simultânea de uma turma inteira. Ainda assim, é importante lembrar que os espaços em novas escolas podem precisar ser construídos com propósitos determinados, e não para serem de natureza universal.

Dito isso, uma vez que tenhamos um ambiente de aprendizagem maior, com mais professores e alunos, vamos permitir que os professores ressignifiquem seus papéis de várias maneiras — e ajudaremos a eliminar a solidão no trabalho que certos professores como a Sra. Alvera sentem.

Como exemplo, imagine um ambiente de aprendizagem com três ou quatro educadores, sendo que um deles gosta de analisar os dados produzidos sobre a aprendizagem de cada um dos alunos. Nesse ambiente, ele pode se concentrar em dados e avaliações e no que fazer com esses dados, como agrupar as crianças de maneiras diferentes ou dar um *feedback* rápido. Já outro professor não gosta de analisar esses dados, mas gosta de desempenhar um papel de mentor, conselheiro, assistente social e facilitador. Um terceiro pode querer tutorias e facilitar os projetos que os alunos estão desenvolvendo, organizando a apresentação dos projetos para toda a comunidade escolar. A qualquer momento, um dos professores pode assumir o papel de especialista em uma área de conhecimento específica, passando a ensinar algo para os estudantes, considerando o que os alunos estão aprendendo. Existem várias outras funções que os professores podem assumir para criar uma rede de apoio e orientação para os estudantes ao mesmo tempo que aliviam a carga de trabalho que fazem sozinhos.

Permitir que os educadores se especializem também possibilita que eles dominem áreas de ensino pelas quais têm paixão. Eles também podem gastar menos tempo nas áreas de que gostam menos ou em que são menos talentosos. Isso pode servir para uma área específica de especialização em conteúdo ou uma função específica relacionada ao ensino e à aprendizagem.

Criar ambientes como esse pode favorecer o surgimento de funções docentes com papéis menos estruturados e especializados que permitem um trabalho coletivo. Esse é o objetivo de desenvolver uma rede de apoio para seus alunos e entre os próprios docentes.

Existem várias formas de como isso pode acontecer.

No distrito escolar das Elizabeth Public Schools, em Nova Jersey, cinco escolas criaram espaços abertos de cerca de 300 metros quadrados, além de uma área de formação de professores. Elas implementaram o Teach to One, um modelo de educação que a organização sem fins lucrativos New Classrooms desenvolveu para personalizar o ensino de matemática para alunos do ensino médio.[8] No modelo, cada aluno recebe uma lista de reprodução individualizada de materiais de aprendizagem a cada dia — o conjunto de atividades e conceitos em que cada aluno trabalha se baseia em suas necessidades. Enquanto os alunos percorrem uma variedade de modalidades para aprender, desde trabalhos *on-line* independentes até aprendizagem em grupo ou instrução tradicional feita por professores,[9] os professores fazem tudo, desde o ensino tradicional até a tutoria e o monitoramento de como cada aluno está se saindo em suas modalidades atribuídas.

A Summit Public Schools oferece outro exemplo. Vários professores com uma variedade de funções trabalham juntos em grandes estúdios de aprendizagem com grandes grupos de alunos. Os professores da Summit assumem várias funções diferentes, desde especialistas no assunto até mentores e treinadores. Eles trabalham uns com os outros em um ambiente que espelha os ambientes de escritório aberto das empresas nas áreas circundantes da área da baía de São Francisco, na Califórnia.

Embora os modelos de aprendizagem Summit e Teach to One sejam relativamente novos e façam uso extensivo da tecnologia digital, a noção de ter vários professores trabalhando com os alunos não é nova. Durante décadas, as escolas Montessori, desenvolvidas originalmente na Itália por Maria Montessori, tiveram dois professores trabalhando com alunos de várias idades em um ambiente de aprendizagem preparado. De acordo com Montessori, o tamanho ideal para um ambiente de aprendizagem é de 28 a 35 alunos (ou até mais) com dois educadores.[10]

Para a maioria dos professores e pais, a ideia de uma turma maior ser melhor é contraintuitiva. Mas como os alunos fazem trabalhos autodirigidos, seja de forma independente ou em pequenos grupos, os professores podem usar seu tempo observando-os e avaliando-os, conduzindo o aprendizado deles gentilmente e ensinando com instrução direta em pequenos grupos. Ter dois professores no ambiente permite que eles trabalhem uns com os outros e se certifiquem de servir cada aluno com o que ele precisa. Embora as salas de aula Montessori não sejam tipicamente vistas como tendo "tecnologia", elas na verdade têm muita tecnologia. Acontece que essa tecnologia não está necessariamente na variedade digital. Ela está na forma do currículo, que faz uso de materiais concretos, que os alunos podem usar para impulsionar o aprendizado.

De acordo com um relatório do Fordham Institute, durante o ensino remoto, as escolas que adotaram uma abordagem de desenvolver os conteúdos do currículo trabalhando em equipes se saíram melhor do que aquelas que não o fizeram. Em redes de escolas *charter*,* como, por exemplo, a Achievement First, as DSST Public Schools e a Success Academy, alguns professores planejaram aulas para todas as escolas das redes, já outros professores gravaram as lições em vídeos e outros professores usaram seu tempo avaliando e oferecendo *feedback* aos alunos. Outros, ainda, se concentraram nos aspectos assistenciais e de tutores do ensino. Eles conferiram a situação com as famílias e fizeram chamadas de vídeo individuais com os alunos. A divisão do trabalho, relatou o Fordham, "permitiu que as redes designassem professores de acordo com suas habilidades, pontos fortes, interesses e

---

* N. de R.T. Escolas *charter* são escolas mantidas com recursos públicos, mas cuja gestão é privada. Elas surgiram por volta de 1980 a partir da ideia de que grupos de professores poderiam ser reunir para formar uma instituição de ensino para acolher alunos que fracassavam em escolas regulares. A partir desse novo contexto, fez-se necessário modificar a forma de administração dessas instituições para dar mais liberdade de investimentos e ação para a construção de uma educação diferente das demais escolas. Nesse sentido, a administração e a gestão financeira passaram a se diferenciar das outras escolas regulares.

experiência, ao mesmo tempo que permitiu que os professores mais próximos dos alunos os acompanhassem em grupos e individualmente".

Isso pode assumir diferentes formas. Na Success Academy, por exemplo, um professor ensinou 125 alunos em sessões síncronas. Os outros professores revisaram o trabalho dos alunos, forneceram *feedback* individualizado, ficavam disponíveis durante o horário de trabalho e verificavam a presença. Para as DSST, enquanto um professor facilitava a sessão de aprendizagem *on-line*, outro gerenciava a tecnologia e o bate-papo. A chave para tudo isso foi ter um currículo comum com objetivos de aprendizagem claramente definidos — assim como o tinham as Elizabeth Public Schools, por meio de sua parceria com o Teach to One, a Summit Public Schools e as escolas Montessori. Isso tira o desenvolvimento do currículo das costas dos professores e permite que eles colaborem.[11]

Teach to One, usado nas Elizabeth Public Schools:
https://www.youtube.com/watch?v=L5qlgyCN-DU
https://www.youtube.com/watch?v=3fivglflHbo

Líderes de múltiplas salas de aula

Existe outra abordagem para criar ambientes de ensino colaborativo que podem ser mais fáceis de serem implementados por outras escolas. Derrubar todas as paredes de uma escola para criar ambientes de aprendizagem maiores ou ter recursos financeiros para contratar vários professores não são coisas possíveis em muitas das realidades. Uma alternativa para isso é criar o que chamamos de líderes de múltiplas salas de aula.

A Public Impact, uma consultoria de educação, por meio do trabalho com seu projeto Opportunity Culture, fez muitas pesquisas sobre modelos que buscam inovar na contratação e seleção de professores, investigando os novos papéis que eles podem assumir. Essas pesquisas são parte de um esforço para reestruturar as escolas para "[...] estender o alcance de excelentes professores, diretores e suas equipes a mais alunos, com um salário maior e dentro de orçamentos escolares realistas".[12] Um princípio central desse trabalho é a criação de uma nova posição, chamada "líder de múltiplas salas de aula" (MCL, do inglês *multi-classroom leader*).

O MCL lidera uma equipe de professores. Ele fornece orientação e treinamento frequentes dentro do próprio trabalho; "coensina" conceitos específicos para mostrar a outros professores como é possível modelar um determinado assunto que será apresentado aos alunos; elabora e seleciona os conceitos que podem fazer parte do planejamento de aulas para os professores; analisa dados sobre a aprendizagem dos estudantes e elabora relatórios para os professores; pode ensinar pequenos grupos de alunos, o que pode ajudar os professores a fornecerem *feedback* personalizado aos alunos desses grupos.

Há, ainda, um benefício adicional com relação à gestão das escolas.[13] Em uma escola de anos iniciais do ensino fundamental, o gestor pedagógico pode ter pelo menos 20 subordinados diretos, se imaginarmos que cada professor essencialmente se reporta ao diretor da escola como um líder instrucional, com quem discutirá o que ensinar e como ensinar. Ao instituir uma estrutura de MCLs, cada líder se reporta ao diretor. Os demais professores se reportam aos líderes. Isso simplifica o trabalho do gestor pedagógico, pois muitos estudos sugerem que o número ideal de subordinados diretos para alguém que lidera uma equipe gira em torno de sete.[14] Isso também significa que os professores podem receber *feedbacks* e treinamentos de um especialista de forma direta e mais frequente, algo que pode ser difícil de fazer em uma escola que funciona da forma convencional, da forma como estamos acostumados a encontrar.

A Ranson IB Middle School, no distrito escolar de Charlotte-Mecklenburg, na Carolina do Norte, foi uma das primeiras no país a adotar a estrutura Opportunity Culture. Mesmo sendo uma escola pobre e que passava por muitas dificuldades, depois de implementar o modelo MCL a Ranson experimentou o maior crescimento no desempenho dos alunos entre as escolas distritais que recebiam maior auxílio do governo na Carolina do Norte. Os professores que assumem o papel de MCLs, como Okema Owens Simpson, uma MCL do 7º ano da disciplina de artes da língua inglesa (ELA, do inglês *english language arts*), normalmente supervisionam outros três professores de disciplina. Okema, por sua vez, é responsável pelo desempenho dos 275 alunos desses professores. Por causa da estrutura, ela é capaz não apenas de tirar algum trabalho das costas dos professores que ela supervisiona, mas também de assistir suas aulas regularmente e fornecer sugestões para melhorar a forma como ensinam, — sendo possível fazer isso até pelo menos três vezes por semana.[15] Pesquisas independentes da Brookings

Institution sugeriram que esse modelo de MCLs produz melhorias no aprendizado estatisticamente significativas na disciplina de matemática, com base em dados dos três maiores distritos escolares que implementaram esse modelo na época: Charlotte-Mecklenberg e Cabarrus County Schools, na Carolina do Norte, e de Syracuse, em Nova York.[16]

De forma mais geral, a pesquisa do Clayton Christensen Institute mostra como é importante para os alunos ter uma forte rede de apoio em torno deles. Ao fazer um balanço sobre a aprendizagem dos alunos, as escolas podem intencionalmente construir uma equipe única de apoio para cada criança. Essa equipe incluiria conexões profissionais e mentores, além de possibilitar o uso de recursos digitais que poderiam beneficiar os estudantes de forma a conectá-los com outras pessoas.[17]

Ranson IB Middle School:
https://www.opportunityculture.org/2017/11/28/days-in-the-life-mcl-video/

CRIANDO AÇÕES PARA DIMINUIR A CARGA DE TRABALHO DOS PROFESSORES

Há uma tendência comum em muitas dessas ideias: diminuir a carga de trabalho dos professores para dar a eles maiores e melhores condições de ter sucesso com os alunos e garantir que os alunos tenham uma rede de apoio mais forte.[18]

Por exemplo, a aprendizagem *on-line* deve facilitar a disponibilização e entrega de conteúdos para os alunos, diminuindo drasticamente a quantidade de trabalho dos professores.

Empregar a aprendizagem baseada no domínio, que permite que os alunos progridam em seu próprio ritmo, implica que deve haver um currículo completo em vigor. Isso significa que os professores não precisam eles mesmos criar ou fazer a curadoria do currículo principal, assim como Pondiscio recomenda. Lembre-se de como a Summit desenvolveu uma forma completa de trabalhar o currículo, recomendando uma sequência que os alunos deveriam seguir associada a recursos diferentes para determinados conteúdos que abordavam todas as habilidades e competências que um aluno deve dominar. Isso significa que os professores não precisam necessariamente planejar as aulas previamente. Os modelos Teach to One e Montessori funcionam da mesma maneira. Isso não diminui a profissionalização dos professores; ela a reforça. Em outras profissões, do direito até a medicina, existe uma variedade de papéis que têm responsabilidades diferentes para garantir que cada profissional consiga exercer sua função com excelência e maior rendimento.

Nesse sentido, fazer com que os alunos façam mais coisas de forma autônoma — como ocorre nos modelos Summit e Montessori — diminui a quantidade de trabalho dos professores. O que é interessante é que as escolas que já implementaram esses modelos de ensino não foram as únicas que se saíram melhor durante a pandemia. Outras escolas que se saíram bem foram aquelas que, antes da pandemia, priorizaram ensinar seus alunos a saber agir como corresponsáveis pelo seu próprio aprendizado, escolas que sempre valorizaram o desenvolvimento da autonomia responsável perante o desenvolvimento do próprio conhecimento. Por quê? Enquanto para alguns era difícil receber instruções dos professores sobre o que fazer quando as escolas se esforçavam para realizar a transição para as aulas *on-line*, os alunos que já sabiam o que fazer e como tomar suas próprias decisões de aprendizagem — e já conheciam o currículo à frente deles — não perderam o ritmo. As escolas que usaram a Summit Learning Platform, bem como aquelas em distritos como o de Menlo Park, na Califórnia, que estavam usando a plataforma Altitude Learning para ajudar a gerenciar seu currículo, se beneficiaram dessa abordagem.

Como disse Brian Greenberg, fundador e CEO do Silicon Schools Fund, por muitas décadas já se sabe que temos mais de 3 milhões de professores e cerca de 50 milhões de alunos, que representam nosso sistema escolar amplo e descentralizado. Historicamente, muitas vezes há culpabilização dos professores pela qualidade da educação oferecida aos alunos. Mas e se, em vez de fazermos isso, oferecermos condições para cada um desses mais de 50 milhões de alunos e os ensinarmos a estudar de forma autônoma em mais momentos, permitindo que sejam mais responsáveis pelo seu próprio aprendizado?[19] Se os alunos souberem gerenciar a própria aprendizagem, estabelecendo suas próprias metas, planejando como aprenderão, aprendendo, mostrando evidências de seu aprendizado, refletindo e repetindo o ciclo que discutimos no Capítulo 5, qual seria o resultado? O que mais podemos modificar no processo para potencializar o trabalho dos professores?

Criando um processo de ensino sem a necessidade de avaliar os alunos

Outra coisa que deve deixar de existir é a necessidade de os próprios professores avaliarem seus alunos.

Isso pode parecer estranho, pois é algo que normalmente subentendemos como natural do processo educacional. Normalmente, os professores são os únicos responsáveis por avaliar uma turma inteira de alunos.

Porém, podemos questionar se ser avaliado por seus próprios professores é realmente bom e eficaz para os alunos, para os professores e até mesmo para a sociedade. E se houver outras maneiras de organizar as escolas e o processo educacional para que os professores trabalhem com outros professores e estejam somente guiando, orientando e motivando seus alunos, e não os julgando?

Há amplas evidências que sugerem que devemos fazer essa reflexão.[20]

Em seu livro best-seller *Mindset: a nova psicologia do sucesso*, a professora de Stanford Carol Dweck escreveu:

> Quando os professores julgam [os alunos], [os alunos] os sabotam ao não se esforçarem. Mas quando os alunos entendem que a escola é para eles, que é uma oportunidade para eles desenvolverem suas capacidades de pensamento e raciocínio, eles não insistem em se sabotar.[21]

Por que os alunos teriam a impressão de que seus professores estão julgando-os? Porque seus professores são responsáveis por lhes dar notas, o que envolve julgar o quão bem eles se saíram em um assunto.

Em *The gift of failure*, Jessica Lahey fala sobre como os alunos aprendem mais quando suas "famílias estão envolvidas em sua educação". No entanto, em muitos casos, pais e professores tornaram-se adversários — a tal ponto que muitos professores "citam o desafio de lidar com os pais de seus alunos como a principal razão para abandonar a sala de aula". Por que existe essa tensão? Por causa das notas.

Como Lahey escreveu:

> Muitos dos meus alunos se mostram tensos ou com medo semanas antes da publicação de seus boletins, e, nos dias anteriores ao encontro dos pais com os professores, eles parecem estar indo para a forca. Mesmo quando eles adoram seus pais e respeitam seus professores, a lealdade a um atrapalha o relaciona-

mento com o outro, como se estivessem em uma negociação entre pais divorciados. Meus alunos não conseguem confiar em mim completamente enquanto eu estiver travando uma batalha com seus pais.[22]

Uma razão pela qual esse clima de tensão existe é que os alunos estão presos em um sistema de soma zero, que os pais corretamente percebem como sendo avesso ao fracasso, ou seja, que pune o aluno por errar e não oferece a oportunidade de ele aprender com seu erro. A mudança para um sistema de aprendizagem baseada no domínio, como discutimos nos Capítulos 4 e 5, permite a aceitação do fracasso como parte do processo de aprendizagem. Esse sistema reformula o fracasso como uma oportunidade de o aluno refletir sobre as razões que o levaram a cometer tal erro, aprendendo com elas e tornando-as parte de sua jornada para o sucesso.

No entanto, mesmo em um sistema de aprendizagem baseada no domínio, o sistema de avaliação baseado em notas finais dadas pelos professores é algo que ainda cria um conflito de interesses que é injusto tanto para os alunos quanto para os professores.

Como Diane Tavenner escreveu em *Prepared*:

> Os professores então têm dois trabalhos que se opõem um ao outro. Por um lado, eles são responsáveis pela aprendizagem dos estudantes... Por outro, é sua responsabilidade garantir que as notas dos alunos mostrem o que eles fizeram e avaliar os estudantes de maneira justa e ética.[23]

Esse conflito se conecta a outras razões, abordadas no Capítulo 5, o que nos leva a questionar um sistema educacional em que os professores devem avaliar seus alunos por notas que representam a aprendizagem deles.

Um exemplo é que as notas dadas pelos professores estão sujeitas à "inflação". Uma explicação para o fato de os testes padronizados permanecerem como parte da educação é que eles servem também como um controle sobre os professores que não são exigentes ou mais rigorosos com a aprendizagem de seus alunos.[24] A aprendizagem baseada no domínio não corrige essa dinâmica inerentemente. Como discutido no Capítulo 5, ela pode até exacerbá-la, porque os incentivos para supervalorizar os relatórios sobre o domínio dos alunos poderiam ser maiores.

O Capítulo 5 expôs outras razões pelas quais as notas dos professores para seus próprios alunos podem ser injustas e idiossincráticas.

Então, o que podemos fazer em relação a isso?

No ensino superior, a Western Governors University (WGU) abriu um caminho possível. A WGU é a maior universidade *on-line* baseada em competências dos Estados Unidos, pois atende mais de 100 mil alunos. Fundada em 1997, a universidade adota o desagrupamento do papel de professor com um modelo de corpo docente de cinco partes. Há três papéis do corpo docente voltados para o aluno, apresentados a seguir.

1. Mentores de programas, que são atribuídos no momento da inscrição do aluno na universidade. Eles ajudam esse aluno durante todo o seu percurso até a formatura, com uma variedade de apoios não acadêmicos.

2. Instrutores, que são especialistas no assunto que fornecem suporte acadêmico aos alunos.

3. Avaliadores, que revisam as avaliações para verificar se os estudantes demonstraram domínio.

Há também duas funções do corpo docente que são executadas nos bastidores: departamento de avaliação, formado por especialistas na criação de uma variedade de avaliações de alta qualidade que sejam válidas e confiáveis; e departamento de currículo, composto por especialistas em desenvolvimento de currículos e na ciência da aprendizagem.[25]

Ter uma equipe separada de avaliadores imparciais permite que a WGU realize algumas ações específicas para seus alunos.[26]

Primeiro, os alunos nunca poderão dizer que receberam uma nota ruim porque o professor não gostava deles, pois o departamento responsável pelas avaliações e por corrigi-las não os conhece.

Em segundo lugar, a WGU executa o trabalho de avaliação de forma mais coerente e, de forma mais geral, contra diferentes práticas de avaliação entre os membros do corpo docente. Ela garante isso fazendo com que vários membros do corpo docente avaliem um subconjunto de trabalho para estabelecer a confiabilidade entre os avaliadores. A universidade também investe na formação de seus avaliadores no que chamam de ciência da avaliação, uma habilidade que recebe pouca atenção da maioria dos professores. Como seus avaliadores se especializam, eles podem gastar mais tempo adquirindo essas habilidades e aperfeiçoando o ofício. Como resultado, embora a WGU use algumas avaliações automatizadas e pontuadas por computador, as avaliações mais significativas são tarefas complexas que avaliam o desempenho dos estudantes, em vez de avaliações que se parecem com aquelas que apareceriam em um teste padronizado e seriam objeto de desprezo dos educadores (ou das críticas de Greene no Capítulo 5).

Essas práticas vão contra o que a maioria das escolas de ensino fundamental e médio fazem hoje, em que, como escreveu Tavenner,

> [...] as notas obtidas pelos estudantes oferecem pouca consistência e informação sobre o que eles aprenderam, pois o rigor da avaliação varia de professor para professor e de escola para escola. E as notas oferecem pouco em termos de especificidade; a maioria dos pais e alguns alunos não conhecem o raciocínio por trás de uma nota.[23]

Por fim, os alunos da WGU não têm uma relação adversária com seus mentores e instrutores do programa, porque eles não os estão julgando. Em vez disso, eles estão fazendo tudo que podem para apoiar e interceder pelos alunos, para ajudá-los a alcançar o domínio de diferentes conceitos e habilidades.

Em face disso, implementar essa prática nos distritos escolares de ensino fundamental e médio parece ser muito mais difícil. Alguns distritos têm apenas um professor para uma determinada disciplina ou ano, o que significa que os distritos teriam que criar ou unir sistemas e planejamentos com outros distritos sobre como usar outros professores para avaliar seus alunos. Isso, por sua vez, significaria que os distritos precisariam de algum acordo ou combinado a respeito das competências a serem dominadas, de quais avaliações usar, da métrica usada para avaliar os alunos e de qual nível de trabalho constitui qual nota correspondente — ou, melhor ainda, demonstra domínio.

Mesmo assim, ainda há sinais de esperança à frente. A Khan Academy, por meio de sua plataforma de tutoria Schoolhouse, oferece avaliações para certificar o domínio de certos conceitos.[27] A Graide Network oferece um *feedback* rápido dado por leitores especialistas diretamente para estudantes. Talvez isso pudesse se transformar em uma rede mais robusta de avaliação do domínio de algum conceito se as escolas mudassem para um sistema baseado no domínio, em que as avaliações fossem focadas no aprendizado.[28] E, como mencionado anteriormente, o Mastery Transcript Consortium procura facilitar essas práticas de avaliação em todas as suas escolas parceiras.

Isso requer um investimento sério em designar tempo e carga horária do professor, além de capacitação e de um desenho conjunto entre diversas esferas da educação, porque os alunos merecem escolas onde os professores são seus defensores e apoiadores, e não seus juízes e júris. Os professores merecem o mesmo.

MOTIVAÇÃO DOS PROFESSORES

Criar oportunidades de ensinar por equipes de professores e oportunidades para os professores avançarem em suas áreas de especialização — e eliminar as tarefas que lhes trazem menos alegria e satisfação — é um conjunto de ideias que tornaria a profissão docente mais sustentável e daria aos estudantes mais apoio. Isso tem respaldo em pesquisas realizadas sobre como melhorar a motivação desses profissionais em seu trabalho.

Em 1968, Frederick Herzberg publicou algumas pesquisas mostrando que é possível amar e odiar seu trabalho ao mesmo tempo.[29]

Isso é possível porque dois conjuntos de fatores afetam como as pessoas se sentem em relação a seus trabalhos. O primeiro conjunto, chamado de "fatores de higiene", tem influência sobre a insatisfação dos funcionários com seus empregos. O segundo conjunto, chamado de "motivadores", determina até que ponto os funcionários amam seus empregos. É importante notar que, no esquema de categorização de Herzberg, o oposto da insatisfação no trabalho não é a satisfação no trabalho, mas apenas a *ausência* de insatisfação. Da mesma forma, o oposto de amar o seu trabalho não é odiá-lo, mas a *ausência* de amá-lo.

Para ajudar a eliminar a insatisfação, Herzberg descobriu que era importante abordar os fatores de higiene, que estão listados aqui em sua ordem de impacto na insatisfação no trabalho (do mais alto para o mais baixo):

- política e administração da empresa;
- supervisão;
- relacionamento com o supervisor;
- condições de trabalho;
- salário;
- relação com os pares;

- vida pessoal;
- relacionamento com subordinados;
- *status*;
- segurança.

Mas, para deixar alguém satisfeito em seu trabalho, é preciso tornar o trabalho mais motivador ou, na linguagem de Herzberg, usar motivadores. Os motivadores estão listados aqui em ordem de seu impacto na satisfação (do mais alto para o mais baixo):

- realização;
- reconhecimento;
- o trabalho em si;
- responsabilidade;
- avanço;
- crescimento.

O que isso significa?

Permitir que os funcionários tenham objetivos a serem alcançados, ganhem reconhecimento, exerçam responsabilidade e tenham um plano de carreira provavelmente vai motivá-los mais do que os níveis salariais ou o tempo de férias. Porém, inversamente, esses outros fatores podem deixar as pessoas insatisfeitas com seus empregos. Dito de outra forma, para fazer com que os professores tenham um melhor desempenho em seus trabalhos, as escolas devem trabalhar para melhorar os motivadores. Incentivos financeiros e similares não farão muito. Mas, para evitar que os professores saiam por causa de insatisfação, as escolas precisam garantir fatores de higiene adequados.

O que é interessante é que o trabalho tradicional do professor carece de muitos dos motivadores.

Os professores geralmente trabalham isolados de outros adultos, o que significa que há pouca ou nenhuma oportunidade de reconhecimento por seus esforços.

Também não há um plano de carreira real para professores em escolas e distritos tradicionais. As oportunidades para aumento de responsabilidades e de avanço na carreira são escassas. Além de se tornar chefe de um departamento, a única outra maneira de a maioria dos professores subir nessa linha de trabalho é, na verdade, parar de ensinar para que possam ser "promovidos" a um trabalho administrativo.

Além de *workshops* ocasionais ou programas de treinamento obrigatórios, os professores têm oportunidades limitadas de crescimento no trabalho após os primeiros anos.

No entanto, entre criar líderes de múltiplas salas de aula e permitir que as pessoas se especializem e assumam mais responsabilidades até terem seu trabalho reconhecido por seus colegas mais regularmente — até mesmo diariamente —, há muitas oportunidades para redesenhar o papel de ensino para incluir mais desses fatores motivadores, bem como melhorar os fatores de higiene que levam à insatisfação.

OS PROFESSORES ACEITARÃO A MUDANÇA?

O que estou propondo aqui é uma grande mudança. Essa mudança vai ser difícil de implementar por muitas razões. Ideias como essas muitas vezes caem por terra porque os professores não acreditam no que pessoas como eu estão propondo — mesmo que provavelmente essas ideias, uma vez estabelecidas, melhorem a satisfação de educadores, alunos e pais. Para que qualquer mudança em uma escola seja bem-sucedida, os professores dessa escola devem comprá-la e executá-la bem. É improvável que tentar impor uma mudança de cima para baixo em uma escola pública funcione.

Meus colegas Tom Arnett e Bob Moesta e eu realizamos pesquisas para entender por que os professores fazem mudanças significativas em sua prática de ensino.[30] O trabalho era semelhante a compreender a experiência dos alunos com as tarefas que deveriam executar enquanto tentam progredir.

O que descobrimos é que há quatro tarefas que devem ser executadas pelos professores quando decidem mudar a forma como que ensinam, sejam essas mudanças indo desde a implementação do aprendizado baseado em projetos e híbrido até mudanças em sua própria organização e uso do tempo para compartilhar práticas com professores na escola.

Alguns professores mudam porque são forçados a isso. Eles relatam que mudaram a forma de ensinar para não ficarem para trás no que sua escola decidiu implementar. Porém, quando isso ocorre, eles não ficam animados com a mudança que está sendo implementada.

Esse é o caso de Cindy, um pseudônimo para uma professora com quem conversamos. Antes de deixar a profissão de professora para ser uma mãe dona de casa, Cindy adorava ensinar, conhecer seus alunos e formular maneiras criativas de envolvê-los no processo de aprendizagem. Mas, quando voltou a ensinar, ela foi informada de que teria de usar computadores para dar aulas no ensino híbrido. Como uma iniciante completa em tecnologia, Cindy sentiu muita ansiedade.

Ela não desistiu de adotar novas práticas com recursos digitais, porque todo o resto da escola estava adotando a iniciativa. Ela queria mostrar a seus novos colegas que estava tentando. Cindy fez o que conseguiu e deu aulas usando ocomputador algumas vezes por semana. Mas seu esforço não demonstrava entusiasmo, o que transparecia em sua execução sem brilho.

O melhor seria implementar algo novo em uma circunstância como a de Rachel, outra professora com quem conversamos. O diretor de Rachel pediu a ela que fizesse parte de uma equipe de liderança do condado que trabalhava ensinando por meio da aprendizagem baseada em projetos, um modelo de aula sobre o qual Rachel não sabia nada. Mas, depois de cinco anos ensinando o 6º ano em sua escola, ela estava pronta para assumir um novo desafio e compartilhar suas práticas com todos os seus colegas, contribuindo com toda a escola, e não apenas com os alunos em sua sala de aula.

Professores como a Rachel — prontos para abraçar uma mudança por causa do desejo e da capacidade de contribuir com toda a escola — estavam motivados para conseguir construir um caminho juntos para melhorar a aprendizagem de todos os alunos da escola. As pessoas que experimentam esse trabalho não o "aceitam fácil" porque ficam entusiasmadas com uma iniciativa ou tecnologia específica, mas porque querem contribuir com algo para toda a escola.

Os outros dois trabalhos que nós descobrimos com nossa pesquisa ocorreram em contextos mais positivos para implementar algo novo com professores. Em um dos trabalhos, o objetivo era melhorar o envolvimento e o nível de desafio que o conteúdo a ser aprendido proporcionasse aos estudantes, tudo isso de uma maneira fácil de um professor administrar. O outro era no sentido de criar novas formas de ensinar para substituir a maneira expositiva, de forma que no processo o professor pudesse conseguir alcançar cada um de seus alunos. Tentar fazer com que alguém que se identifica mais com a primeira ideia (a de adotar novas formas de ensino para substituir o que é chamado de modelo instrucional ultrapassado) adotar a segunda ideia (a de melhorar o envolvimento e o nível de desafio das atividades propostas aos alunos) provavelmente não daria certo de jeito nenhum, porque os desejos e as ideias são diferentes de certa forma. E nenhum dos dois se importaria muito com o impacto na escola como um todo.

Por que isso importa? Compreender essas dinâmicas deve ajudar os gestores a melhor projetar e posicionar as iniciativas para atender aos objetivos de diferentes professores. Tentar fazer com que um professor faça algo muito diferente do que ele acredita e deseja, como derrubar as paredes entre sua sala de aula e as de outros dois professores para criar um espaço único entre todos, enquanto tudo que ele está tentando fazer é aumentar o engajamento de seus alunos, provavelmente não será algo confortável e desejado por ele. É possível até forçar esse professor a se movimentar e participar para que ele não se sinta deixado para trás, mas ele muito provavelmente participará com falta de entusiasmo.

Por outro lado, mostrar como uma simples troca de turmas entre as aulas poderia criar mais engajamento, permitindo que um professor exercesse seus pontos fortes com os alunos de outro professor da sala ao lado, poderia funcionar. Também poderia dar mais motivação para mais mudanças no futuro que seriam causadas a partir desse trabalho, contribuindo mais com as mudanças que a escola deseja. Investir um tempo formando os professores para que implementem as ideias desejadas e relacionadas com a aprendizagem baseada no domínio também pode ajudar a despertar a consciência de um professor para o desafio de substituir um "modelo instrucional ultrapassado".

Por sua vez, um professor que está procurando substituir um modelo instrucional ultrapassado para alcançar cada aluno provavelmente está pronto para mergulhar de cabeça imediatamente no aprendizado baseado no domínio e no ensino realizado por equipe de professores. Qualquer iniciativa que fique aquém dessa promessa radical pode levar esse professor a deixá-la de lado.

Se entendermos as circunstâncias dos professores, suas lutas, o progresso que eles desejam e o que os deixará ansiosos ou animados, teremos uma chance muito maior de progredir juntos. Isso é particularmente verdadeiro se as ideias resultarem em um trabalho de ensino mais sustentável que crie uma melhor rede de apoio para alunos e professores — e um melhor relacionamento entre professores e pais. É claro que esse progresso provavelmente será interrompido, marcado por ajustes e diferente em lugares diferentes.

Mas seria um progresso, o que é muito melhor do que o que aconteceu com tantos outros esforços de mudança que as pessoas tentaram no passado. E lembre-se: o progresso é o que as pessoas estão tentando fazer em *suas* vidas — da maneira como elas definem o progresso, que talvez seja diferente de como você o define. Então, ajude-as a ajudá-lo.

PONTOS-CHAVE

- Ensinar um conteúdo para uma turma inteira de alunos, particularmente na era atual da tecnologia quase onipresente e do currículo digital, não é o melhor uso do tempo de um professor.
- Isso deve permitir que as equipes de educadores se concentrem em outros aspectos que podem contribuir mais para o sucesso dos alunos, incluindo tutoria, mentoria, facilitação de conversas e novos projetos, além de servir como orientadores, fazendo a curadoria de recursos, avaliando os alunos, oferecendo *feedback* oportuno, produzindo e analisando dados e aconselhando.
- Nenhum professor deve fazer todas essas atividades sozinho.
- O ensino feito por uma equipe de professores oferece um caminho promissor para distribuir essas funções entre vários indivíduos.
- Uma coisa que os professores devem parar de fazer é avaliar seus próprios alunos.
- Criar oportunidades para uma equipe de professores ensinarem juntos os alunos e dar a chance aos professores de avançarem em suas áreas de especialização são ações que têm base em pesquisas sobre o que motiva as pessoas no trabalho.
- Na implementação de qualquer uma dessas mudanças, é importante garantir que elas se alinhem com a expectativa dos educadores. Quando os educadores fazem grandes mudanças em sua prática, eles procuram se adequar ao que sua escola deseja e não ficar para trás nas iniciativas adotadas, contribuir com a melhoria da educação desenvolvida pela escola, envolver e desafiar mais seus alunos de uma maneira que seja sustentável e exequível em seu trabalho ou substituir um modelo instrucional ultrapassado para alcançar cada aluno.

NOTAS

1. HESS, A. 'I feel like i was being experimented on': 1 in 4 teachers are considering quitting after this past year. *CNBC*, 2021. Disponível em: https://www.cnbc.com/2021/06/24/1-in-4-teachers-are-considering-quitting-after-this-past-year.html. Acesso em: 11 jul. 2023.
2. KAN, L. How does teacher attrition compare to other professions? *Education Next*, 2014. Disponível em: https://www.educationnext.org/teacher-attrition-compare-professions/. Acesso em: 11 jul. 2023.
3. Para esclarecer, os sentimentos desses educadores não necessariamente representam os sentimentos da profissão docente.
4. GEWERTZ, C. How much should teachers talk in the classroom? Much less, some say. *Education Week*, 2020. Disponível em: https://www.edweek.org/leadership/how-much-should-teachers-talk-in-the-classroom-much-less-some-say/2019/12. Acesso em: 11 jul. 2023.
    HATTIE, J. *Visible learning for teachers*. Nova York: Routledge, 2012.
5. As habilidades do R.E.A.L. Discussion oferecem uma maneira útil de facilitar essas discussões. DISCUSSION is a deeply human experience and uniquely human skill. Let's get tactical about teaching it. Atlanta: R.E.A.L. Discussion, 2023. Disponível em: https://www.realdiscussion.org/. Acesso em: 11 jul. 2023.
6. PONDISCIO, R. How we make teaching too hard for mere mortals. *Education Next*, 16 maio 2016. Disponível em: https://www.educationnext.org/how-we-make-teaching-too-hard-for-mere-mortals/. Acesso em: 11 jul. 2023.
7. Como escreveu Pondiscio: "A tendência de emprestar ideias e táticas da terapia traz consigo o risco de patologizar a infância e incentivar os educadores a verem as crianças, particularmente crianças de subgrupos desfavorecidos, não como indivíduos capazes e resilientes, mas como frágeis e traumatizados". PONDISCIO, R. The unexamined rise of therapeutic education: how social-emotional learning extends k–12 education 's reach into students' lives and expands teachers' roles. *American Enterprise Institute*, 13 out. 2021. Disponível em: https://www.aei.org/research-products/report/the-unexamined-rise-of-therapeutic-education-how-social-emotional-learning-extends-k-12-educations-reach-into-students-lives-and-expands-teachers-roles/. Acesso em: 11 jul. 2023.
8. DMR ARCHITECTS. *Elizabeth public schools*: implementation of teach to one: math program. New York: DMR Architects, 2023. Disponível em: https://www.dmrarchitects.com/projects/k12-education/elizabeth-public-schools-teach-to-one/. Acesso em: 12 jul. 2023.

9. READY, D. D. *et al*. Final impact results from the i3 implementation of *teach to one: math*. New York: Consortium for Policy Research in Education at Teachers College, 2019. Disponível em: https://newclassrooms.org/wp-content/uploads/Final-Impact-Results-i3-TtO.pdf. Acesso em: 12 jul. 2023.

10. ESSENTIAL characteristics of association montessori internationale (AMI) environments comprehensive description. Canada: AMI, 2023. Disponível em: https://www.ami-canada.com/essentialcomprehensive.html. Acesso em: 12 jul. 2023.

11. VANOUREK, G. Schooling COVID-19: lessons from leading charter networks from their transition to remote learning. *Thomas B. Fordham Institute*, ago. 2020. Disponível em: https://fordhaminstitute.org/national/research/schooling-covid-19-lessons-leading-charter-networks-their-transition-remote. Acesso em: 12 jul. 2023.

12. WHAT is the opportunity culture initiative? *Public Impact*, 2023. Disponível em: https://www.opportunityculture.org/what-is-an-opportunity-culture. Acesso em: 12 jul. 2023.

13. John Danner, empresário, ex-professor, investidor em empresas de tecnologia educacional e cofundador da Rocketship Public Schools, me sugeriu essa ideia pela primeira vez.

14. SCHLECKSER, J. How many direct reports should you have? Most leaders miss this critical culture element. *Inc.*, mar. 2019. Disponível em: https://www.inc.com/jim-schleckser/how-many-direct-reports-should-you-have.html. Acesso em: 12 jul. 2023.

15. THE OPPORTUNITY culture principles. *Public Impact*, 2023. Disponível em: https://www.opportunityculture.org/what-is-an-opportunity-culture/#principles. Acesso em: 12 jul. 2023.

   DAYS in the life: the work of a successful multi-classroom leader: a profile of okema owens Simpson. *Public Impact*, 2018. Disponível em: https://www.opportunityculture.org/wp-content/uploads/2017/11/MCL_Vignette_Okema_Simpson-Public_Impact.pdf. Acesso em: 12 jul. 2023.

16. BACKES, B.; HANSEN, M. Reaching further and learning more? Evaluating public impact's opportunity culture initiative. *Calder Working Paper*, n. 181, 2018. Disponível em: https://caldercenter.org/publications/reaching-f further-and-learning-more-evaluating-public-impacts-opportunity-culture. Acesso em: 12 jul. 2023.

17. FISHER, J. F.; CHARNIA, M. 5 Steps for building & strengthening students' networks. [*S. l.*]: Clayton Christensen Institute, 2021. Disponível em: https://whoyouknow.org/wp-content/uploads/2021/05/playbook.pdf. Acesso em: 12 jul. 2023.

18. Para saber mais sobre como a tecnologia e a inovação podem ajudar nesse trabalho, ver ARNETT, T. Teaching in the machine age: how innovation can make bad teachers good and good teachers better. *Clayton Christensen Institute*, dez. 2016. Disponível em: https://www.christenseninstitute.org/publications/teaching-machine-age/. Acesso em: 12 jul. 2023.

    ARNETT, T. A new framework to unlock edtech's potential for teachers. *Clayton Christensen Institute*, 2018. Disponível em: https://www.christenseninstitute.org/blog/a-new-framework-to-unlock-edtechs-potential-for-teachers. Acesso em: 12 jul. 2023.

19. GREENBERG, B.; HORN, M.; SCHWARTZ, R. *Blended learning*: personalizing education for students. Coursera, 2023. Disponível em: https://www.coursera.org/learn/blending-learning-personalization. Acesso em: 12 jul. 2023.

20. Para mais informações sobre este tópico.

    HORN, M. B. Why teachers shouldn't grade their own students. *Forbes*, 2019. Disponível em: https://www.forbes.com/sites/michaelhorn/2019/12/05/why-teachers-shouldnt-grade-their-own-students/?sh=264065e3236b. Acesso em: 12 jul. 2023.

    ARNETT, T. Teachers grading students hinders education. *Clayton Christensen Institute*, jun. 2015. Disponível em: https://www.christenseninstitute.org/blog/teachers-grading-students-hinders-education/. Acesso em: 12 jul. 2023.

    ARNETT, T. Teachers shouldn't have to be their students' judges. *Clayton Christensen Institute*, set. 2019. Disponível em: https://www.christenseninstitute.org/blog/teachers-shouldnt-have-to-be-their-students-judges/. Acesso em: 12 jul. 2023.

21. DWECK, C. *Mindset*: the new psychology of success. New York: Ballantine, 2013. p. 204.

22. LAHEY, J. *The gift of failure*: how the best parents learn to let go so their children can succeed. New York: Harper Collins, 2015. p. 183.

23. TAVENNER, D. *Prepared*: what kids need for a fulfilled life. New York: Currency, 2019.

24. JASCHIK, S. Grade inflation, higher and higher. *Inside Higher Ed*, 2016. Disponível em: https://www.insidehighered.com/news/2016/03/29/survey-finds-grade-inflation-continues-rise-four-year-colleges-not-community-college. Acesso em: 12 jul. 2023.

25. STUDENT experience: providing personalized support every step of the way. *WGU*, 2023. Disponível em: https://www.wgu.edu/student-experience/learning/faculty.html. Acesso em: 12 jul. 2023.

26. MARCUS, J. Competency-based education, put to the test. *Education Next* 21, n. 3, 2021. Disponível em: https://www.educationnext.org/competency-based-education-put-to-the-test-west-western-governors-university-learning-assessment/. Acesso em: 12 jul. 2023.
27. SCHOOLHOUSE. *Free online tutoring, with students like you.* [S. l.: s. n.], 2023. Disponível em: https://schoolhouse.world. Acesso em: 12 jul. 2023.
28. THE GRAIDE NETWORK. *Fast, effective feedback from expert readers.* Chicago: The Graide Network, 2022. Disponível em: https://www.thegraidenetwork.com/. Acesso em: 12 jul. 2023.
29. HERZBERG, F. One more time: how do you motivate employees?. *Harvard Business Review*, v. 81, n. 1, 1968. Disponível em: https://hbr.org/2003/01/one-more-time-how-do-you-motivate-employees. Acesso em: 12 jul. 2023.
30. ARNETT, T.; MOESTA, B.; HORN, M. B. The teacher's quest for progress: how school leaders can motivate instructional innovation. *Clayton Christensen Institute*, 2018. Disponível em: https://www.christenseninstitute.org/publications/teachers-jobs-to-be-done/. Acesso em: 12 jul. 2023.

7

A experiência dos pais

Quando a diretora Kathleen Ball conseguiu encontrar um minuto para si mesma, ela finalmente mandou uma mensagem para a mãe de Jeremy. "Como você está?"

A mãe de Jeremy respondeu imediatamente. "Estou cansada", disse. Ao lado, ela mandou um emoji de cansaço.

Kathleen não conseguia decidir se era uma boa ou má ideia usar um emoji na resposta. Ela decidiu não mandar e perguntou o que mais estava acontecendo.

A resposta da mãe de Jeremy foi curta. "Estou bem", disse ela.

Kathleen perguntou se poderia encontrá-la para um passeio em seu bairro. Depois de alguns minutos sem resposta, ela mandou outra mensagem. "Como está indo o ano para o Jeremy?"

"Não sei", respondeu a mãe.

Que contraste com os pais de Júlia. Eles sabiam tudo e mais um pouco — ou pelo menos tinham uma opinião sobre tudo.

Um pouco depois, Kathleen recebeu outra mensagem da mãe de Jeremy. "Como você acha que ele está indo?"

Kathleen parou por um momento. Tinha a sensação de que ele não estava indo bem, mas ela não queria começar outro problema naquele dia. Deixou isso de lado e perguntou como estava sendo para ela o arranjo de turno integral de Jeremy.

"Não há horas suficientes", ela respondeu.

"Isso mesmo", lembrou Kathleen. Não foi uma pergunta inteligente. Um grupo de pais havia adiado a tentativa da escola de alocar mais recursos para fornecer mais horas de atendimento depois da escola. Em vez disso, eles queriam um clube espacial ou algo semelhante, porque estavam inspirados com a SpaceX ou a Blue Origin, ou algo assim. *"Qual era a diferença?"*, pensou Kathleen. Ela suspirou.

A mãe de Jeremy precisava de mais cuidados e comida para o filho. O Sr. Owens queria garantir que Júlia não ficasse ainda mais para trás das crianças da escola vizinha. E a Sra. Owens queria paz e tranquilidade. Ou algo do tipo.

Pensando bem, paz e tranquilidade não pareciam tão ruins, refletiu Kathleen.

* * *

Os pais são conhecidos por serem resistentes a grandes mudanças na educação. Eles são vistos como uma força conservadora a favor de uma escola igual à da época deles. Quanto à minha mãe ou ao grupo de pais do distrito escolar de Massachusetts que tinham suspeitas em relação a uma escola abandonar seu sistema de notas de A a F, mudanças radicais geralmente não são bem-vindas.

Como a maioria deles foi para a escola, muitos se sentem qualificados como especialistas para opinar sobre como as escolas devem ser e o que elas devem fazer. Aqueles que tiveram sucesso na escola, como os pais das Júlias do mundo, muitas vezes querem que a experiência escolar se assemelhe a partes significativas do que eles vivenciaram. A nostalgia de certos aspectos da experiência escolar — e o desejo de que a geração mais jovem experimente alguns dos desafios que eles enfrentaram — é profunda em muitas comunidades de pais.

Essa visão conservadora em relação à educação também esteve presente no verão de 2021, quando a maioria das escolas estava se preparando para a volta às aulas presenciais. De acordo com uma pesquisa realizada pela *Education Next* nos Estados Unidos, embora uma parcela significativa dos pais tenha relatado que seus filhos deixaram as escolas públicas do distrito para serem educados em casa ou frequentarem escolas *charter* da primavera de 2020 ao outono de 2020, durante o auge da pandemia, até junho de 2021 as proporções das porcentagens de cada uma dessas diferentes categorias de ensino estavam começando a retornar ao que eram antes da pandemia. Da mesma forma, em vez de esperar por mudanças dramáticas na política educacional, o apetite do público por reformas tanto à esquerda quanto à direita havia diminuído desde antes da pandemia. Isso afetou o apoio tanto em relação ao aumento do salário dos professores, maiores gastos escolares por aluno e padrões de aprendizado semelhantes em todos os estados, levando até a uma diminuição nos vales escolares, bolsas de crédito fiscal e escolas *charter*.

No entanto, sob essas opiniões mais gerais, há potencialmente mais nuances dentro de cada escola. No começo da pandemia, o governo federal se comprometeu com uma injeção histórica de recursos federais nas escolas. De acordo com uma pesquisa, os pais não querem que as escolas usem esses fundos apenas para manter o *status quo*; eles querem que as escolas façam mais com o aprendizado digital, o "aprendizado baseado no trabalho", e apoiem as necessidades de saúde emocional e mental dos alunos.[1] Provavelmente os pais também seriam a favor de que outra pessoa avaliasse o trabalho de seus filhos em vez dos professores da criança — mesmo que apenas para ter um melhor relacionamento com eles. E, apesar da pesquisa da *Education Next*, de acordo com a Tyton Partners, 1,5 milhão de crianças ainda estavam matriculadas em microescolas e grupos de estudo no outono de 2021. A matrícula em muitos distritos seguia muito abaixo do que era antes da pandemia.[2]

Mas muitas dessas ideias não mudam drasticamente a equação da educação por conta própria. Também sabemos que os pais não compartilham as mesmas prioridades.[3] Dados todos esses sinais conflitantes e o conservadorismo desenfreado, como uma escola ou distrito pode fazer mudanças significativas — como implementar modelos de aprendizagem baseados no domínio ou o ensino por meio de uma equipe de professores?

ENTENDENDO A BUSCA DOS PAIS PELO PROGRESSO

Muito mais importante do que realizar pesquisas e perguntar às pessoas o que elas querem é observar o que elas fazem. O que elas priorizam? Quais são os conjuntos de eventos e forças que as levam a agir? As pessoas raramente são claras sobre o que querem. Mas podemos aprender muito observando suas ações.

Ao observar os pais, fica claro que eles têm pontos de vista e prioridades divergentes. Nem todos têm a mesma definição de progresso. Seus desejos e crenças não são iguais aos de outros à sua volta. Seus pontos de vista são moldados com base em suas circunstâncias e nas dificuldades que enfrentam. O que é importante para eles muda ao longo do tempo à medida que essas circunstâncias mudam.

Em outras palavras, os pais têm diferentes perspectivas quando se trata de crianças e da educação delas. Dado o conservadorismo dos pais, defender mudanças radicais ou inovações para outras crianças pode não ser uma boa ideia. É melhor posicionar as mudanças que você deseja realizar em termos de por que elas ajudarão cada família a fazer *seus* filhos progredirem, da maneira como cada família define progresso. É crucial apresentar uma mudança como uma resposta à busca de uma família pelo progresso e destacar *por que* sua proposta ajudará — em vez de focar o como ou o que será feito. No entanto, para fazer isso bem, é necessário entender quais são as concepções dos pais sobre a educação dos filhos.

Embora seja algo que possa ocorrer por múltiplas razões, alguns colegas meus realizaram pesquisas para investigar por que os pais mudam seus filhos de escola. O que eles descobriram é que os pais escolhem uma determinada escola a partir das características que desejam para a educação de seus filhos.[4] A pesquisa ajuda a entender as insatisfações e os desejos que levam os pais a realizar uma ação tão repentina e emocional.

É claro que existem outras ações que os pais podem tomar em relação a uma escola. Seria valioso que mais pesquisadores refinassem nossa compreensão sobre a visão de educação que os pais têm em mente quando tomam diferentes decisões sobre o assunto.

Mas o que meus colegas descobriram fornece uma estrutura valiosa para posicionar os esforços de mudança como soluções para o progresso que os pais desejam. Concentrando-se em casos extremos — o ato de realmente mudar uma criança de escola —, eles oferecem uma visão das verdadeiras prioridades subjacentes dos pais que os levam a agir, e não apenas a reclamar. Essas mudanças ocorreram por meio de uma série de mecanismos diferentes: usando políticas locais de escolha de escolas, matriculando as crianças em escolas particulares (pagando por elas ou usando ajuda financeira), trazendo as crianças de volta para a escola do distrito local ou até mesmo se mudando. A visão de educação que uma família tinha não estava necessariamente correlacionada com a demografia dessa família.[5] Dado que um princípio central do *design thinking** é se concentrar nos usuários exigentes para que seja mais fácil capturar as várias prioridades diferentes que todos os usuários têm, essa pesquisa pode oferecer aos líderes escolares uma ajuda significativa na concepção e no posicionamento de seus esforços de mudança.

Razão 1: ajudar nosso filho a superar um obstáculo

A primeira razão que leva um pai ou uma mãe a mudar o filho de escola é para ajudá-lo a superar algum tipo de obstáculo.

A crença de que a escola atual está falhando com o filho surge quando há uma combinação de alguns dos seguintes fatores: os pais acreditam que a escola atual não está atendendo às necessidades de aprendizagem ou dificuldades específicas da criança; seu filho está sofrendo *bullying*; eles estão preocupados que a criança esteja ficando para trás ou que não goste mais de aprender; e eles estão preocupados com o que acontecerá com seu filho se não agirem agora.

Os pais fazem a mudança para que os filhos possam prosperar em uma escola que atenda às suas necessidades específicas, para que possam ter a atenção de que precisam, para que não sejam provocados ou intimidados por colegas de classe e para que não fiquem para trás. Essa razão está relacionada com a noção de que a escola atual não está ajudando a criança, e que trocá-la por um novo lugar que tenha o que é necessário para ajudar a criança a prosperar, somado a um senso de imediatismo, resolverá o problema. Os pais que se enquadram nessa razão se preocupam relativamente menos com a proximidade da escola ou mesmo com os custos dela. Eles geralmente estão procurando uma solução de curto prazo, em vez de uma solução de longo prazo com a qual eles permaneceriam indefinidamente.

Razão 2: ajudar-nos a fazer parte de uma comunidade com valores alinhados

Os pais desta categoria estão buscando fazer parte de uma comunidade com mentalidade semelhante à deles, em que seus filhos possam amadurecer para se preparar para o resto do mundo. Essa razão não está tão relacionada

---

* N. de T. Abordagem utilizada para resolver problemas complexos e gerar soluções inovadoras.

a ajudar a preparar o filho para entrar na melhor faculdade possível ou buscar distanciamento dos desafios e problemas com os quais a criança pode estar lidando em sua escola atual. O que os pais que se enquadram nessa razão realmente querem é fazer parte de um grupo que pensa como eles. Eles se preocupam relativamente menos com o apoio da escola para desenvolver ainda mais a inteligência de seus filhos ou garantir que eles tenham uma formação diversificada.

Razão 3: ajudar na educação integral da criança

Quando os pais mudam a criança de escola por essa razão, eles o fazem porque estão procurando uma escola que a ajude a se desenvolver social e emocionalmente com habilidades para a vida — e estão menos preocupados com seu desempenho nas provas e com a parte acadêmica. O principal objetivo é possibilitar que a criança tenha uma formação diversificada e se torne uma pessoa produtiva na sociedade. Os pais que priorizam a educação integral de seus filhos começam a procurar uma nova escola quando sentem que a atual não está educando a criança de forma integral e está focada excessivamente na parte acadêmica. As preocupações que levam à mudança também aumentam quando eles sentem que a criança está vivendo em uma "bolha" com pouca diversidade de pessoas, pensamentos, experiências, e assim por diante — o que é em muitos aspectos o oposto da razão 2.

Quando escolhem uma nova escola, esses pais buscam evitar que os filhos se tornem arrogantes. Querem que eles sejam completos e entendam como se encaixam no mundo. Querem ajudá-los a aprender como interagir com indivíduos que podem ser diferentes deles, como aplicar o conhecimento em projetos no mundo real e como se integrar à sociedade.

Razão 4: ajudar na realização do nosso plano para nosso filho

Alguns pais escolhem uma escola motivados pelo desejo de que o filho siga o caminho "certo" e tenha melhores oportunidades do que as que eles tiveram. Em muitos casos, o que esses pais esperam é ver o filho sendo admitido em uma faculdade de primeira linha. Dessa forma, querem uma escola com uma excelente parte acadêmica e uma ótima reputação. Esses pais começam a procurar uma nova escola quando acreditam que precisam desafiar seus filhos, considerando que a escola atual deles não mantém um bom levantamento de dados sobre os alunos ou não tem uma boa reputação em relação a ajudar seus alunos a entrarem nas melhores faculdades — o que esses pais definem como sendo "o topo". Esses pais geralmente têm um plano claro para o tipo de faculdade que querem que seus filhos frequentem, e eles ficam muito focados nesse objetivo.

Esses pais escolhem a nova escola para ajudar os filhos a construírem um bom currículo e se prepararem para os desafios da faculdade, além de garantir que eles tenham as melhores oportunidades disponíveis ao longo da jornada. A escolha não está muito relacionada ao bem-estar social e emocional da criança — a não ser que isso seja algo necessário para ser aceito nas faculdades em questão. E também não está muito relacionada com a criança fazer suas próprias escolhas ou estar em um ambiente diversificado.

Uma observação

Alguns leitores podem se surpreender com o fato de nenhuma dessas razões ser "cuidar do nosso filho" ou "manter nosso filho seguro". Como a pandemia revelou, as escolas físicas desempenham o importante papel de tomar conta das crianças para muitas famílias. Abordo essa dinâmica mais adiante neste capítulo, mas, por enquanto, saiba que, embora essas preocupações sejam importantes para muitas famílias, elas não configuram uma razão para trocar as crianças de escola, pois não representam por completo o progresso que os pais buscam em circunstâncias difíceis. Zelar pelas crianças pode ser um fator importante ou mesmo um requisito para algumas famílias, mas não é uma razão em si.

IMPLEMENTANDO MUDANÇAS

Há duas implicações que merecem destaque a partir dessa pesquisa.

A primeira é que, em nossa pesquisa sobre as razões ou motivações para os pais trocarem seus filhos de escola, concluímos que, para qualquer serviço ou oferta, é difícil proporcionar tudo para todos. Por exemplo, para satisfazer a motivação dos pais, precisamos fornecer certas experiências — que podem conflitar diretamente com as experiências de pais com diferentes razões. Em outras palavras, serviços que servem para todos frequentemente se tornam serviços que não servem para ninguém e não funcionam. Isso significa que as escolas precisam fazer escolhas difíceis e identificar qual é o propósito da educação que elas oferecem — e, por extensão, o que elas vão escolher não fazer bem. Ou elas precisam oferecer escolhas e opções distintas.

A segunda implicação é que, à medida que as escolas buscam implementar diferentes inovações, elas precisam projetar e encaixar essas iniciativas no progresso que cada pai e cada mãe desejam — e não no progresso que é importante para a escola, para o educador ou para o sistema público de educação. E, sim, essa é a mesma lição que aprendemos sobre a implementação de mudanças com os educadores.

A seguir, vamos explorar de forma mais aprofundada essas duas implicações.

Foco: seja bom em uma coisa, não em todas

Para enxergar por que é difícil ser todas as coisas para todas as pessoas, considere como os pais de um aluno se sentiriam em uma escola que desenvolve uma educação diferente daquela com o qual eles se importam.

Imagine uma família que deseja que a escola priorize o desenvolvimento integral de seu filho. No entanto, a escola está focada em fortalecer sua reputação acadêmica para aumentar o número de alunos que entram em universidades de primeira linha. Ela adiciona ao currículo aulas preparatórias para os exames nacionais considerados pelas universidades juntamente com uma carga pesada de aulas avançadas, que ela obriga os alunos a frequentarem já a partir da 1ª série do ensino médio. Ela oferece feiras universitárias constantemente e fala com frequência sobre as pontuações médias do distrito nos exames. O estresse em torno do processo de escolha da faculdade começa já na 1ª série do ensino médio, ou até mesmo antes, no final do ensino fundamental. Os alunos competem para participar do maior número possível de atividades extracurriculares e de liderança, o que a escola os incentiva a fazer. Para os pais que se concentram nas habilidades de vida dos filhos, no seu bem-estar e equilíbrio social e emocional, esses movimentos — ou mesmo uma fração deles — estão em desacordo com o que é importante para eles. O inverso provavelmente também poderia acontecer.

Existe um meio termo? Certamente. Talvez a escola tenha um número moderado de aulas avançadas, se preocupe com suas pontuações nos exames, ofereça uma ampla gama de atividades extracurriculares que são atraentes para as faculdades e traga muitos oficiais de admissão* para o *campus*. Ao mesmo tempo, ela pode promover encontros sobre saúde mental e organizar um clube de ioga como atividade extracurricular após os horários de aula. Ela pode realizar discussões sobre a manutenção do equilíbrio na vida, incluir a prática de *mindfulness* como parte do cotidiano escolar e fomentar reflexões frequentes sobre a importância da diversidade. Será que os pais que querem uma escola que ajude no desenvolvimento integral dos filhos ficariam felizes? Há uma boa chance de que eles sintam que as questões com as quais se importam — saúde mental, atenção plena, diversidade e equilíbrio — serão prejudicadas pelas ações da escola em relação aos exames e à faculdade.

E os pais que estão focados principalmente em uma escola que os ajude a realizar seu plano para os filhos — como entrar em uma faculdade de renome? Eles provavelmente vão se perguntar por que os filhos estão desperdiçando seu tempo com *mindfulness*, sem falar na insatisfação com as escolhas de alocação de recursos da escola.

Embora seja possível que os pais de ambos os grupos não fiquem infelizes a ponto de mudar os filhos de escola, o equilíbrio entre os dois não deixará nenhum deles empolgados ou satisfeitos. Se o objetivo é a excelência, é importante escolher no que ser excelente — e, por definição, o que você *intencionalmente* não fará ou no que não será bom.

De uma perspectiva de gerenciamento de mudanças, qualquer iniciativa que faça a escola dar um passo em qualquer direção vai incomodar ou até irritar pelo menos um pai. Ela pode até encontrar resistência direta, o que criará atrito para o educador que busca implementar algo novo.

Então, o que um educador deve fazer?

---

* N. de R.T. Oficiais de admissão são pessoas com a função de participar ativamente da seleção de estudantes para os cursos de ensino superior das universidades norte-americanas, pesquisando o histórico dos estudantes que estejam se candidatando a uma vaga na universidade, fazendo entrevistas com educadores das escolas e com a família deles, dentre outras funções. As universidades norte-americanas valorizam habilidades distintas na seleção de um aluno, como, por exemplo, habilidades em esportes e dedicação, empenho e motivação do aluno durante o que é considerado o ensino médio deles.

Para ser claro, você não precisa fazer *nada*. Mas, saindo do cenário de pandemia, em que um conjunto de pais se tornou muito mais consciente de suas preferências, opiniões e prioridades em relação à educação dos filhos *e* do tipo de educação que está sendo oferecida pelas escolas que eles frequentam, estar nessa posição pode ser desconfortável.

Em vez de permanecerem presos no meio de uma variedade de opiniões diferentes, como tantas vezes acontece, escolas e distritos podem criar e gerir opções distintas. Isso não significa combinar diferentes iniciativas como um conjunto de opções, mas permitir que as pessoas optem por experiências diferenciadas e cuidadosamente elaboradas desde o início.

Como isso pode funcionar?

Se você está liderando um distrito escolar, um portfólio de opções de escolas com diferentes prioridades pode ajudar. Diferentes tipos de escolas podem oferecer diferentes opções para fornecer diferentes experiências que atendam às diferentes expectativas e desejos dos pais, alunos e até professores. Essas escolas podem estar alinhadas em torno dos diferentes desejos dos pais. Elas também podem ter diferentes filosofias educacionais subjacentes. Talvez você tenha uma escola que siga a filosofia Waldorf e outra que atenda àqueles que preferem uma educação Montessori. Outra pode enfatizar os clássicos, ao passo que outra pode se concentrar na preparação para a faculdade. Para ser claro, se você for nessa direção, certifique-se de que isso não vai resultar na segregação de populações por raça ou violar outras normas educacionais dos Estados Unidos. Afinal, um dos grandes achados da pesquisa sobre as razões pelas quais os pais trocam os filhos de escola é que os pais não escolhem uma escola para seus filhos baseados em sua demografia — e não há correlação entre raça e essa razão. Além disso, os pais podem mudar de opinião várias vezes à medida que as circunstâncias de seus filhos mudam. Eles podem até ter diferentes opiniões simultaneamente, considerando os diferentes filhos que estão em situações diferentes. Uma das coisas mais úteis sobre ter opções educacionais verdadeiramente diferentes dentro de uma comunidade escolar mais ampla é que, se um pai estiver precisando ajudar seu filho a superar um obstáculo, existem várias opções que podem atender às suas necessidades.

Se você está liderando uma escola, escolhas e opções podem criar a capacidade de inovar e melhor atender os pais. A criação de escolas dentro de escolas, microescolas ou grupos de estudo pode dar origem a subcomunidades dentro de uma comunidade maior para atender às diferentes prioridades dos pais, além de criar elementos do modelo de centro comunitário para a educação descrito no Capítulo 3.

Os *insights* do Capítulo 1 sobre a importância de criar um grupo separado para criar novas iniciativas e transformar ameaças em oportunidades também se aplicam aqui. O Capítulo 11 oferece mais orientações sobre o poder da separação. Por enquanto, tenha em mente que pais diferentes terão prioridades diferentes. Essa é a realidade.

Inovar pelas beiradas, em vez de tentar reformar uma escola ou distrito inteiro desde o início, pode auxiliá-lo em seus esforços. Isso o ajudará a ganhar experiência e melhorar uma inovação. Se a mudança for bem-sucedida, provavelmente mais pessoas vão aceitá-la como uma maneira viável de educação. Elas não vão ver a inovação como algo radicalmente diferente. E vão querer participar dela. Uma vez que as pessoas podem mudar suas prioridades e a forma como entendem o progresso à medida que suas circunstâncias mudam, podemos aproveitar isso para expandir programas e ideias importantes que podem ser aplicados universalmente.

Adapte a inovação ao progresso que os pais desejam

Lembre-se de encaixar novas inovações ou iniciativas no progresso que cada pai e cada mãe desejam, e não no progresso que é importante para você.

Voltemos à história apresentada no Capítulo 5 sobre as dificuldades de um diretor de uma escola secundária suburbana localizada em Massachusetts para implementar o sistema de avaliação baseada em padrões. A motivação do diretor era criar um sistema de avaliação mais equitativo. Mas um pequeno grupo de pais se preocupava apenas com a forma como isso afetaria as perspectivas de seus filhos de entrar na faculdade. Eles achavam que o que o diretor estava fazendo prejudicaria essas perspectivas. Em outras palavras, a iniciativa da escola parecia ir contra a opinião que um conjunto de pais tinha para a educação de seus filhos. Esses pais desejavam uma educação fortemente voltada para aprovações no ensino superior.

Essa dinâmica teria sido diferente para pais de estudantes de famílias de baixa renda ou de minorias com pouca representação? Provavelmente não. A narrativa entre os pais era que a avaliação baseada em padrões não prepararia os alunos para as notas tradicionais de A a F que seriam atribuídas no ensino médio. Eles acreditavam que as faculdades exigiam essas notas.

Provavelmente os pais que acreditavam em uma educação para o desenvolvimento integral da criança se sentiram de forma diferente.

Se a avaliação baseada em padrões fosse o objetivo, como o diretor poderia ter trabalhado para ajudar os pais que buscavam uma educação para o ensino superior para seus filhos a ver a iniciativa como uma maneira de alcançar o progresso que queriam?

Depois de ouvir e mostrar que o líder escolar entendia suas preocupações — e enfatizar os pontos que tinham em comum[6] —, talvez o líder escolar pudesse ter contado histórias para ilustrar por que essa mudança seria do interesse dos alunos e como ela melhoraria suas perspectivas e sua preparação para a faculdade. Histórias e demonstrações, em vez de explicações, costumam ser mais valiosas para persuadir do que dados. O líder da escola poderia ter contado histórias sobre estudantes que se candidataram à faculdade com lacunas de aprendizado significativas causadas pelo sistema convencional de avaliação, explicando como as melhores faculdades conseguiam enxergar isso. Então, ele poderia ter apresentado estudos de caso reais que apontassem como os alunos que experimentaram a aprendizagem baseada no domínio estavam mais bem preparados, porque não conseguiam passar por uma matéria do currículo sem ter aprendido de verdade — e como as melhores faculdades reconheciam e valorizavam isso. Ele poderia ter seguido com histórias e evidências de que as faculdades sabem há muito tempo como avaliar estudantes oriundos de escolas que não usam o sistema de notas tradicional — desde escolas específicas que adotaram a avaliação baseada em padrões até casos de ensino domiciliar, que sequer tem notas. Os pais poderiam dizer: "É claro, mas essas são as exceções. Como sabemos que isso vai funcionar para nós?". O diretor, então, poderia mostrar como mais escolas estão adotando o Mastery Transcript Consortium. Ele poderia trazer oficiais de admissão de universidades como a Tufts, a Wellesley e a USC, que estão trabalhando com o Mastery Transcript Consortium. Talvez ele tivesse trabalhado com os pais para redesenhar partes de sua solução a fim de seguir usando a nomenclatura familiar de notas em letras, mas dentro de uma arquitetura de classificação baseada em padrões, como discutido no Capítulo 5. Ao não falar sobre equidade — algo que os pais que buscam uma educação voltada para o ensino superior não estavam priorizando — e se concentrar apenas no progresso que esses pais desejavam, poderia ter sido possível obter significativamente mais apoio para a ideia.

O distrito escolar de Iron County, no sudoeste de Utah, é um dos muitos distritos que implementaram a avaliação baseada em padrões. Sua jornada para realizar essa implementação não foi simples, o que a torna instrutiva. Como disse Cory Henwood, coordenador de inovação do distrito: "Sabíamos que isso seria difícil de entender, [então pensamos] em colocar tudo junto em uma boa apresentação, e aqui está".[7]

O distrito lançou sua iniciativa, mas imediatamente enfrentou resistência. A comunidade achou o novo sistema de notas complicado e confuso. Os pais não o entenderam. A reação, como disse Henwood, foi "um pesadelo".

Mas isso ajudou o distrito a aprender uma lição importante. Suas dificuldades não eram apenas um problema de comunicação. Em vez de inovar *para* os pais e a comunidade em geral, era importante inovar *com* eles.

Após essa reação conturbada, o distrito recuou. Ele demonstrou por que o sistema de avaliação tradicional não estava atendendo às necessidades dos alunos, educadores e pais. Os líderes de Iron County focaram as áreas em que estavam de acordo com os pais. Eles mostraram por que o sistema tradicional criava incerteza para alunos, pais e educadores. As expectativas sobre o que os alunos deveriam aprender não eram claras. O sistema atual deixava lacunas na preparação dos alunos. O distrito então reuniu evidências em pesquisas para mostrar os problemas com as políticas tradicionais de avaliação.

Uma vez estabelecido o acordo sobre o problema, eles ouviram as preocupações dos pais sobre mudanças na forma de avaliação e começaram a perguntar qual caminho eles deveriam seguir para considerar essas perspectivas. Em outras palavras, eles estruturaram o planejamento da nova política de avaliações em torno do progresso que os pais queriam.

Em vez de adotar uma nova forma de avaliação, o distrito pegou a já existente e fez modificações nela para atender à nova filosofia com a qual as pessoas concordavam. Eles mantiveram as notas em forma de letras, mas, em vez de dar "um simples B em química", avaliaram usando letras aos resultados específicos que os alunos deveriam dominar — como entender os elementos da tabela periódica ou como equilibrar equações químicas —, para que ficasse claro para pais, alunos e professores o que um aluno sabia e entendia e o que ele não entendia. Os professores também poderiam intervir mais facilmente e apoiar os alunos apropriadamente. Como Henwood disse:

[...] francamente, a escolha de usar uma letra como nota no final do dia para representar o que foi aprendido, ou usar outro conjunto de símbolos, realmente não importa, desde que você tenha essas categorias listadas e expectativas claras para o que é esperado. Essa é a verdadeira peça-chave, e acho que é o que impulsiona coisas como a avaliação baseada em padrões em direção ao nosso objetivo final, que é sistemas mais personalizados baseados em competências, em que [os alunos] são mais autodirigidos [e] avançam com base no domínio dos padrões listados.[7]

Avaliações no distrito escolar de Iron County:
https://www.youtube.com/watch?v=9u7U1ehrRbY

ALGUMA COISA É UNIVERSAL?

Algumas mudanças que podem ser implementadas, como a implementação da aprendizagem baseada no domínio, não são realizadas especificamente para os pais que têm uma das crenças anteriores sobre o que a educação de seus filhos deve focar. Tais mudanças podem ser a resposta para mais de uma das razões. O que importa é como você as apresenta e as molda com a comunidade.

A aprendizagem baseada no domínio, por exemplo, pode ser uma resposta viável para um aluno que está tendo desafios acadêmicos, a primeira razão, que pode fazer com que os pais mudem o filho de escola. Ela permite que os professores entendam claramente as dificuldades da criança e tenham tempo para elaborar uma série de medidas de apoio para ela.

Essa é uma resposta sólida para os pais que têm a terceira crença sobre o que a educação dos seus filhos deve focar, que estão interessados na "educação integral da criança", com foco em questões como equidade e habilidades sociais e emocionais. A aprendizagem baseada no domínio pode garantir que os alunos não fiquem com lacunas em seus conhecimentos acadêmicos, habilidades e hábitos de sucesso. Ela é fundamental para que as crianças desenvolvam questões como perseverança e mentalidade de crescimento. Também é fundamental para criar um sistema educacional de soma positiva, no qual todos os alunos possam "ganhar", em oposição ao sistema tradicional de soma zero, no qual há vencedores e perdedores.

Para quem deseja ver seus filhos serem aceitos em faculdades de renome, a aprendizagem baseada no domínio é ideal para oferecer uma educação mais rigorosa que também permite que os alunos se aprofundem em áreas que despertam seu interesse.

Para pais buscam uma educação alinhada a valores (razão 2), talvez a aprendizagem baseada no domínio seja mais neutra. Porém, mesmo nesse caso, dependendo dos valores em que os pais estejam interessados, pode haver maneiras de enquadrar essa aprendizagem de uma maneira proveitosa. Por exemplo, se os pais estiverem interessados em uma experiência mais comunitária, o uso do aprendizado baseado no domínio poderá ajudar a tranquilizá-los de que ninguém será deixado para trás. Se valores e ideias específicos forem importantes, a aprendizagem baseada no domínio poderá garantir aos pais que as crianças aprenderão e dominarão esses conceitos específicos.

Ao implementar algo que possa atrair pais que tenham diferentes crenças sobre a educação dos seus filhos, é importante garantir que eles não sintam que estão perdendo algo, conforme discutido no Capítulo 5. Há pesquisas significativas que mostram que a maioria dos seres humanos fica paralisada pelo que é chamado de "aversão à perda", sendo o medo da perda mais poderoso do que os possíveis ganhos. Como consequência, ao considerar uma mudança, os indivíduos dão mais peso para as coisas que vão perder do que para um conjunto de coisas ainda mais seguras que poderiam ganhar.

A análise de outros dois esforços de mudança — alterar o calendário escolar e a rotina escolar — que podem ter apelo universal para as 4 crenças que foram apresentadas anteriormente sobre o que deve ser foco da educação, também ilustra os perigos de não eliminar o sentimento de perda dos pais quando a mudança está em andamento. Eles também servem para introduzir um quadro estrutural sobre o que motiva e impede a mudança.

O calendário escolar

Para alguns pais, poucas coisas são tão sagradas quanto o calendário escolar. A ideia de férias de verão e a nostalgia de memórias de verão (acampamentos e viagens) estão enraizadas em suas mentes. Eles querem que os filhos também tenham essas experiências. Ao mesmo tempo, para muitos pais, as férias de verão são dolorosas.

Uma mãe que participou do nosso *podcast Class Disrupted* para discutir a angústia das férias de verão disse:

> Começamos a planejar o verão seis meses antes, quando minhas amigas começaram a me enviar *e-mails* perguntando o que meus filhos iriam fazer no verão seguinte. As inscrições começam cinco meses antes do verão. Alguns desses acampamentos são muito populares, e você tem que se inscrever imediatamente para conseguir uma vaga. E essa já é uma época louca do ano, com o Dia de Ação de Graças e os feriados de final de ano. Junto com tudo isso, ainda ter que planejar o que você vai fazer pensando em seis meses lá na frente — é uma loucura! E também você não tem certeza do que seu filho vai querer fazer ou do que você vai querer que seu filho faça no verão seguinte. Então o melhor que podemos fazer é tentar fazer nossa melhor previsão possível, e isso parece insanamente cedo para estar planejando o futuro.[8]

Além disso, ela observou que cada semana de verão é diferente, o que torna muito difícil criar uma rotina, o que é algo que pelo menos se pode fazer durante o ano letivo. Ela disse:

> E você tem que considerar uma equipe inteira ajudando a cuidar das crianças. Minha sogra me ajuda a cuidar delas, e durante o verão também costumamos ter uma babá, que cuida dos nossos filhos nos dias em que meu marido e eu trabalhamos. Isso significa que a cada semana temos que considerar pelo menos mais três pessoas — cinco, se incluirmos as crianças. Então, nos domingos de verão eu fico levemente em pânico, pois, além de precisar descobrir as informações sozinha e imprimir mapas detalhando o local exato aonde as crianças devem ser levadas em um *campus* todo complicado, também tenho que transmitir essas informações para outras três pessoas. Isso é desafiador.[8]

Desafiador e estressante.

Ainda mais surpreendente é que existe uma solução para esses desafios. Ela é conhecida como "ano escolar equilibrado", ou "escola durante o ano inteiro". Isso também pode proporcionar uma experiência de aprendizagem mais forte para os alunos.

Muitas pessoas acreditam erroneamente que o calendário escolar atual, com suas longas férias de verão — conhecido em muitos círculos como "calendário agrícola" —, foi pensado com o objetivo de permitir que as crianças estivessem em casa para ajudar os pais durante a temporada agrícola, quando o papel da agricultura na economia era maior. No entanto, parece que muitas pessoas nunca refletiram sobre o motivo de querermos os alunos na escola durante a colheita de outono.

Na verdade, as crianças das comunidades rurais agrícolas que frequentavam a escola no século XIX geralmente passavam cinco ou seis meses em sala de aula — 2 a 3 meses no verão e 2 a 3 meses no inverno.[9] Durante a primavera e o outono, elas ficavam em casa para ajudar no plantio e na colheita.[10]

Já as crianças matriculadas em áreas urbanas no século XIX iam à escola o ano todo, com pequenos recessos. Em 1842, as escolas de Detroit ficavam abertas por cerca de 260 dias; as de Nova York, por 245; e as de Chicago, por 240.

Naquela época, frequentar a escola não era obrigatório, então muitos alunos não compareciam — especialmente nos meses mais quentes nas áreas urbanas, dada a falta de ar-condicionado. Além disso, muitos educadores da época acreditavam que "aulas demais prejudicariam a saúde da criança e do professor". Outros membros da comunidade expressavam preocupação de que o verão fosse mais propício para epidemias e doenças em geral, sugerindo que os alunos ficariam melhor em casa ou no campo.[11] Por essa razão, as famílias mais abastadas optavam por tirar os filhos da escola e passar o verão no campo ou na praia, onde o clima era mais ameno. Conforme a escola pública obrigatória foi se expandindo, legisladores e sindicatos passaram a pressionar por menos tempo escolar e férias de verão mais regulamentadas.[10]

Décadas depois, nós agora tratamos isso apenas como "o jeito como funcionam a escolas".

No entanto, em todo o país há escolas públicas que estão mudando seu funcionamento para ficarem abertas durante o ano inteiro, o que também é conhecido como "calendário equilibrado". De acordo com o Serviço de Pesquisa do Congresso, em 1985 havia "410 escolas públicas abertas durante o ano inteiro, servindo cerca de 350 mil alunos... Durante o ano letivo de 2011-2012, havia 3.700 escolas públicas" operando durante o ano inteiro, atendendo mais de 2 milhões de alunos.[12]

Essas escolas ainda oferecem férias para os estudantes. Por exemplo, em um modelo os alunos frequentam a escola por cerca de 12 semanas seguidas e, depois, têm três semanas de férias, repetindo esse ciclo durante todo o ano. Em outro modelo popular, os alunos têm aulas por cerca de nove semanas e, então, têm duas semanas de folga — com exceção do período do verão, quando recebem cerca de um mês de férias. De Charleston, Virgínia Ocidental, a Holt, Michigan, muitas escolas que oferecem educação escolar durante todo o ano relatam melhora na satisfação dos pais e na felicidade dos professores.[13] Alguns também dizem que veem melhora no desempenho dos alunos, mas o consenso, de acordo com o Serviço de Pesquisa do Congresso, é que os estudos sobre essa prática mostram "nenhum efeito ou um pequeno efeito positivo no desempenho dos alunos". Algumas questões foram levantadas sobre as metodologias usadas nesses estudos.[12]

A razão para "professores mais felizes" pode ser devido ao fato de que esse tipo de calendário fornece recessos mais frequentes, permitindo que eles se recomponham. Isso ajuda os professores a evitarem a exaustão completa no final do ano letivo.

Para os estudantes, alguns argumentam que isso pode eliminar as perdas do progresso acadêmico, que se acredita que as crianças sofram durante os meses de verão. Também pode ter um impacto nas situações em que graduados do ensino médio optam por não se matricularem em faculdades para as quais foram aceitos. Embora exista entre os acadêmicos um debate sobre a existência real dessa regressão de aprendizado durante o verão, o que está claro é que, para algumas famílias, o verão é um momento de enriquecimento significativo ao qual outras famílias, particularmente as de baixa renda ou aquelas que não têm capital social para saber quais oportunidades procurar, não têm acesso. E é sabido que essas oportunidades de enriquecimento criam chances incríveis para os indivíduos desenvolverem suas paixões.

Mas e se repensássemos o ensino para criar mais espaços para esses tipos de atividades em uma cadência mais regular ao longo do ano? Ou, ao fazer dos projetos uma parte fundamental da escola, e se as oportunidades estivessem incorporadas na própria experiência escolar? Em outras palavras, conforme os estudantes dominam a matéria, eles também poderiam, em vez de avançar no currículo, se aprofundar nas áreas que desejam explorar, aproveitando recursos escolares e comunitários.

E quanto às preocupações de que os alunos vão perder a oportunidade de trabalhar durante o verão? Afinal de contas, essas experiências de trabalho são valiosas, pois permitem que os alunos adquiram habilidades e hábitos de sucesso importantes para a vida profissional, desenvolvam uma consciência sobre os vários caminhos possíveis de carreira e estabeleçam conexões que podem beneficiá-los no futuro.

No entanto, há alguns problemas com essa narrativa.

Primeiramente, hoje há menos adolescentes trabalhando nos Estados Unidos do que em qualquer outro momento da história. Antes da pandemia, apenas cerca de 20% dos adolescentes estavam empregados, em comparação com 40% em 1990, por exemplo.[14] Há várias razões para isso, incluindo a crença de muitas famílias de que seus filhos vão ganhar mais participando de atividades extracurriculares que pareçam notáveis, com o objetivo de serem aceitos em faculdades, do que se mantendo em um emprego. Ou seja, a maioria dos adolescentes não está aproveitando o verão para trabalhar. Em segundo lugar, conforme descrito no Capítulo 5, ao transformar a rotina escolar, poderíamos criar mais oportunidades para os adolescentes experimentarem os benefícios do trabalho como parte integrante de sua experiência escolar, em vez de algo que a atrapalhe.

A rotina escolar

Transformar a rotina escolar significa fazer um uso diferente do tempo nas escolas, o que pode ser desafiador no que diz respeito ao cuidado com as crianças, mas pode ter apelo universal para as quatro crenças sobre qual deve ser o foco da educação. A ideia de horário escolar — de segunda a sexta-feira, com os alunos do ensino médio começando primeiro e os do ensino fundamental por último* —, com horários de saída que muitas vezes não correspondem ao horário de trabalho dos pais, parece engessada.

Inúmeras comunidades têm lutado para mudar os horários das escolas.[15] Por exemplo, estabelecer horários de entrada mais tardios para adolescentes

---

* N. de R.T. Na rotina escolar das escolas dos Estados Unidos, os alunos do ensino médio podem entrar mais cedo que os alunos do ensino fundamental. Normalmente, os primeiros entram às 7:30 e ficam até as 14:30, e os mais novos entram às 8:30 e ficam até as 15h30, ambos os grupos com pausa para almoço.

do ensino médio — o que está mais alinhado com as conclusões da grande maioria das pesquisas em torno dos benefícios acadêmicos de começar as aulas mais tarde[16] — tem sido difícil por causa de pelo menos dois interesses antagônicos. As escolas não querem que as atividades extracurriculares do ensino médio durem até tarde, assim como também não querem que alunos do ensino fundamental esperem pelo ônibus depois de escurecer. Embora muitas comunidades escolares ofereçam agora uma variedade de programas de dias estendidos para melhor atender as famílias com pais que trabalham até mais tarde, na maioria dos casos a mudança foi impedida pela política de diferentes grupos de pais combinada às dificuldades de alinhar os horários de ônibus escolares a diferentes horários de entrada nas aulas.

Como as escolas podem cobrir melhor os horários dos pais, ao mesmo tempo que reconhecem que diferentes famílias precisam de horários diferentes? E como elas podem fazer isso enquanto melhoram a experiência do aluno e do professor?

Existem alguns possíveis caminhos diferentes. Em um deles, pode ser útil criar escolas dentro de escolas, estabelecer horários de entrada diferentes dentro de uma mesma escola ou microescola, ou separar escolas com diferentes horários e calendários. Alguns pais, alunos e professores talvez prefiram um horário, ao passo que outros talvez prefiram uma opção diferente. Em vez de planejar a logística do transporte considerando a idade dos estudantes, talvez o cronograma de transporte possa classificar os alunos com base no que diferentes famílias precisam.

Outra opção interessante é repensar as escolas como centros comunitários, conforme descrito no Capítulo 3. Nesses centros, os alunos dominariam a parte acadêmica usando um sistema de aprendizagem baseada no domínio, mas também teriam o espaço, o tempo e a oportunidade de buscar outros tópicos que despertassem seu interesse — desde cinema até atletismo ou astronomia. Dentro e ao redor da comunidade escolar, também haveria uma série de apoios disponíveis para ajudar as crianças de acordo com suas necessidades e com as necessidades de suas famílias. Isso incluiria ter horários que fossem muito mais extensos durante o ano todo, além de flexíveis. Por exemplo, estabelecendo-se um sistema baseado no domínio, contanto que os alunos estejam progredindo a cada ano pelo menos o necessário ano para permanecer no caminho para a graduação, a quantidade de tempo que eles frequentam a escola pode ser flexível. Isso significa que os 180 dias de escola exigidos anualmente também podem ser flexíveis. Alguns alunos precisarão de muito mais tempo. Outros precisarão de menos. Alguns serão capazes de aprender em outros ambientes. Se cada indivíduo tiver um progresso adequado naquilo que a comunidade escolar diz ser o mais importante — desde a parte acadêmica até as habilidades e hábitos de sucesso —, o tempo não vai importar tanto. A mentalidade deve ser a de "fazer o que for preciso".

Muitas comunidades de microescolas já fazem isso. Elas permitem que os alunos entrem e saiam conforme suas necessidades e horários familiares. As escolas ficam abertas quase o ano todo. As únicas exceções são os feriados importantes.

Como discutido no Capítulo 3, as Spring Grove Public Schools mudaram seu sistema para ter horários de entrada diferentes durante a pandemia, havendo horários flexíveis em que os estudantes podiam chegar. Isso gerou um benefício não previsto: cada criança era recebida pessoalmente e ganhava uma atenção muito mais individualizada.

Em escolas como essas, há espaço para atividades comuns. Existem determinados momentos em que os alunos precisam comparecer pessoalmente e estar presentes como membros de uma comunidade. Organizar os horários continua sendo necessário. Mas o ponto é que as escolas são projetadas com muito mais flexibilidade e disponibilidade para melhor atender às diferentes circunstâncias das famílias e dos estudantes.

As pessoas são rápidas em salientar por que isso pode não funcionar para professores que construíram suas vidas em torno de um cronograma tradicional e precisam de certas pausas. Mas, em um modelo de coensino, os professores teriam muito mais flexibilidade para criar um cronograma que funcionasse para eles. Eles teriam menos pressão em torno do caos que se segue quando eles ficam doentes e têm que faltar um dia ou quando querem algum tempo de folga, por exemplo. Quando as Saint Paul Public Schools, em Minnesota, mudaram os horários de início das aulas, elas continuaram a oferecer pelo menos uma opção de ensino fundamental que começava às 9h30 em cada zona de atendimento, para que pais e professores tivessem uma opção que pudesse funcionar para eles. O ponto é que esses obstáculos podem ser superados.[17]

A chave é primeiro entender como cada família define o progresso. Em seguida, devemos entender quais experiências temos que oferecer para criar essa sensação de progresso. O que deve ser priorizado à medida que lidamos com isso investindo os escassos recursos que temos?

Ganhos e perdas a partir da implementação de mudanças

Se pais e alunos têm a ganhar com mudanças no calendário e no dia escolar, por que essas mudanças também geram nos pais uma sensação tão profunda de perda? A resposta curta é que, assim como se afastar do sistema de avaliação tradicional cria uma sensação de aversão à perda, qualquer mudança provavelmente terá uma dinâmica semelhante.

Existe uma nostalgia das férias de verão, das viagens, do tempo na piscina, dos acampamentos de verão, etc. que impede as pessoas de abraçarem a ideia de um ano letivo equilibrado. Eu mesmo tenho um profundo carinho pelos meus verões — desde jogar tênis até trabalhar. A cultura americana tem uma noção profundamente romantizada das férias de verão, que é até incentivada por músicas *pop* dedicadas às alegrias dessa estação do ano. Além disso, existem indústrias inteiras que surgiram em torno das férias de verão, de acampamentos até cursos e *resorts*. Na Nova Inglaterra, onde moro, há cidades que praticamente só existem para o verão, porque suas economias são extremamente dependentes das férias de verão e das atividades turísticas que ocorrem durante esses meses do ano. Como resultado, há interesses em manter as férias de verão do jeito como elas são.

As preocupações com a perda não se limitam às férias de verão ou aos métodos de avaliação. O *status quo* tem uma grande quantidade de seguidores prontos para resistir a qualquer mudança significativa. Assim como é importante reformular a conversa sobre a perda de aprendizado em torno do domínio e do sucesso, também é importante focar no que os pais ganharão com quaisquer mudanças feitas para que eles possam superar seus hábitos enraizados. Mas talvez seja mais importante encontrar maneiras de lidar com a inevitável ansiedade que as pessoas sentem diante das mudanças propostas.[18] As mudanças só acontecem quando a dor ou os desafios de uma situação atual, somados ao fascínio pelo novo, superam os hábitos e as ansiedades já existentes. O esquema mostrado na Figura 7.1 pode nos ajudar a pensar sobre o que é necessário para auxiliar as pessoas a superarem o apego ao *status quo*.

Essa equação significa que os líderes devem trabalhar tanto para aumentar o entusiasmo em torno de uma mudança quanto para reduzir o atrito que a impede. Em muitos casos, isso pode significar ajudar a comunidade a

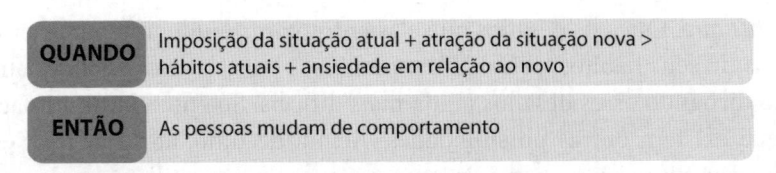

QUANDO	Imposição da situação atual + atração da situação nova > hábitos atuais + ansiedade em relação ao novo
ENTÃO	As pessoas mudam de comportamento

Figura 7.1 Equação das forças do progresso.

chegar a uma solução gradualmente ao longo de um período de tempo. Em outras palavras: não faça uma mudança instantânea. Você também não deve começar com a solução e trabalhar de trás para frente. Liderar uma comunidade em direção a uma solução é uma técnica que foi usada por alguns dos maiores líderes dos Estados Unidos, de Abraham Lincoln a Franklin Roosevelt.

No caso de Lincoln, já fazia um tempo que ele sentia que libertar os escravizados seria importante. Mas ele sabia que muitos no país, de cujo apoio ele precisava, não estavam prontos para uma mudança tão radical. Por isso, ele preparou cuidadosamente o terreno para que as pessoas chegassem a essa conclusão por conta própria. Lincoln sabia, por sua experiência em navegação fluvial, que a linha mais reta para um destino nem sempre é uma linha reta. Para chegar aonde queria, muitas vezes era necessário fazer zigue-zagues ao longo do rio de acordo com as mudanças das correntes.

Da mesma forma, antes de os Estados Unidos entrarem na Segunda Guerra Mundial, Roosevelt gradualmente levou o país a apoiar o Reino Unido por meio de uma série de medidas, como o Destroyers for Bases Act e a Lei de Empréstimo e Arrendamento. Ele também provocou o país dizendo que, se a casa do nosso vizinho estivesse pegando fogo, certamente emprestaríamos uma mangueira de jardim e que, embora os Estados Unidos permanecessem neutros, ele "não poderia pedir que todos os americanos permanecessem neutros em pensamento", entre outras declarações. Ele fez questão de não ser muito radical com o público.[19]

O Capítulo 11 apresenta uma estrutura abrangente sobre quais ferramentas funcionam em quais circunstâncias para ajudar os líderes a impulsionar a mudança, mas, por enquanto, saiba que o mesmo princípio usado por Lincoln e Roosevelt se aplica à educação pública quando não há um consenso claro sobre os objetivos. Não comece pela solução. Em vez disso, defenda o motivo pelo qual as pessoas devem se sentir desconfortáveis com o *status quo*. Ouça os desafios que elas enfrentam. Ajude-as a perceber que alguns de seus hábitos, prioridades, processos e estruturas escolares atuais estão tornando esses desafios ainda mais difíceis. Só então pinte a imagem de que existem outras possibilidades. Acima de tudo, ao fazer isso, evite impor sua visão ou acusar as pessoas que não compartilham dessa visão. Fazer isso pode ser uma receita para o fracasso.[6]

As Boston Public Schools têm uma história que pode ensinar essa lição. A história gira em torno da mudança nos horários de início das aulas.

Em 2017, o distrito anunciou um plano para mudar os horários de início das aulas do ensino médio para mais tarde e os do ensino fundamental para mais cedo. A reação de alguns pais foi rápida e furiosa. As pessoas acreditavam que a mudança prejudicaria os pais de baixa renda, porque tornaria mais difícil conciliar os novos horários com seus empregos. Ou os forçaria a gastar mais dinheiro pagando cuidadores para as crianças, pois seus horários não eram flexíveis.

Somente após o alvoroço, o distrito divulgou uma análise mostrando que os horários de início das aulas atuais estavam prejudicando desproporcionalmente as famílias de minorias.[15] Se o distrito tivesse começado com uma conversa em torno da evidência de como o *status quo* estava prejudicando famílias de baixa renda e minorias para expor os problemas com a situação atual, ele teria criado uma *motivação* para a mudança. Os pais provavelmente teriam ficado mais irritados com a forma como os horários estavam atrapalhando seus trabalhos e prejudicando o aprendizado dos alunos. Então, muitos na comunidade poderiam ter começado a procurar soluções por conta própria. Nesse ponto, o distrito poderia ter apresentado as histórias dos 13% dos distritos escolares que oferecem horários de início das aulas do ensino médio após as 8h30. Isso aumentaria ainda mais o *entusiasmo* por uma nova solução.[16] Os pais provavelmente teriam trabalhado em conjunto com o distrito para projetar uma solução adequada para Boston, demonstrando que esses esforços de mudança não se limitam a melhorar a comunicação. Compartilhar histórias de pais de distritos que recentemente haviam feito essa mudança poderia ter ajudado a reduzir a *ansiedade* das pessoas à medida que o distrito apresentava soluções. Em última análise, a ideia seria se concentrar nos ganhos e reduzir a sensação de que as pessoas estavam perdendo muito ou sequer alguma coisa.

MODELO DE KANO

Se você está lendo este livro atentamente, é possível que algo ainda esteja o incomodando. Será que todos realmente se beneficiariam com mais horas de escola? Durante a pandemia, muitas famílias mostraram o quanto elas valorizavam a escola cuidando das crianças, mas outras preferiram que seus filhos ficassem seguros em casa. De forma mais ampla, como uma escola deve tomar decisões sobre o que priorizar ao investir seus recursos escassos, levando em consideração as diferentes circunstâncias e ideias de progresso das famílias?

O modelo de Kano, desenvolvido na década de 1980 pelo professor Noriaki Kano, da Tokyo University of Science, oferece algumas orientações sobre como tomar essas decisões.

O modelo essencialmente diz que existem três tipos de experiências importantes de serem entendidas para que se possa atender todas as partes interessadas: as básicas, as de desempenho e as para agradar. Como mostra a Figura 7.2, o eixo x mede o nível de implementação de algo e o eixo y mede a satisfação correspondente que alguém sente ou não quando uma funcionalidade experimental é implementada.

O primeiro conjunto de "necessidades" ou experiências é as que chamamos de "básicas". Experiências básicas são coisas que precisam estar lá, mas a escola recebe pouco crédito por melhorá-las. Pense em um carro, por

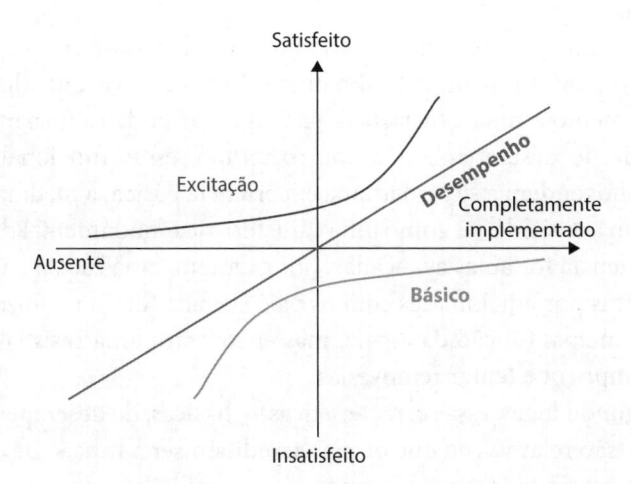

Figura 7.2 Modelo de Kano.

exemplo. Se ele não tiver cintos de segurança, as pessoas vão ficar muito insatisfeitas. Mas melhorar os cintos de segurança não vai deixá-las satisfeitas. Da mesma forma, na maioria das escolas, os pais esperam um certo nível de segurança e limpeza, mas a escola, sem dúvida, recebe pouco crédito por melhorar esses aspectos muito além de um padrão mínimo.

As experiências de desempenho, no entanto, são diferentes. Para cada dólar investido na melhoria de uma experiência de desempenho, há um aumento quase proporcional na satisfação. Essas são as coisas — como investir em mais aulas avançadas, por exemplo — que podem ser altamente atraentes para os pais que consideram a Razão 4 quando estão decidindo onde matricular seus filhos, que envolve as ações que a escola pode tomar para ajudá-los a fazer com que seus filhos alcancem que foi planejado para eles. Cada aula avançada a mais oferecida provavelmente trará mais satisfação, e, inversamente, a ausência dessas aulas provavelmente decepcionará esse grupo de famílias.

Por fim, a última categoria de experiências é a que é conhecida como "para agradar". Essas são coisas que ninguém vai reclamar ou ficar chateado se estiverem ausentes. Mas, se estiverem presentes, poderão agradar a alguém. Coisas como ótimas conexões com uma organização baseada na comunidade local para estágios após a escola ou projetos que permitem que os alunos se conectem com profissionais líderes em um determinado campo para receber *feedback* podem se enquadrar nessa categoria para certas famílias.

Há dois pontos importantes a serem observados sobre esse modelo.

Primeiro, ele é um modelo dinâmico. Isso significa que algo que em algum momento é uma experiência para agradar pode se tornar uma funcionalidade de desempenho. E, com o tempo, essas funcionalidades de desempenho tendem a se tornar uma experiência básica, à medida que mais pais passam a entendê-las como uma característica fundamental das escolas. Se a experiência for aulas avançadas, por exemplo, uma escola não ganhará pontos extras por adicioná-las com os pais que acreditam na Razão 4 como sendo a principal função da escola, mas encontrará uma resistência considerável sempre que tentar removê-las.

Em segundo lugar, essas características — básicas, de desempenho e para agradar — são relativas ao que os pais acreditam ser a função da escola e às circunstâncias de cada pessoa. Nem todas as famílias terão a mesma percepção sobre todas as experiências que uma escola oferece. A forma como elas vão se sentir dependerá de como uma experiência específica se encaixa no progresso que estão buscando em suas vidas.

Por exemplo, as aulas avançadas são importantes para algumas famílias, e não para todas.

Para ilustrar com outro exemplo, muitas escolas adotaram um modelo em que fornecem almoços gratuitos não apenas para alunos que estão em programas sociais, mas para todos os estudantes, independentemente de suas necessidades econômicas. Esse é um bom uso dos recursos? Para as famílias que não precisam dos almoços e que enviam lanches de casa para seus filhos, isso pode parecer um desperdício de dinheiro. Por outro lado, é provável que os alunos oriundos de famílias mais humildes apreciem que o almoço na escola seja gratuito para todos, pois isso não os estigmatiza e transmite a mensagem de que eles não são diferentes dos outros estudantes. Se essas são as dinâmicas, qual seria um meio-termo? Talvez todos os alunos pudessem receber um cartão de identificação ou usar dados biométricos cadastrados em contas nos refeitórios das escolas para as despesas do almoço. As famílias que não precisam do apoio poderiam pagar para colocar dinheiro nos cartões com antecedência, e aquelas que precisam poderiam receber fundos antecipadamente da escola para que nenhum aluno ou pessoa que trabalhasse no refeitório da escola soubesse quais alunos são de quais famílias. Dessa maneira, a escola não pagaria para subsidiar indivíduos que não precisam do apoio.

Esses dois pontos têm implicações importantes para as escolas em relação à necessidade das famílias de cuidados com as crianças. Anteriormente, mencionei que cuidar das crianças não deve ser um objetivo da educação para os pais, mas, sim, um serviço importante da escola para muitas famílias. O modelo de Kano pode ajudar cada comunidade escolar a lançar mais luz sobre esse importante tópico e separar os problemas enfrentados por diferentes famílias.

Aqui está uma maneira possível de pensar sobre isso. Antes da pandemia, cuidar das crianças era provavelmente uma experiência básica para muitas famílias. Isso era verdade para pais que matriculavam seus filhos em escolas presenciais, independentemente do que elas tinham como objetivo para a educação que oferecem para os alunos. Um padrão mínimo de cuidados com as crianças era algo que eles tinham como certo. Essa exigência ficou muito mais clara quando muitas escolas adotaram o ensino remoto e algumas famílias começaram a buscar opções presenciais.

Também é possível que muitas famílias tenham percebido que cuidar das crianças não é apenas um serviço básico. Agora que os pais foram obrigados a recuar e não mais considerar a escola e os cuidados com as crianças como algo garantido, eles tiveram a oportunidade de refletir sobre o que realmente precisam de uma escola. Muitos agora podem enxergar esse serviço como uma funcionalidade de desempenho em que uma cobertura mais ampla e flexível vai melhorar significativamente a satisfação.

Ainda assim, outras famílias podem enxergar os cuidados com as crianças como uma funcionalidade para agradar. Elas não precisam dessa funcionalidade, mas ficam satisfeitas com o fato de ela ser uma possibilidade. E outras famílias provavelmente perceberam que a escola cuidar das crianças não é algo tão importante para elas. Elas podem até se perguntar por que uma escola estaria "desperdiçando dinheiro" com isso, já que é algo que não as ajuda especificamente. Afinal, a escola poderia estar gastando esse dinheiro em outra coisa.

Independentemente de onde diferentes famílias se enquadrem, é preciso reconhecer que suas visões sobre os cuidados com as crianças e sobre a educação podem mudar à medida que suas circunstâncias se alterem.[20]

Isso reforça a importância de uma mudança para um sistema mais flexível, capaz de responder às diferentes circunstâncias e desejos de progresso de cada família em momentos distintos.

FLEXIBILIDADE E DESAGREGAÇÃO

Para criar um conjunto de ofertas mais flexível e personalizado, a teoria da interdependência e modularidade introduzida no Capítulo 3 nos oferece *insights* valiosos. Conforme discutido, essa teoria mostra que as escolas devem se integrar ainda mais aos serviços tradicionalmente considerados fora de seu domínio, a fim de atender os alunos que mais precisam de apoio.

Mas, como observado, o crescimento da aprendizagem digital criou outras oportunidades para as famílias para as quais a escola pública tradicional acaba trazendo ofertas *excessivas*, pois o ensino digital permite que as escolas modularizem cada vez mais partes da escola e da experiência em sala de aula para personalizar a educação dos alunos. Devido à pandemia e ao amadurecimento contínuo das ferramentas digitais de aprendizagem, agora alguns pais querem não apenas uma experiência personalizada para seus filhos. Eles também querem cada vez mais *controlar* e personalizar essa experiência, assim como vimos em outros setores.

Embora isso possa ser visto como um exagero para muitas escolas, vale a pena considerar alguns dos esforços possíveis nesse terreno.

Como discutimos no Capítulo 1, as Edgecombe County Public Schools, na Carolina do Norte, estão desenvolvendo um modelo de microescola com uma central e várias filiais menores. Diversos pais em Edgecombe relataram que querem que seus filhos permaneçam nesses arranjos e não retornem à educação presencial tradicional. Não é difícil entender por quê. Aproveitar todos os recursos da comunidade nesses arranjos é um grande atrativo. O ensino digital possibilita essa maior customização, pois torna a aprendizagem mais personalizada e muda o papel dos educadores, além de oferecer maior liberdade em relação a onde e quando os alunos aprendem.

Antes da pandemia, na Flórida, um grupo de pais, particularmente de alunos do ensino fundamental, começou a controlar a educação de seus filhos e fazer uma combinação personalizada de escola pública física, escola *on-line*, educação domiciliar e até mesmo educação privada (como aulas particulares de música). Por exemplo, um aluno pode estudar os conteúdos básicos *on-line* em casa, ter aulas de artes e educação física na escola primária local e matricular-se em uma escola de música para ter aulas particulares de piano. Ou pode frequentar as aulas principais na escola pública e participar de atividades extracurriculares *on-line*. Tudo isso é possível na Flórida graças ao programa flexível da Florida Virtual Schools (FLVS, Escolas Virtuais da Flórida), que permite que os alunos participem das aulas em meio período.[21]

O surgimento de uma grande variedade de microescolas mostra um fenômeno semelhante. As famílias que enviam seus filhos para microescolas geralmente buscam uma opção que seja diferente da educação domiciliar, que possa personalizar o aprendizado de acordo com as necessidades de seus filhos. Essas famílias costumam ficar entusiasmadas com a possibilidade de seus filhos frequentarem escolas menores e mais liberais, onde podem personalizar a experiência em áreas como música, artes, ciências, engenharia e esportes, indo à escola apenas alguns dias por semana. Para esses pais, é bom que a escola tenha uma oferta limitada, pois eles vão encontrar outras maneiras de proporcionar aos filhos as outras experiências desejadas.

Isso é feito há anos pelos pais que educam seus filhos em casa. Cada vez mais, alguns deles querem aproveitar alguns dos benefícios de sua escola pública local, pelos quais estão pagando com seus impostos. Como documentado por Michael McShane em seu livro *Hybrid Homeschooling*, os distritos do Colorado, Michigan e Kentucky podem aproveitar recursos que lhes permitem atender estudantes em educação domiciliar híbrida por meio de uma variedade de arranjos de meio período. Por exemplo, o superintendente do ano do Kentucky, Brian Creasman, da Fleming County Schools, aproveitou a oportunidade para inscrever estudantes de educação domiciliar híbrida em programas baseados no domínio e adotar regulamentos estaduais que dispensam a Carnegie Unit, uma unidade de medida do mínimo de tempo que uma criança deveria passar na escola, um instrumento em desacordo com a aprendizagem baseada no domínio. Esses regulamentos que permitiram a inovação, disse Creasman, estavam "bem na nossa frente".[22]

Muitos podem temer que essa tendência seja onerosa. Os estudantes poderiam usar um número desproporcional de serviços financiados pelo Estado.

Porém, de acordo com os números internos da FLVS de antes da pandemia, isso não acontece. Ao olhar para os estudantes que foram considerados inelegíveis para o programa flexível no ano letivo mais recente por não terem frequentado uma escola pública no ano anterior, a FLVS buscou investigar para onde esses alunos foram. Alguns deles voltaram para um ambiente de escola domiciliar ou para escolas particulares. Outros frequentaram a FLVS em tempo integral (uma opção mais acessível, do ponto de vista do Estado, do que uma escola pública tradicional). Alguns se matricularam em uma escola pública tradicional. Se esses alunos tivessem se matriculado no programa flexível da FLVS, o impacto líquido no financiamento público teria sido positivo, representando uma economia de cerca de US$ 400,00 a US$ 500,00 por aluno. Isso é significativo em um Estado onde o financiamento total por aluno gira em torno de US$ 8.500,00.

Embora estejamos observando um movimento em direção a uma maior personalização nas microescolas, os distritos podem criar escolas que ofereçam os benefícios de uma microescola, mas se pareçam com centros comunitários. Nesses centros, eles poderiam fornecer uma variedade de profissionais e serviços no local para apoiar alunos com diferentes necessidades, bem como acesso à aprendizagem *on-line* de provedores como a FLVS, a Outschool, a Prep Digital da Arizona State University, a Edmentum, a Edgenuity, a Pearson, a Stride e a New Hampshire Virtual Learning Academy Charter School. Durante a pandemia, o Oakland Unified School District trabalhou em parceria com a Salesforce para manter a conexão de alunos a serviços essenciais. O distrito se tornou 36% mais rápido em fazer a correspondência entre os alunos necessitados e seus serviços, e garantiu que 100% dos professores estivessem informados do que estava acontecendo para que pudessem acompanhar a qualidade do serviço.

A aprendizagem digital pode ajudar a desconstruir as escolas. Ela pode auxiliar na criação de ofertas modulares que aproveitem a comunidade como um todo para oferecer mais opções. Os educadores podem apoiar aqueles que não aproveitam essas escolhas criando as estruturas adequadas para que eles tenham sucesso e prosperem.

Programa flexível da Florida Virtual Schools:
https://www.youtube.com/watch?v=VWFRGEt8I6Y

Educação domiciliar híbrida em Blount County, Tennessee:
https://www.youtube.com/watch?v=q402lfFtE-s

O ESTRESSE DA ESCOLA PARA OS PAIS

Os pais enfrentam muitos desafios com as escolas em sua forma atual. Em muitos casos, elas não oferecem os cuidados adequados para seus filhos. Elas não dão todo o apoio necessário para alguns alunos. Outros pais se sentem sobrecarregados com as ofertas e querem algo mais personalizado. Para a grande maioria, o relacionamento com os professores é muitas vezes tenso, já que esses professores estão não apenas ensinando e apoiando seus filhos, mas também os avaliando e julgando. E hoje muitos pais sentem que eles mesmos estão sendo julgados pelo critério de quão bem ou o quão mal seus filhos estão indo na escola.

Outra mãe, Mira Browne, que também atuou como diretora-executiva da organização sem fins lucrativos Prepared Parents, que ajuda a apoiar os pais na criação de filhos bem-sucedidos, falou em nosso *podcast Class Disrupted* e esclareceu ainda mais o quão estressante tudo isso pode ser. Vale a pena citar todo o seu comentário:

Houve uma noite em janeiro... que está tão vívida em minha memória. Estávamos sentados à mesa da cozinha, provavelmente perto da meia-noite. Estávamos exaustos. E tínhamos várias planilhas à nossa frente. Se alguém visse, pensaria que estávamos fazendo um planejamento financeiro. De certa forma, estávamos, mas não era isso. Estávamos literalmente planejando nosso verão semana por semana... Isso foi antes da pandemia. Estávamos tentando resolver: quando eu iria viajar? Quando ele iria viajar? Quais acampamentos estavam disponíveis? Para onde deveríamos enviar nosso filho? Quanto isso custaria? Tínhamos uma planilha que detalhava o período de verão minuto a minuto, semana a semana, e, no meio disso, também estávamos colocando: "Quando abrem as inscrições para esse acampamento?", ou algo assim. Era como montar um quebra-cabeça. Era o que estávamos tentando fazer para preencher nosso verão. Nem todos os acampamentos duravam o dia inteiro. Então, se você é alguém que trabalha em tempo integral e um acampamento termina ao meio-dia ou às 13h, isso não ajuda muito. Você tem que sair do trabalho para buscar seus filhos e levá-los para casa ou para outro lugar e, em seguida, descobrir como preencher a tarde deles. Quais acampamentos são o dia todo? Se não tiver nenhum, você tem que arranjar dinheiro para pagar uma programação depois da escola, nesse caso depois da programação do acampamento. E como você se mantém dentro do seu orçamento? O que é longe demais? Existem ótimos acampamentos a 45 minutos de distância. Como alguém que trabalha, como você dirige 45 minutos para ir e mais 45 para voltar para deixar uma criança lá e outra criança aqui? E se você tem mais de um filho, precisa pensar em todas as necessidades individuais deles.

Aquela noite foi tão cansativa.

Ao mesmo tempo, eu estava sentindo essa pressão esmagadora como mãe, porque éramos novos em Austin e alguns amigos nos enviaram suas planilhas de verão, porque todos os pais têm essas planilhas — pelo menos foi o que aprendi nos últimos dois verões. E, novamente, havia todos esses acampamentos que ofereciam desde esportes até atividades ao ar livre, robótica ou programação para crianças pequenas. Eu olhava aquilo, e eles literalmente dividiam o tempo de seus filhos entre todas essas paixões, interesses, acampamentos, etc. Eles sabiam o que seria enriquecedor e divertido.

Eles estavam me enviando essas planilhas para serem legais, e eu reconhecia isso, mas ainda assim sentia muita ansiedade. Eu pensava no meu filho, que havia tido um ano escolar extremamente difícil e que não lida bem com transições, indo de acampamento em acampamento, criando novas expectativas e aprendendo novas regras a cada semana, estando com um novo grupo e fazendo aquela viagem todos os dias. Eu pensava: "Não dá. Como vou fazer isso?".

Então senti essa pressão. Eu iria deixá-lo para trás? Isso pode até soar bobo quando você está pensando sobre o verão, que tem oito semanas. Mas eu iria deixar meu filho ficar para trás? Se eu não desse a ele os Legos e a exploração e a robótica e a natureza e isso e aquilo...

Há tanta coisa que uma mãe tem de considerar para o verão, porque ele se tornou praticamente uma extensão dessa corrida em que você se encontra como mãe ou pai. Você sente isso durante o ano inteiro com as atividades extracurriculares de que seus filhos estão participando, ou às quais você os expõe, quais experiências eles têm. Isso está começando cada vez mais cedo, e os pais estão realmente estressados em relação a como preencher o tempo, como se certificar de que as crianças estejam tendo o melhor do melhor, se for possível pagar. E, se não puder, você fica tentando preencher oito semanas, ou o tempo que for, com "como eu vou costurar o tempo dos parentes e amigos para cuidar dos meus filhos e ter certeza de que eles estão seguros, porque eu ainda tenho que trabalhar?".[8]

As palavras de Mira indicam algo muito maior do que o estresse de planejar as férias de verão: a corrida da qual muitos pais sentem que devem não apenas participar, mas também se destacar e vencer — se é que existe vencer nesse caso.

As décadas de 1960 e 1970 viram surgir um segmento de pais que não haviam sido criados na Grande Depressão, mas, sim, em um ambiente de relativa prosperidade. A definição deles de criar bem os filhos se expandiu para incluir a oferta de experiências enriquecedoras para as crianças. Antes, como observado por Clayton Christensen, as crianças costumavam trabalhar para os pais, ajudando-os nas tarefas domésticas, ao passo que hoje, em muitas famílias, os pais trabalham para as crianças. Refletindo essa mudança, o termo *parenting* ("parentalidade", em português) apareceu pela primeira vez no Oxford English Dictionary em 1918, mas só se tornou popular a partir da década de 1970. O termo *parenting* veio substituir as expressões *child rearing* e *child care* (criação e cuidados infantis, em português). Ele transmite um sentido de "ciência" de como criar os filhos, com um foco profundo no papel dos pais. Isso, portanto, aumenta a ansiedade dos pais em relação à sua capacidade de criar bem os filhos. Como Britt Peterson resumiu em um artigo no *Boston Globe* sobre os pensamentos do professor da George Mason University Peter N. Stearns, que escreveu o livro *Anxious Parents: A History of Modern Childrearing in America*: "À medida que o século XX avançava, os pais absorviam uma gama cada vez mais ampla de responsabilidades pelo bem-estar, felicidade e futuro de seus filhos", ao mesmo tempo que estavam mais ocupados do que nunca trabalhando fora de casa em uma família sustentada por duas fontes de renda.[23]

No entanto, a questão de saber se alguém está criando "bem" os filhos muitas vezes gira em torno de observar as realizações e a uma certa concepção de "oportunidades" que os pais estão "fornecendo" para seus filhos. E muitas vezes essa observação é seguida de questionamentos sobre o que os pais estão deixando de fornecer.

Muito disso veio não apenas das mudanças circunstanciais do país e das estruturas familiares, mas também porque o sistema escolar americano permaneceu preso em um jogo de soma zero, em que, para cada vencedor, parece haver um perdedor. Muitos pais sentem que devem acompanhar tudo isso, porque é importante progredir e ser bem-sucedido nessa corrida artificial por prêmios ou conquistas. Mas, à medida que os indivíduos são integrados à sua maneira no mundo real, subir uma escada linear se torna menos relevante do que nossas jornadas e caminhos, e o que é importante para nós se contorce, transforma e muda. No livro *Choosing College I*, do qual sou coautor, aprendemos que uma das principais razões pelas quais muitos estudantes vão para a faculdade é entrar na melhor universidade possível, apenas por entrar ou para fazer o que os outros esperavam deles. Em ambos os casos, a faculdade é o próximo passo lógico em uma jornada estabelecida para eles. Raramente eles questionaram essa jornada. O processo gira em torno de entrar, não do que eles fariam ou como eles continuariam a se desenvolver uma vez que estivessem lá.

Se, no entanto, transformarmos nosso sistema de ensino em um sistema de soma positiva — em que o objetivo não é que os estudantes sejam os melhores em relação aos outros, mas que sejam o melhor que conseguem ser e desenvolvam suas singularidades, sejam quem for e o que isso possa implicar, à medida que constroem suas paixões e realizam seus potenciais humanos —, então a equação para os pais também pode mudar. Talvez as tensões da criação dos filhos, com uma mentalidade de escassez em um mundo de abundância, também possam se dissipar.

Embora os comportamentos dos indivíduos possam mudar rapidamente, vimos que é difícil que o senso comum de progresso das pessoas mude rapidamente. Os pais podem agarrar-se à sua noção do que "supostamente" devem fazer por seus filhos por algum tempo. Isso pode resultar em atrito. Em vez de focar nos hábitos de sucesso que estão ajudando a incutir em seus filhos — como os para que eles se tornem indivíduos capazes de lidar com a vida, contribuir para a sociedade e aprender coisas novas conforme queiram —, os pais podem se concentrar *no que* seus filhos sabem e conseguem fazer e em suas conquistas como um sinal de realização para si mesmos. Como resultado, eles podem resistir a mudanças que desafiam o *status quo* e tentam mudar essa dinâmica. Porém, se os educadores puderem ajudar os pais a lidar com essa mudança em direção a um sistema educacional de soma positiva, minimizando a perda e enfatizando os ganhos que podem resultar em sanidade e paz, talvez a definição de parentalidade também possa mudar de maneira positiva. Isso não significa que será fácil, mas que a mudança vale a pena. Há maneiras de inovar junto com os pais nessa jornada em vez de impor as inovações a eles.

PONTOS-CHAVE

- Quando os pais decidem mudar seus filhos de escola, eles estão buscando ajudá-los a superar um obstáculo, a fazer parte de uma comunidade alinhada a certos valores, a se desenvolver integralmente ou apenas a realizar o plano que eles têm para a criança.
- É difícil para qualquer escola ter uma solução única que sirva para todas as circunstâncias e formas de progresso que os pais desejam. Concentre-se em ser bom em um conjunto de coisas, e não em todas.
- Conforme os educadores buscam fazer mudanças, é importante projetar essas soluções para apoiar o progresso que os pais desejam.
- Mudar o calendário escolar e os horários da escola parece ser algo que poderia ajudar muitos pais, mas isso precisa ser feito de maneira alinhada com o progresso que os pais estão priorizando.
- Reformular as mudanças para destacar o que se ganha com elas, e não o que se perde, é um passo importante para ganhar adesão. Não comece pela solução ou imponha uma inovação para os pais. Inove com eles.

- O modelo de Kano pode ajudar as escolas a entender quais experiências e investimentos elas devem priorizar ao implementar mudanças.
- Ser pai ou mãe hoje em dia é estressante. Mudar para um sistema de educação de soma positiva pode ajudar a combater as causas desse estresse.

NOTAS

1. LAKE, R. Building public education back better: could learning hubs and micro-schools be the foundation?. *Center on Reinventing Public Education (CRPE)*, 2021. Disponível em: https://www.crpe.org/thelens/building-public-education-back-better-could-learning-hubs-and-micro-schools-be-foundation. Acesso em: 30 jul. 2023.
2. BLUME, H. L. A. Unified enrollment drops by more than 27,000 students, steepest decline in years. *Los Angeles Times*, 2021. Disponível em: https://www.latimes.com/california/story/2021-09-28/lausd-enrollment-drops-by-30000-students-amid-covid-19. Acesso em: 30 jul. 2023.
3. No auge da variante Ômicron, os pais expressaram prioridades completamente diferentes sobre educação e saúde. De acordo com uma pesquisa da NBC News, 30% deles estavam mais preocupados com a covid, ao passo que 65% estavam mais preocupados com o possível atraso sofrido na educação das crianças. "220027 NBC News January Poll. *NBC News Survey,* , 2022. Disponível em: https://www.documentcloud.org/documents/21184709-220027-nbc-news-january-poll. Acesso em: 30 jul. 2023.
4. Esta seção resume grande parte do seguinte artigo:
    TORRES, A. Research insights: why parents choose independent schools. *National Association of Independent Schools (NAIS)*, 2019. Disponível em: https://www.nais.org/magazine/independent-school/winter-2019/research-insights-why-parents-choose-independent-schools/. Acesso em: 30 jul. 2023.
    Embora esse resumo se concentre em escolas independentes, realizamos mais pesquisas para verificar que essa estrutura também se aplica a outras trocas de escola.
5. As famílias dessa pesquisa abrangeram uma variedade de dados demográficos em termos de raça com crianças de várias idades, do ensino fundamental ao ensino médio. Elas matricularam as crianças em escolas particulares, escolas públicas distritais e escolas *charter* públicas.
6. Para saber mais sobre como fazer as pessoas mudarem de ideia, consulte:
    GRANT, A. *Think again: the power of knowing what you don't know*. New York: Viking, 2021.

7. HORN, M. B. Inside iron county's reinvention of its schools. *The Future of Education*, 2021. Disponível em: https://michaelbhorn.substack.com/p/inside-iron-countys-reinvention-of?s=w. Acesso em: 30 jul. 2023.

8. BROWNE, M. Should school be year-round?. Entrevistadores: Michael B. Horn, Diane Tavenner. *Class Disrupted*, 1 temp., 9 ep., 2020. *Podcast*. Disponível em: https://www.the74million.org/article/listen-class-disrupted-episode-9-should-school-be-year-round/. Acesso em: 30 jul. 2023.

9. LAPIDOS, J. Do kids need a summer vacation? *Slate*, 2007. Disponível em: https://slate.com/news-and-politics/2007/07/why-do-schoolchildren-get-a-three-month-summer-vacation.html. Acesso em: 30 jul. 2023.

10. REILLY, L. Why do students get summers off? *Mental Floss*, 2019. Disponível em: https://www.mentalfloss.com/article/56901/why-do-students-get-summers. Acesso em: 30 jul. 2023.

11. Frederick Hess cita o historiador Kenneth Gold neste artigo.

    HESS, F. M. Summer vacation is not longer necessary. *Year-Round Schools*, 2008. Disponível em: https://www.cbsd.org/cms/lib07/PA01916442/Centricity/Domain/338/Summer%20Vacation%20is%20no%20longer%20necessary.pdf. Acesso em: 30 jul. 2023.

12. SKINNER, R. R. Year-Round Schools: in brief. *Congressional Research Service*, 2014. Disponível em: https://sgp.fas.org/crs/misc/R43588.pdf. Acesso em: 30 jul. 2023.

13. FULLER, A. Piedmont elementary teachers say year-round school benefits students. *Charleston Gazette-Mail*, 2019. Disponível em: https://www.wvgazettemail.com/news/piedmont-elementary-teachers-say-year-round-school-benefits-students/article_31ea492a-9b7a-594b-a10d-9980c8ec1cee.html. Acesso em: 30 jul. 2023.

14. SELINGO, J. J. *There is life after college: what parents and students should know about navigating school to prepare for the jobs of tomorrow*. New York: HarperCollins, 2017.

15. DREILINGER, D. How to make school start later: early-morning high school clashes with teenage biology, but change is hard. *Education Next*, v. 19, n. 3, 2019. Disponível em: https://www.educationnext.org/how-to-make-school-start-later-early-morning-high-school-clashes-teenage-biology-change-hard/. Acesso em: 30 jul. 2023.

16. HEISSEL, J.; NORRIS, S. Rise and shine: how school start times affect academic performance. *Education Next*, v. 19, n. 3, 2019. Disponível em: https://www.educationnext.org/rise-shine-how-school-start-times-affect-academic-performance/. Acesso em: 30 jul. 2023.

17. Para esse fim, também estamos vendo uma onda de inovação no transporte escolar. O Estado do Arizona, "por meio da organização sem fins lucrativos A for Arizona, concedeu US$ 20 milhões em subsídios a um grupo de administradores de escolas *charter*, gestores de escolas, distritos escolares, cidades e outros distritos" para promover "inovação no transporte estudantil". MCSHANE, M. Arizona is modernizing school transportation. *Forbes*, 2021. Disponível em: https://www.forbes.com/sites/mikemcshane/2021/11/11/arizona-is-modernizing-school-transportation/?sh=20b59f3a9c98. Acesso em: 30 jul. 2023.

LADNER, M. The Case for improving equity through the modernization of Arizona K–12 transportation. *Arizona Charter Schools Foundation*, 4 nov. 2021. Disponível em: https://azcharters.org/2021/11/04/oh-the-places-well-go/. Acesso em: 30 jul. 2023.

BURGOYNE-ALLEN, P. *et al*. The challenges and opportunities in school transportation today. *Bellwether Education*, jul. 2019. Disponível em: https://bellwethereducation.org/publication/challenges-and-opportunities-school-transportation-today. Acesso em: 30 jul. 2023.

18. Para ser claro, as pessoas não perderão muitas das coisas que temem perder. Por exemplo, essas cidades da Nova Inglaterra e os acampamentos de verão podem continuar existindo, já que os alunos ainda terão folga durante o verão. E, com o aumento dos recessos durante o outono e a primavera, as mudanças criarão novas oportunidades. Para as pessoas que amavam seus empregos de verão, esses trabalhos ainda poderiam ocorrer, mas poderia integrar a experiência de todos como parte do dia escolar invertido, uma microescola ou escola comunitária que cria tempo fora do *campus*. Também poderia ocorrer na estrutura de expedições que a Summit Public Schools oferece, ou durante os intervalos mais frequentes que existem em um calendário escolar equilibrado.

19. Doris Kearns Goodwin faz um ótimo trabalho ao retratar essa dinâmica em seu livro:

GOODWIN, D. K. *No ordinary time: Franklin and Eleanor Roosevelt: the home front in world war II*. New York: Simon & Schuster, 1995.

20. Em um episódio de *Class Disrupted*, Diane Tavenner também argumentou que é possível que a pandemia tenha feito com que alguns professores percebessem que têm uma visão diferente de suas responsabilidades — que eles se veem principalmente como educadores, e não como pessoas responsáveis por cuidar das crianças, e com isso perceberam que agora poderiam educar remotamente. Isso pode ter contribuído para uma divisão mais profunda entre como alguns professores e pais veem o papel da escola.

HORN, M. B.; TAVENNER, D. What is driving parent frustration with schools?. *Class Disrupted*, 3 temp., 11 ep., 11, 2022. *Podcast*. Disponível em: https://bellwethereducation.org/publication/challenges-and-opportunities--school-transportation-today. Acesso em: 30 jul. 2023.

21. FLORIDA VIRTUAL SCHOOL. Individual courses (FLVS Flex), 2023. Disponível em: https://www.flvs.net/flex. Acesso em: 30 jul. 2023.
22. MCSHANE, M. *Hybrid homeschooling*. Lanham: Rowman & Littlefield, 2021. cap. 5.
23. PETERSON, B. The effects of 'parenting' on child-rearing. *Boston Globe*, 2015. Disponível em: https://www.bostonglobe.com/ideas/2015/05/09/the-effects-parenting-child-rearing/2V1W0g4gYGcouAGki40ScL/story.html. Acesso em: 30 jul. 2023.

8

A tecnologia

Trinta minutos depois, Júlia estava revirando os olhos novamente. A Sra. Alvera distribuiu folhas de atividades para os alunos que estavam no começo de cada fileira de classes, os quais, por sua vez, entregavam as folhas para os alunos que estavam atrás. A tarefa era de ciências, sobre matéria e energia nos ecossistemas.

Por que todas essas folhas?!? Júlia queria gritar.

Ela manteve a boca fechada, é claro, mas sabia que não era a única se sentindo frustrada.

A Sra. Alvera também sentia que algo estava acontecendo. Desta vez, ela se aproximou silenciosamente de Júlia.

"Ei, Júlia, está tudo bem?", perguntou.

"Sim, mais ou menos, quer dizer, não sei", respondeu Júlia suavemente.

"Júlia", começou a Sra. Alvera. Mas então ela fez uma pausa. Cinco segundos depois, Júlia preencheu o silêncio.

"É que durante a pandemia nós, tipo, usamos o computador para esse tipo de coisa", disse ela. "Por que não podemos fazer isso agora?"

"Você gosta de aprender pelo computador, é isso?"

"Sim, isso mesmo", disse Júlia. "Quer dizer, não tudo. Mas eu gosto de poder ir no meu próprio ritmo, e ele me diz como eu estou indo, tipo, na hora. E, de qualquer forma, eu já sei essas coisas que estamos estudando agora."

"É mesmo?" O interesse da Sra. Alvera aumentou.

"Sim, na semana passada assisti a um monte de vídeos no YouTube sobre ecossistemas, matéria e energia, porque estava curiosa. Então meu pai e eu fizemos em casa alguns experimentos com algumas plantas apenas para testarmos na prática", disse Júlia. Ela estava se sentindo mais relaxada e confiante. Conseguia ver que a Sra. Alvera estava genuinamente interessada. "Sim, e, tipo, eu também tinha aprendido no YouTube sobre todas aquelas coisas sobre servidão por contrato que vimos antes. Além disso, todas as outras coisas que nem vimos."

Júlia fez uma pausa e deu uma risadinha. "E, sim, eu provavelmente vi algumas outras coisas que eu não deveria ter visto. Mas..." Ela parou. Não queria ter dito essa última parte. Mas era verdade.

A Sra. Alvera assentiu. "Entendo, Júlia. De verdade. Às vezes eu também gostaria que ainda estivéssemos fazendo mais coisas com a tecnologia. Vou ver a possibilidade disso esta tarde. Mas, por enquanto, o que você acha de andar pela sala e ver se algum colega precisa da sua ajuda?"

Os olhos de Júlia se iluminaram enquanto ela levantava de sua cadeira. A Sra. Alvera a observou e sorriu. Talvez um pouco de energia social positiva pudesse desviar por enquanto a atenção de Júlia da falta de tecnologia na aula — e de qualquer coisa inapropriada a que ela tivesse assistido on-line. Mas deve haver um formato melhor daqui para frente, pensou ela.

* * *

No começo da pandemia, a tecnologia educacional se tornou onipresente na vida da maioria dos educadores, alunos e pais. Zoom, Google Classroom, *softwares* educacionais, conteúdos digitais e várias ferramentas digitais, como PearDeck, Flipgrid, EdPuzzle, Nearpod e Outschool, tornaram-se nomes conhecidos.[1]

No entanto, apesar de ter virado tendência, ficou evidente que a tecnologia não é uma solução mágica para todos os desafios da educação. Muitos alunos, pais e educadores frustrados podem atestar isso com base em suas experiências nos últimos anos.

Um dos argumentos centrais no meu primeiro livro, *Inovação na sala de aula*, foi que a tecnologia não poderia ser uma solução milagrosa. Em vez disso, o modo como a tecnologia é usada é muito mais importante. Em *Inovação na sala de aula*, nossas conclusões apoiaram a pesquisa do historiador da educação Larry Cuban sobre como a tecnologia teve um impacto limitado nas escolas até aquele momento,[2] fornecendo a base teórica acadêmica para fundamentar suas afirmações e sua documentação.

Uma razão central pela qual a tecnologia não é uma solução milagrosa é que, como está sendo encaixada em um modelo existente, ela só pode servir, na melhor das hipóteses, como um recurso adicional para reforçar os processos e prioridades existentes desse modelo. Isso significa que ela consegue tornar uma operação mais eficiente ou permitir que ela assuma tarefas adicionais, mas não consegue reinventar o modelo por si só. Isso também significa que em muitos casos ela vai entrar em conflito com os processos e prioridades da organização e, portanto, não será amplamente utilizada.

Se o sistema escolar atual otimizasse a capacidade de todos de construir suas paixões e realizar seu potencial humano, a tecnologia poderia ser bastante útil. Mas esse não é o caso.

O sistema escolar atual não foi construído para otimizar o potencial de todos. Ele foi projetado para fornecer instrução para as massas da maneira mais econômica conhecida até então e para classificar os alunos ao longo do caminho. Foi construído como um sistema de soma zero, e não de soma positiva. Os resultados que ele fornece são exatamente os que ele foi construído para alcançar. Implementar a tecnologia nesse sistema só vai perpetuá-lo e melhorá-lo marginalmente.

Isso não quer dizer que tornar algo mais eficiente ou um pouco melhor ou permitir que assuma mais tarefas não seja valioso. Veja, por exemplo, as boas implementações da tecnologia que ajudam os alunos na construção de sua capacidade individual de ler ou aprender matemática. Mas o valor é limitado, no sentido de que não será algo transformador. Além disso, é um grande desperdício quando a tecnologia contradiz diretamente os processos e prioridades de uma escola e, portanto, não é utilizada.

Dito isso, fica claro que a tecnologia digital é cada vez mais um requisito para navegar na sociedade atual e na economia baseada no conhecimento. Tentar funcionar na sociedade sem tecnologia digital e acesso à internet é difícil, o que significa que agora é fundamental usar a tecnologia digital na educação. Isso vale particularmente para os alunos mais velhos, mas também é algo a ser levado em conta pelos educadores conforme eles procuram reinventar o modelo de aprendizagem para priorizar o domínio.

Este capítulo não busca promover o vasto potencial da tecnologia para ajudar nessa reinvenção do modelo de aprendizagem. Meus livros anteriores, *Inovação na sala de aula* e *Blended*, já fizeram isso. *Blended* continua sendo um guia muito útil para ajudar a projetar um modelo de aprendizagem melhor tirando proveito da tecnologia. Este capítulo também não é um guia abrangente para implementar computadores individuais para cada estudante ou outras iniciativas de tecnologia educacional. Em vez disso, este capítulo oferece algumas ideias práticas sobre como pensar a respeito da adoção dessas iniciativas. Quais são os requisitos mínimos obrigatórios? O que as comunidades escolares devem procurar e o que devem evitar ao adotar a tecnologia educacional?

O MÍNIMO

Para muitas famílias nos Estados Unidos, a internet é um serviço básico, assim como água ou eletricidade. Ter um dispositivo que podemos usar para trabalhar e no nosso cotidiano parece ser um requisito atualmente. Antes da pandemia, 90% dos adultos americanos usavam regularmente a internet, e cerca de três quartos do país tinham acesso à internet de banda larga em casa.[3]

Mas, como a covid-19 mostrou vividamente, isso significa que muitos não tiveram esse acesso. Antes da pandemia, mais de 16,9 milhões de estudantes americanos não tinham acesso a uma internet de alta velocidade em suas casas. Cerca de 7,3 milhões de estudantes não tinham um dispositivo para isso em casa.[4] Aproximadamente 2,9 milhões de estudantes *sequer tinham acesso* à internet em casa.[5] Para muitos, isso significava que era quase impossível participar do ensino remoto. Esse fenômeno impactou de forma desproporcional e significativa os estudantes de baixa renda.

O ensino remoto não é o futuro para a maioria dos estudantes. Ao escrever *Inovação na sala de aula*, calculamos que a educação domiciliar ou as escolas virtuais em tempo integral eram uma opção improvável para pelo menos 90% dos estudantes. Embora a pandemia e as inovações resultantes possam mudar isso um pouco, a realidade é que a maioria dos alunos vai frequentar o ensino presencial. Esse é um bom sinal. Para a maioria dos alunos (mas não para todos), a aprendizagem presencial funciona melhor do que a aprendizagem remota, por diversas razões.

Mas a falta de acesso à tecnologia não era um problema apenas porque as escolas precisaram de um plano de prevenção de desastres para ser adotado no ensino remoto. A falta de acesso à tecnologia digital para fazer trabalhos escolares significativos é um problema para os alunos mais velhos, em particular se considerarmos que um dos principais objetivos da escola é preparar os alunos para levar uma vida cheia de escolhas e propósitos. Se 90% dos adultos usam regularmente a internet, como alunos que não a usam regularmente vão se preparar para usá-la após se formarem?

Para pensar sobre a importância disso, imagine o cenário a seguir.

Um jovem de 18 anos frequenta uma escola que não permite que os alunos levem seus próprios dispositivos para as aulas. A proporção total de computadores para estudantes nessa escola é de um para quatro. Esses computadores são compartilhados entre as salas de aula, o que limita o tempo de uso de cada aluno. Junte isso com a possibilidade de que esse aluno não tenha em casa acesso a um dispositivo conectado à internet. Talvez exista lá um *smartphone*, mas não um computador. Isso é relevante porque as situações de uso e o tipo de trabalho realizado nesses dispositivos são diferentes. Imagine o que vai acontecer quando esse aluno chegar à faculdade ou começar a trabalhar depois do ensino médio. A faculdade ou o empregador provavelmente esperarão que ele seja desenvolto com dispositivos em uma variedade de plataformas. Dois terços dos empregos criados na última década exigem pelo menos conhecimentos moderados de informática.[6]

Além disso, como se pode esperar que esse aluno vá desenvolver projetos, mesmo que limitados, na escola? Ou o tipo de experiência descrito no Capítulo 5, em que os projetos são algo tão central? Pense em projetos simples, como pesquisar e escrever um artigo. Hoje, um computador é essencial para esse tipo de trabalho. Embora possa ser usado para aprender por meio de vídeos, aplicativos como o Duolingo, ou até mesmo livros didáticos digitais, o celular não é suficiente para lidar com projetos mais complexos. A criação e a aplicação de conhecimentos de forma profunda, visando ao desenvolvimento de habilidades, exigem mais recursos. A biblioteca tem suas vantagens, mas o mundo atual é criado por meio do acesso regular à tecnologia *on-line*, independentemente de gostarmos dela.

Um artigo recente que identificou 56 habilidades fundamentais para que os trabalhadores alcancem o sucesso colocou as habilidades digitais entre as principais. No entanto, esse trabalho também descobriu que a proficiência de adultos nessa categoria era a mais baixa, especificamente no uso e desenvolvimento de *software* e na compreensão de sistemas digitais. Por sua vez, indivíduos de famílias de alta renda eram muito mais propensos a serem proficientes nessas áreas. Aqueles que eram proficientes em todas as habilidades digitais, por exemplo, tinham 41% mais chances de ganhar uma renda dentro da faixa das 20% maiores rendas do que as outras pessoas.[7]

Isso pode parecer ridículo com tantos livros falando sobre como os estudantes são nativos digitais. Mas ser capaz de deslizar para a esquerda e digitar com os polegares é diferente de aprender a usar a tecnologia em um ambiente profissional. De acordo com o Pew Research Center, em 2018, 95% dos adolescentes relataram ter um *smartphone*, mas menos tinham acesso a um computador *desktop* ou *laptop* — apenas 75% dos adolescentes de famílias que ganhavam menos de US$ 30.000 por ano.[8]

Onde os alunos que não têm acesso a essa tecnologia vão aprender se as escolas não promoverem intencionalmente esse ambiente? Como Diane Tavenner disse:

> [...] o que acontece quando esse aluno começa a tentar digitar em um teclado com os dois polegares? Eu sei que isso soa ridículo, mas eu realmente vi isso acontecer... Nós aprendemos a usar ferramentas tecnológicas quando praticamos nelas. Definitivamente não estamos incentivando uma aula de digitação... Mas a melhor maneira de todas as crianças desenvolverem habilidades empregáveis com computadores e *software* é usar regularmente computadores e *software* para aprender e fazer seu trabalho.[9]

Durante a pandemia foi exposto como isso poderá ser desafiador no futuro para estudantes que não trabalharam com tecnologia. Uma estudante da região metropolitana de Houston, Texas, Kacy Huerta, que frequentou a Dobie High School — localizada no distrito escolar de Pasadena, que distribuiu dispositivos para todos os seus 56 mil alunos antes da pandemia —, disse isto sobre seus amigos em outros distritos que não usavam muito a tecnologia:

> [...] meus amigos têm dificuldades às vezes porque não sabem como enviar um documento. Eles não sabem como... entregar coisas pela internet ou aprender por conta própria, porque estão acostumados a ter um professor em uma sala de aula ensinando isso para eles. Então, isso foi um desafio para alguns dos meus amigos.[9]

Dobie High School:
https://www.youtube.com/watch?v=OQ1jzfnWEWc

COMO GARANTIR TECNOLOGIA ADEQUADA PARA TODOS OS ESTUDANTES

A EducationSuperHighway, uma organização sem fins lucrativos, foi fundada com o objetivo de garantir que todas as salas de aula (e não apenas as escolas) dos Estados Unidos tivessem acesso à internet de alta velocidade, possibilitando experiências de aprendizagem digital robustas para todos os alunos e educadores. Pouco antes da pandemia, a organização havia anunciado sua intenção de encerrar as operações, pois havia cumprido seu objetivo de garantir que todas as salas de aula tivessem acesso significativo à internet a um preço acessível.

No entanto, com o início da pandemia, surgiram apelos para que a EducationSuperHighway permanecesse operacional para garantir que todos os alunos tivessem acesso adequado à internet e a um dispositivo para que pudessem estudar *em casa*. Ela cedeu a esses apelos e decidiu fazer a EducationSuperHighway 2.0. Evan Marwell, o fundador, compareceu ao nosso *podcast Class Disrupted*. Segundo ele, o desafio tem três partes:

1. identificar quais alunos têm acesso e quais não têm, e por que não têm, pois historicamente não existiam dados confiáveis sobre o assunto;
2. descobrir quais provedores de serviços de internet poderiam ajudar e quais fariam as melhores ofertas;
3. colocar o grande número de dispositivos que as escolas já possuem nas mãos daqueles que precisam deles, em vez de guardá-los em armários ou depósitos — ou encontrar maneiras de adquirir os dispositivos necessários.

Para ajudar as escolas a enfrentarem o desafio, a EducationSuperHighway criou um novo *site*, o DigitalBridgeK-12.

Para entender quem tem acesso à rede, o *site* oferece um questionário, adotado pelo Conselho de Diretores das Escolas do Estado, para ajudar as escolas a coletarem os dados certos para compreender:

- a quais dispositivos os alunos têm acesso;
- se esses dispositivos são compartilhados com outras pessoas;
- quem forneceu os dispositivos aos alunos;

- se os alunos têm acesso à internet em casa;
- se não têm, por quê?;
- ou, em caso afirmativo, a que tipo de serviço eles têm acesso;
- se os alunos podem concluir atividades críticas de aprendizagem em casa sem interrupções causadas por uma internet ruim.[10]

Até o momento, esse continua sendo um conjunto crítico de perguntas. Como uma pesquisa do EdWeek Research Center revelou em abril de 2021, um ano após o começo da pandemia, os professores estimaram que ainda havia milhões de alunos sem acesso à internet em casa ou em seus dispositivo. Um relatório da CommonSense Media descobriu que, embora a lacuna de acesso tenha diminuído, 9 a 12 milhões de estudantes ainda não tinham acesso adequado à internet em casa. A EducationSuperHighway sugere que 28 milhões de domicílios ainda não tinham acesso à internet em novembro de 2021. Em muitas dessas residências, há crianças em idade escolar, disse Marwell. Esse é um problema constante que precisa de atenção e clareza.[11]

Para entender como pode ajudar, uma vez que um sistema escolar consegue os dados necessários, o DigitalBridgeK-12 oferece um *kit* de ferramentas de conectividade. O *kit* de ferramentas ajuda a encontrar a solução certa para cada aluno, seja uma banda larga residencial de baixo custo, um superponto de acesso em um ônibus escolar ou um ponto de acesso pessoal. Ele também identifica maneiras de remover os custos para a família e criar espaços alternativos de aprendizagem ou soluções para as áreas rurais.[12]

Por fim, o *site* oferece uma variedade de recursos para ajudar as escolas a identificar se podem emprestar dispositivos existentes ou se devem comprar novos para os alunos. Depois disso, ele as ajuda a determinar quais políticas devem ser implementadas em relação aos dispositivos emprestados — desde políticas de privacidade, expectativas de uso, e taxas e seguros, até como os dispositivos serão manuseados, como será feita a manutenção deles e quais serão os termos para devolvê-los no final do ano letivo. Ele também aborda a questão central de como garantir que os dispositivos sejam usados de forma adequada e como construir a noção de cidadania digital no currículo.[13]

O empréstimo de dispositivos existentes pode resolver grande parte do problema da falta desses equipamentos. Para ver o porquê, vamos assumir que os distritos não precisam fornecer dispositivos para todos. É uma suposição válida, e os distritos economizariam os já escassos recursos que têm, dado que milhões de estudantes têm os meios e amplo acesso a dispositivos, de modo que um computador para eles é equivalente ao fichário com um pacote de lápis normalmente distribuídos aos alunos na década de 1980. Implementar uma política de "traga seu próprio dispositivo" permitiria que os distritos usassem seus recursos existentes para comprar ou emprestar dispositivos para aqueles que não têm os meios para acessar uma máquina. De acordo com Marwell, as escolas dos EUA compraram 50 milhões de dispositivos nos três anos anteriores à pandemia. Com cerca de 50 a 55 milhões de alunos matriculados em escolas de ensino fundamental e médio,[14] isso significa que deve haver dispositivos suficientes para todos os alunos. Então, a atenção deve estar voltada para como emprestá-los de maneira responsável (garantindo a segurança dos alunos e dos dispositivos), como cuidar deles e como gerenciar uma variedade de dispositivos na rede.

Também é necessário considerar que as circunstâncias dos alunos mais jovens são diferentes das dos mais velhos. Para crianças mais novas, uma política de um dispositivo para cada aluno pode ser desnecessária. Como documentamos em *Blended*, muitas escolas estabeleceram modelos de rotação de estações* em que os alunos alternam entre as estações nas salas de aula, dos quais apenas alguns oferecem aprendizado digital. Isso permite que a escola tenha uma proporção de um dispositivo para três alunos, ou de um para quatro. Os resultados de muitos desses modelos têm sido excelentes em ajudar os estudantes a construírem habilidades de matemática e leitura. Eles também ajudam a mitigar as preocupações com o tempo excessivo de tela.

---

* N. de R.T. O modelo de rotação por estações consiste em dividir os alunos em grupos de forma que eles façam atividades diferentes dispostas em estações, tantas quantas o professor da turma achar necessárias para que eles aprendam um determinado conceito. As estações têm, portanto, atividades diferentes, mas todas são preferencialmente ligadas a um mesmo tema. Os alunos passam por todas as estações e em pelo menos uma delas fazem uma atividade que utiliza algum recurso digital para que o professor consiga produzir dados sobre a sua aprendizagem, podendo personalizar o ensino posteriormente a partir da análise desses dados. Dependendo da atividade que for planejada pelo professor, não se faz necessário um dispositivo digital por aluno, de modo que eles podem compartilhar um único dispositivo com outros alunos em um pequeno grupo.[15]

Para alunos mais jovens do ensino fundamental, principalmente abaixo do 3º ano, o modelo de ensino indicará quantos dispositivos serão necessários. Embora seja importante ter um plano de prevenção de desastres pronto, para que a escola ou os estudantes não precisem fazer uma transição inesperada para o ensino remoto novamente, a maioria dos alunos dessa idade não precisa carregar um dispositivo relativamente pesado para lá e para cá, pois é improvável que eles tenham muitas atividades *on-line* para fazer em casa.

COMO USAR BEM A APRENDIZAGEM DIGITAL

Também é importante atentarmos para como usar os dispositivos de forma que eles agreguem valor ao ensino e que as escolas não exagerem em seu uso.

Embora as preocupações em torno do tempo de tela sejam exageradas em muitos círculos, a realidade é que mais importante do que *quanto* tempo uma criança passa usando o dispositivo — particularmente à medida que os alunos ficam mais velhos — é *como* esse tempo está sendo usado e *para quê*.[16] A maioria concorda que o equilíbrio em todas as coisas é fundamental, o que significa garantir que as crianças tenham tempo suficiente para se exercitar, estar ao ar livre na natureza e se divertir com a família e os amigos pessoalmente. Porém, depois que esse equilíbrio é alcançado, a questão de como usar o tempo *on-line* se torna mais importante. Para as crianças mais novas, quanto mais social e ativo for esse tempo de tela, melhor. Para os adolescentes, existem maneiras produtivas e contraproducentes de usar a tecnologia, como muitos outros documentaram.[17] Os adolescentes são prolíficos no uso de dispositivos para redes sociais e jogos — mas menos para fins educacionais.[18]

Como podemos mudar o roteiro e usar a tecnologia de maneira inteligente na escola? Uma tendência animadora é que, apesar dos muitos professores que inicialmente tiveram dificuldades para adotar a tecnologia após a pandemia, muitos estão relatando cada vez mais que sua capacidade de usá-la de forma eficaz melhorou.[19] Se isso levará a um maior uso da tecnologia, não como um fim em si mesma, mas para criar experiências de aprendizagem mais ativas e personalizadas que envolvam os alunos, ainda é uma questão em aberto.

Três imperativos básicos

Para Larry Berger, um observador de longa data do cenário de aprendizagem digital e CEO da Amplify, uma empresa de currículo e avaliação educacional, a tecnologia deve fazer pelo menos uma destas três coisas:[20]

1. economizar tempo dos professores;
2. ampliar o alcance dos professores;
3. aprofundar a compreensão dos professores sobre seus alunos.

Essa lista sugere que a tecnologia educacional deve ajudar os professores com algo que eles já estão priorizando ou fazendo regularmente. De acordo com o pensamento apresentado no Capítulo 6, ela não pode colocar "só mais uma coisinha" em cima do dia de trabalho já ocupado de um professor.

Quando Berger fala em estender o alcance dos professores, ele quer dizer que a tecnologia não pode ser "uma saída de campo para algum lugar aonde eles não estão indo". Isso significa que, ao adotar ferramentas tecnológicas, educadores e gestores escolares não podem cair nos argumentos das empresas de que seus produtos ou serviços melhorarão a aprendizagem dos alunos "se os professores os usarem corretamente". As ferramentas devem ajudar os professores a realizar, de forma tão ou mais eficiente, algo que eles já estão tentando fazer. Se elas não foram projetadas para isso, mas a função para a qual elas *foram* projetadas é um objetivo mais importante do que outras prioridades existentes, então a escola deve primeiro revisitar e redesenhar sua forma de ensinar ou modelo de sala de aula para garantir que esse objetivo se torne uma prioridade para o professor. Se não for um objetivo tão importante quanto as outras muitas prioridades já existentes dos educadores, as escolas não devem adotar a ferramenta.

Berger e sua equipe fizeram as três coisas com a primeira oferta que criaram quando sua empresa se chamava Wireless Generation. A Wireless Generation ofereceu uma solução para avaliações na educação móvel para ajudar os professores a entenderem as habilidades de leitura de seus alunos, algo que os professores já estavam tentando fazer. A solução permitiu que os professores realizassem isso com maior facilidade, o que melhorou e simplificou suas vidas, em vez de complicá-las ainda mais.

Se a tecnologia educacional que você está considerando economiza tempo dos professores, amplia o alcance deles e aprofunda a compreensão deles sobre seus alunos, vale a pena dar um passo adiante. Há três outras proposições de valor que a tecnologia digital oferece para melhorar a aprendizagem dos alunos e que as escolas devem usar para avaliar suas escolhas: proporcionar um *feedback* mais robusto; criar experiências difíceis de oferecer no ambiente físico imediato; e automatizar processos manuais e trabalhosos.

Feedback

As ferramentas de aprendizagem digital podem proporcionar um *feedback* mais rápido e mais detalhado para aprimorar a aprendizagem do aluno, similarmente ao que um tutor faria. Como destacado no Capítulo 5, o *feedback* é fundamental para a aprendizagem. Em nosso *podcast Class Disrupted*, explicamos como o sistema tradicional de educação, baseado em listas de exercícios e livros didáticos, ignora a importância do *feedback*.

Como Tavenner compartilhou, pense em como as pessoas podem melhorar em alguma modalidade esportiva. Considere um jogador de basquete que quer ficar melhor em arremessos de lance livre. Para fazer isso, ele usa a prática deliberada. Ele se posiciona na linha de lance livre, ajeita o corpo de certa maneira, posiciona os cotovelos e se concentra no movimento do pulso e na finalização da jogada. Depois de arremessar a bola, ele observa o que acontece e, com isso, recebe um *feedback* imediato. Se a bola entrar, então ele provavelmente vai tentar repetir o que acabou de fazer. Mas se ela não passar pela rede, ele vai tentar ajustar ou aprimorar sua técnica na tentativa seguinte.

Esse tipo de prática está muito distante de uma folha de atividades ou de uma lista de exercícios. Se o objetivo é obter *feedback* imediato, a única maneira que chega perto de os alunos receberem isso é consultando as respostas em um gabarito, o que muitas vezes parece artificial e uma espécie de "trapaça", pois eles obtêm a resposta mesmo sem colocar esforço na resolução. Para que a aprendizagem ocorra, sempre é necessário esforço.

Isso nos remete a uma reflexão maior, que é a importância da aprendizagem ativa. Diversas pesquisas mostram que a aprendizagem passiva — que geralmente ocorre por meio de aulas expositivas — está longe do ideal. O contraste com a aprendizagem passiva é a aprendizagem ativa, na qual, de acordo com o livro *Building the intentional university*, idealmente os alunos se envolvem em atividades, respondendo a perguntas ou participando de discussões durante 75% do tempo das aulas, e essa experiência mobiliza suas habilidades de compreensão, raciocínio, memória e percepção de padrões.[21]

Os resultados desse tipo de aprendizagem são claros, quando comparados aos obtidos com uma aprendizagem passiva. Em uma metanálise de 225 estudos sobre a qualidade da aprendizagem de alunos que assistiam a aulas expositivas *versus* a de alunos que frequentavam seminários de aprendizagem ativa, os autores descobriram que a aprendizagem ativa aumentaria as notas médias dos alunos e que as taxas de reprovação em aulas expositivas são 55% maiores se comparadas às taxas observadas em aulas com aprendizagem ativa.[22]

Grande parte do ensino que ocorreu durante a pandemia por meio de videoaulas *on-line* foi passiva. Os alunos se sentavam e assistiam aos vídeos sem realmente se envolver com o material. Eles também recebiam pouco *feedback* quando tentavam resolver problemas. Essas sessões replicaram muitos dos ambientes de aprendizagem passiva que não funcionam bem para os alunos, mas os colocaram em um ambiente onde eles estavam efetivamente isolados e distantes de seus colegas de classe e professores. É claro que isso não funcionaria bem.

No entanto, existem vários tipos de ferramentas digitais que não replicam o pior das listas de exercícios mas criam ciclos de aprendizagem ativa e oportunidades de *feedback*. Voltando à analogia com o lance livre no basquete, esses tipos de ferramentas atuam como bater a bola no aro da cesta em um arremesso ou gravar o desempenho de um aluno durante o jogo para que ele possa refletir sobre seu jogo — são ferramentas que permitem que o aluno continue a fazer ajustes e se envolver em prática deliberada.

Para levar a analogia do basquete ainda mais longe, o aprendizado ocorre não apenas como resultado da prática deliberada — o esforço e o *feedback* que vêm com ela —, mas também por causa das instruções do treinador. Quando um jogador está praticando basquete, idealmente há momentos em que ele vai trabalhar com um treinador. Esse treinador vai observá-lo — às vezes ao vivo e de forma síncrona, e outras vezes assistindo a uma gravação em vídeo — para oferecer orientações e *feedback* com base em seus conhecimentos. O jogador também pode receber *feedback* de seus companheiros de equipe, colegas ou pais. Ele pode usar todo esse *feedback* para refletir, encontrar o caminho certo para ele e continuar praticando. Não porque ele tem mais 25 lances livres para praticar segundo as regras intocáveis da folha de exercícios, mas porque é o que ele precisa para alcançar seus objetivos. O caminho dele provavelmente será diferente do de outros em sua equipe, o que aponta para o poder da tecnologia para ajudar a personalizar a aprendizagem e criar oportunidades para momentos individuais e personalizados de aprendizagem.

Há, é claro, razões para sermos cautelosos em relação à personalização. Os professores podem dar aos alunos possibilidades de escolhas para as quais eles não tenham a estrutura adequada para alcançar o sucesso. Ou os educadores podem fazer personalizações que são inúteis para desbloquear a aprendizagem do aluno, adaptando o cronograma a "estilos de aprendizagem" ou ideias ultrapassadas sobre a forma como os estudantes aprendem.

Mas, quando uma boa ferramenta digital possibilita oferecer o tipo de *feedback* descrito no exemplo do lance livre, é possível obter grandes ganhos. Esse *feedback* não precisa vir de algum mecanismo adaptativo mágico. Na verdade, idealmente o *feedback* não vem apenas da própria ferramenta. Em vez disso, a ferramenta deve ajudar a trazer o professor, os colegas e outros especialistas e fontes confiáveis para o processo de aprendizagem para apoiar o aluno na concretização de seus objetivos. Esse é um dos benefícios de uma ferramenta como o MasteryTrack, que ajuda na aprendizagem baseada no domínio. Ela deve permitir que os professores trabalhem melhor com cada aluno ou em pequenos grupos e criem uma experiência mais ativa e envolvente, em que os alunos façam parte do processo de definição de metas, interagindo com o material, aplicando seus conhecimentos, recebendo *feedback* e refletindo — e, depois, repetindo esse processo.

O *feedback* rápido permitirá mais personalização, o que manterá os alunos envolvidos — em vez de entediados porque a aula está indo muito devagar ou rápido demais para eles.

Como disse Kacy Huerta, a aluna do final do ensino médio da região metropolitana de Houston:

> Sempre trabalhei mais rápido que os outros alunos. Então, estando em uma sala de aula normal, eu tinha que esperar que todos terminassem a atividade, ou qualquer outra coisa, e isso levava uma eternidade. Porém, agora consigo adiantar matérias e estudar no meu próprio ritmo, para não ter que esperar por todos os outros... Eu também já vi um monte de colegas que são muito lentos, e não há problema com isso. As pessoas apenas aprendem em ritmos diferentes. Mas com colegas que aprendem um pouco mais devagar,

elas podem ter mais tempo para aprender e dominar bem o assunto. E elas podem só continuar avançando o quanto precisarem para que possam entendê-lo melhor, em vez de estudar em uma sala de aula tradicional, em que você apenas aprende, faz uma prova, é reprovado e, bem, que pena. Você segue em frente do mesmo jeito.

Ela explicou ainda que o *feedback* que a tecnologia fornecia também permitiu que os alunos apoiassem uns aos outros. "Quando algum de nós ficava para trás", disse ela, "outros alunos ajudavam. E o professor sempre estava lá, não importa o que acontecesse".[9]

Experiências difíceis de oferecer nos ambientes físicos imediatos

A tecnologia pode criar experiências que são difíceis ou impossíveis de serem realizadas em um ambiente tradicional. Por exemplo, "se um professor de ciências falasse: 'Tenho uma ideia. Vamos despejar 100 milhões de toneladas de metano na atmosfera e ver se ela aquece'", disse Berger, "isso seria desaprovado pelo diretor da escola. Mas, em uma simulação, você pode fazer isso e ver o que acontece".

Do mesmo modo, a tecnologia permite que os alunos experimentem coisas que, de outra forma, não poderiam experimentar, dando vida ao conteúdo com imagens dinâmicas e trazendo pessoas reais e conhecimento de outras partes do mundo.

A realidade virtual e as simulações são tópicos em alta nesse contexto, mas histórias simples contadas por meio de vídeos também podem dar vida a tópicos e ajudar os alunos a construírem conhecimentos básicos com os quais, de outra maneira, eles poderiam ter dificuldades. Há evidências consideráveis sobre o poder de boas histórias para ensinar — em oposição a uma simples recitação ou exibição de fatos e imagens. Como Bror Saxberg, vice-presidente de ciência da aprendizagem da Chan Zuckerberg Initiative, disse:

> [...] há 5 mil anos, as histórias e o aprendizado estavam completamente interligados. Eles eram inseparáveis. Todos os mitos são sobre aprendizagem. Eles estão cheios de material rico e evocativo que, ao mesmo tempo, carrega consigo muitas informações.[23]

Dada a evidência emergente em torno dos benefícios das saídas de campo,[24] uma das grandes áreas de interesse é o potencial de fornecer aos alunos passeios virtuais para lugares que, de outra forma, jamais poderiam visitar. Também existem outras aplicações potencialmente valiosas. Wayee Chu, sócia da Reach Capital, uma empresa de capital de risco focada em tecnologia educacional, citou várias dessas aplicações, incluindo treinamento em empatia e diversidade, apoio a alunos com distúrbios psicológicos e cognitivos, e treinamento vocacional em locais de trabalho "reais". No treinamento em empatia e diversidade, os professores poderiam se preparar para entender melhor os contextos de onde seus alunos vêm, e os alunos poderiam ter experiências de vida como membros de outra cultura, raça ou gênero, por exemplo. Alunos com certas fobias poderiam trabalhar para superá-las por meio de encontros em realidade virtual. E, com um crescente foco no treinamento para o mercado de trabalho, os alunos poderiam ser "colocados" em situações reais para experimentar como seria o ambiente de trabalho, o que pode incluir desde cenários de pronto-socorro até situações de resgate para bombeiros.

Por exemplo, Larry Berger e a Amplify oferecem aos alunos um "estágio de engenharia" em diferentes unidades. Nele, os estudantes fazem parte de uma equipe fictícia de uma empresa fictícia de ciência e engenharia. De acordo com Berger:

> Na unidade em que estamos aprendendo sobre mudanças climáticas, fomos encarregados de projetar telhados para uma cidade, e estamos tentando usar a ciência que aprendemos, mas de uma maneira aplicada, trabalhando com nossa equipe, projetando telhados. Nós formulamos essa experiência para que, na maioria das vezes, a ideia boa a qual a equipe chegar falhe por uma razão científica interessante, para que ela tenha que voltar para a prancheta, como engenheiros de verdade. Dentro de cada unidade, há a experimentação prática que bons programas científicos vêm fazendo há algum tempo, e então há o momento em que isso transita para uma simulação digital que permite que você faça coisas que não poderia fazer em uma sala de aula de ciências normal. Um bom exemplo é a seleção natural, um conceito realmente difícil de entender. A noção precipitada de que as populações mudam porque caso contrário não conseguiriam sobreviver, por exemplo, com um animal aprendendo a nadar, é uma das mais difíceis de desenraizar. Porém... nós o colocamos em uma pequena ilha que tem árvores, carnívoros e herbívoros. E então deixamos você ajustar a

temperatura daquela ilha. Se você a reduzir em direção ao congelamento, vai começar a perceber como, ao longo de mil gerações, os herbívoros com pelos sobreviveram, ao passo que os sem pelos não sobreviveram. E você também vai observar que, se não houver uma mutação que faça isso para eles, os animais simplesmente vão morrer. Assim, as crianças têm a possibilidade de acelerar o tempo para rodar milhares ou milhões de anos de evolução em 10 segundos, em sua sala de aula, para observar o que acontece com as populações.

Essa possibilidade de passar da leitura e escrita sobre um tópico para torná-lo prático por meio da tecnologia tem um potencial significativo para aumentar o envolvimento ativo dos alunos e sua compreensão de tópicos que tradicionalmente têm sido desafiadores. A oportunidade de simular experimentos e ambientes de laboratório que nunca seriam possíveis em uma escola de ensino fundamental ou médio por meio de ferramentas como o Labster é promissora. E a possibilidade de fornecer acesso a cursos e professores especializados aos quais os alunos em certos locais nunca teriam acesso continua a ser uma virtude que a aprendizagem *on-line* apresenta.

Automação de processos manuais e trabalhosos

Por fim, quando a tecnologia é utilizada de forma adequada, ela possibilita uma maior produtividade — não apenas ao tornar a aprendizagem mais eficiente e envolvente para os alunos, mas também porque pode automatizar certos processos manuais e trabalhosos que consomem muito tempo dos professores, mas que, por si só, não agregam muito valor à aprendizagem. Quando os processos são baseados em regras, a tecnologia deve ser capaz de intervir e fazê-los melhor e de forma mais confiável. Isso é bom porque abre espaço para áreas em que a tecnologia não pode nos auxiliar, que são todas aquelas em que a ajuda a uma criança não se baseia em regras e nas quais a experiência, o julgamento e a intuição de um educador são valiosos e necessários.[25]

* * *

A grande conclusão é que só por ser digital algo não se torna inerentemente bom ou ruim. Mas a aprendizagem digital já chegou, e ela só vai crescer.

As escolhas que os educadores e as comunidades escolares fazem em relação ao que adotam são muito importantes. Eles devem buscar não apenas equipar os estudantes com as ferramentas, mas também criar um conjunto de experiências mais ativas, envolventes e ricas em *feedback* que, de outra forma, não seriam possíveis.

PONTOS-CHAVE

- Existem novos pré-requisitos mínimos, principalmente para alunos mais velhos. Tendo em conta a natureza do mundo e a forma como o trabalho é feito hoje em dia, eles precisam de um dispositivo digital que seja mais do que um *smartphone* e devem ter acesso a uma internet de alta velocidade.
- A EducationSuperHighway oferece uma ferramenta para ajudar escolas e distritos a garantir que todos os alunos tenham o que precisam.
- A tecnologia digital não é uma solução milagrosa para a educação. Ela não é inerentemente boa ou ruim. O que importa é como ela é usada. Se for usada no sistema dominante atual, que tem um ensino que lembra uma educação em forma de uma fábrica, ela não produzirá os resultados desejados.
- No mínimo, a tecnologia educacional deve economizar tempo dos professores, ampliar seu alcance e aprofundar sua compreensão sobre seus alunos.
- A partir daí, a tecnologia digital deve fazer pelo menos uma destas três coisas: possibilitar um *feedback* mais rápido e mais detalhado; criar experiências difíceis de oferecer no ambiente físico imediato; e automatizar processos manuais e trabalhosos.

NOTAS

1. ARNETT, T. Breaking the mold: how a global pandemic unlocks innovation in K–12 instruction. *Clayton Christensen Institute*, 2021. Disponível em: https://www.christenseninstitute.org/wp-content/uploads/2021/01/BL-Survey-1.07.21.pdf. Acesso em: 28 jul. 2023.
2. CUBAN, L. *Oversold and underused: computers in the classroom*. Cambridge: Harvard University, 2001.

3. INTERNET/broadband fact sheet. *Pew Research Center*, 2021. Disponível em: https://www.pewresearch.org/internet/fact-sheet/internet-broadband/. Acesso em: 28 jul. 2023.

4. PITTS, C. *et al.* Virtual learning, now and beyond. *The Center on Reinventing Public Education*, 2022. Disponível em: https://www.covidcollaborative.us/assets/uploads/img/final2-Virtual-learning-post-COVID-report.pdf. Acesso em: 28 jul. 2023.

5. MA, A. A digital divide haunts schools adapting to virus hurdles. *The Associated Press*, 2022. Disponível em: https://www.edweek.org/technology/a-digital-divide-haunts-schools-adapting-to-virus-hurdles/2022/01. Acesso em: 28 jul. 2023.

6. CRAIG, R. America's skills gap: why it's real, and why it matters. *PPI*, 2019. Disponível em: https://www.progressivepolicy.org/wp-content/uploads/2019/03/SkillsGapFinal.pdf. Acesso em: 28 jul. 2023.

7. DONDI, M. *et al.* Defining the skills citizens will need in the future world of work. *McKinsey & Company*, 2021. Disponível em: https://www.mckinsey.com/industries/public-and-social-sector/our-insights/defining-the-skills-citizens-will-need-in-the-future-world-of-work. Acesso em: 28 jul. 2023.

8. ANDERSON, M.; JIANG, J. Teens, social media and technology 2018. *Pew Research Center*, 2018. Disponível em: https://www.pewresearch.org/internet/2018/05/31/teens-social-media-technology-2018/. Acesso em: 28 jul. 2023.

9. HORN, M. B.; TAVENNER, D. Why doesn't every student have a device and the internet? How one Texas School District is leading the way for virtual learning. *Class Disrupted*, 1 temp.,1 ep., 2020. Podcast. Disponível em: https://www.the74million.org/article/listen-class-disrupted-podcast-why-doesnt-every-student-have-a-device-and-the-internet-how-one-texas-district-is-leading-the-way-for-virtual-learning/. Acesso em: 28 jul. 2023.

10. EDUCATION SUPERHIGHWAY. *For school districts:* question bank. San Francisco: EducationSuperHighway, 2023. Disponível em: https://docs.google.com/document/d/1h_6vHmqTECDJqlA32JYaBdRJnWvg68J6NXqgXrhPysk/edit. Acesso em: 28 jul. 2023.

11. LIEBERMAN, M. Most students now have home internet access: but what about the ones who don't?. *Education Week*, 2021. Disponível em: https://www.edweek.org/technology/most-students-now-have-home-internet-access-but-what-about-the-ones-who-dont/2021/04. Acesso em: 28 jul. 2023.

12. EXPLORE home connectivity solutions. *DigitalBridgeK-12*, 2023. Disponível em: https://digitalbridgek12.org/toolkit. Acesso em: 28 jul. 2023.

13. HOW to set up a successful device lending program. *DigitalBridgeK-12*, 2023. Disponível em: https://digitalbridgek12.org/toolkit/research-options/device--lending-program. Acesso em: 28 jul. 2023.
14. BACK-to-school statistics. *National Center for Education Statistics*, 2023. Disponível em: https://nces.ed.gov/fastfacts/display.asp?id=372#PK12-enrollment. Acesso em: 30 jul. 2023.
15. Para saber mais: BACICH, L.; TANZI NETO, A.; TREVISANI, F. M. (org.). *Ensino híbrido*: personalização e tecnologia na educação. Porto Alegre: Penso, 2015.
16. Para alguns dos grandes livros sobre o uso da tecnologia digital em casa e no tempo de tela, confira:
    KAMENETZ, A. *The art of screen time: how your family can balance digital media and real life*. New York: Public Affairs, 2018.
    CULATTA, R. *Digital for good: raising kids to thrive in an online world*. Boston: Harvard Business School Publishing, 2021.
    GARON, J. M. *Parenting for the digital generation: a guide to digital education and the online environment*. Nova York: Rowan & Littlefield, 2022.
17. Ver, por exemplo, os vários livros de Sherry Turkle:
    TURKLE, S. *Life on the screen: identity in the age of the internet*. Nova York: Simon & Schuster, 1995.
    TURKLE, S. *Reclaiming conversation: the power of talk in a digital age*. Nova York: Penguin Books, 2015.
    TURKLE, S. *Alone together: why we expect more from technology and less from each other*. Nova York: Basic Books, 2017.
18. ANDERSON, M.; JIANG, J. Teens, social media and technology 2018. *Pew Research Center*, 2018. Disponível em: https://www.pewresearch.org/internet/2018/05/31/teens-social-media-technology-2018/. Acesso em: 30 jul. 2023.
19. BUSHWELLER, K. How COVID-19 is shaping tech use: what that means when schools reopen. *Education Week*, 2020. Disponível em: https://www.edweek.org/technology/how-covid-19-is-shaping-tech-use-what-that-means-when-schools-reopen/2020/06. Acesso em: 30 jul. 2023.
20. BERGER, L; Why is my child doing so many worksheets right now?. Entrevistadores: Michael B. Horn, Diane Tavenner. *Class Disrupted*, 1 temp., 2 ep., 2020. Podcast. Disponível em: https://www.the74million.org/article/listen--class-disrupted-podcast-why-is-my-child-doing-so-many-worksheets-right--now/. Acesso em: 30 jul. 2023.
21. KOSSLYN, S. M.; NELSON, B. (ed.). *Building the intentional university: minerva and the future of higher education*. Cambridge: MIT, 2017.

22. FREEMAN, S. *et al.* Active learning increases student performance in science, engineering, and mathematics. *Psychological and Cognitive Sciences*, 2014. Disponível em: https://www.pnas.org/doi/10.1073/pnas.1319030111. Acesso em: 30 jul. 2023.

23. HORN, M. B. Online learning goes Hollywood. *Education Next*, v. 19, n. 2, 2019. Disponível em: https://www.educationnext.org/online-learning-goes-hollywood-using-video-storytelling-motivate-learning/. Acesso em: 30 jul. 2023.

24. GREENE, J. P.; KISIDA, B.; BOWEN, D. H. The educational value of field trips. *Education Next*, v. 14, n. 1, 2014. Disponível em: https://www.educationnext.org/the-educational-value-of-field-trips/. Acesso em: 30 jul. 2023.

25. ARNETT, T. Teaching in the machine age: how innovation can make bad teachers good and good teachers better. *Clayton Christensen Institute*, dez. 2016. Disponível em: https://www.christenseninstitute.org/publications/teaching-machine-age/. Acesso em: 30 jul. 2023.

9

Cultura

Após a conversa com a mãe de Jeremy, a diretora Kathleen Ball se voltou para sua próxima tarefa: planejar a reunião de pais daquela noite.

A Associação de Pais e Mestres estava realizando sua campanha anual para arrecadar dinheiro para a escola. Eles queriam que Kathleen falasse na reunião para informá-los sobre algumas das prioridades da escola, para que pudessem escolher alguns projetos para financiar.

Ao delinear seus comentários, ela não pôde deixar de se perguntar se a lista de necessidades da escola refletia alguma prioridade.

E então ela se perguntou se a campanha talvez não estivesse excluindo famílias como a de Jeremy. Ela não tinha pensado nisso antes.

A campanha de arrecadação de fundos estava em seu 31º ano. O foco era a participação. "Qualquer doação de qualquer valor conta", murmurou Kathleen. "O que vale é a intenção."

A turma vencedora, aquela que tivesse a maior porcentagem de pais doando dinheiro, ganharia um prêmio. Neste ano, o prêmio era pizza grátis durante a noite de observação de estrelas em família — outra tradição de longa data na escola.

Mas será que a mãe de Jeremy poderia se dar ao luxo de fazer qualquer doação para a campanha de financiamento? Kathleen achava que não. Ela também não achava certo fazer Jeremy ou a mãe dele se sentirem mal por isso.

Não é que Kathleen não apreciasse o que a Associação de Pais e Mestres da escola estava tentando fazer. Ela apreciava. Mas aquele não era um evento de que participariam ex-alunos da pequena e seletiva faculdade de artes liberais na qual ela se formara; a maioria dos ex-alunos de lá agora tinha empregos mais bem remunerados do que o dela.

E, já que ela começou a pensar nisso, será que a noite de observação de estrelas em família também não estava excluindo sem intenção crianças como Jeremy? Afinal, a mãe dele trabalhava no turno da noite.

Cancelar a noite, no entanto, também não parecia ser a resposta certa. Mas qual era a resposta? E que mensagem a escola estava enviando com essas tradições de longa data?

* * *

A cultura importa.

Antes de concordar com essa afirmação, vale a pena considerar: o que exatamente é cultura? E como construímos uma cultura forte que priorize o valor e o sucesso de cada criança?

O QUE É CULTURA?

É tentador falar sobre cultura usando adjetivos como "casual" ou "formal" e notar o "clima" de um lugar ou falar sobre as canções e a "atitude" de uma escola. Mas há uma definição mais precisa que pode ajudar os educadores a criarem um ambiente propício para o sucesso de cada criança.

Edgar Schein é professor emérito do MIT e especialista em comportamento organizacional. Em seu livro *Cultura organizacional e liderança*, ele define a cultura como:

> [...] um padrão de suposições básicas compartilhadas que foi aprendido por um grupo à medida que resolvia seus problemas [...] que funcionou bem o suficiente para ser considerado válido e, portanto, ensinado aos novos membros como a maneira correta de perceber, pensar e se sentir em relação a esses problemas.[1]

Ele também escreveu que a cultura é:

[...] uma maneira de trabalhar juntos em direção a objetivos comuns que foram seguidos tão frequentemente e com tanto sucesso que as pessoas sequer pensam em tentar fazer as coisas de outra maneira. Se uma cultura se formar, as pessoas farão de maneira autônoma o que precisarem para ter sucesso.[1]

Em outras palavras, quando um grupo trabalha em conjunto para progredir e obtém sucesso, ele tenderá a usar a mesma solução — ou processo — na próxima vez que enfrentar um problema semelhante. Por outro lado, se o que ele tentar não for bem-sucedido, o grupo provavelmente vai buscar uma nova solução.

Com o tempo, as *prioridades* de uma organização em torno do *que* importa e dos *processos* de *como* operar ficam tão internalizadas que se tornam uma questão de hábito — ou cultura.

As pessoas seguem de forma automática essas rotinas, tradições e etapas. Às vezes, esses processos são explicitamente codificados, mas, na maioria das vezes, grande parte da cultura é implícita. É apenas a "maneira como as coisas funcionam aqui", enquanto um grupo lida com tarefas repetidas e resolve problemas semelhantes.

Nas escolas, isso significa que a cultura se forma à medida que educadores transformam em rotina funções que vão desde agendar horários com os alunos para celebrar o sucesso deles até dar aulas ou disciplinar os estudantes. O fato de que cada professor e cada sala de aula podem ter processos diferentes, porque não estão em uma situação de coensino, pode ser um sinal de que existem muitas culturas diferentes em uma escola e que a cultura em toda a escola não é forte e unificada.

COMO CRIAR UMA CULTURA FORTE

Em *Class Disrupted*, Diane Tavenner compartilhou comigo uma reflexão de um dos seus membros do conselho: "[...] uma cultura vai se desenvolver e existir; a única questão é se ela vai ser a que você quer".[2] Em outras palavras, todas as organizações desenvolvem culturas, mas como você molda intencionalmente uma cultura que esteja alinhada com os objetivos da escola?

Felizmente, a cultura não precisa surgir ao acaso ou por sorte. Mas ela exige esforço.

Ela começa ao fazermos algo de que falamos no Capítulo 2 deste livro: sermos claros sobre os objetivos e os valores de uma instituição — seu propósito, suas metas, suas prioridades e a forma como medimos se esses elementos foram bem-sucedidos. O que você realmente está tentando desenvolver? Como destacamos, geralmente esse é um trabalho árduo, que requer uma investigação profunda, lidar com trocas e concessões e ir além dos clichês. Quando uma instituição não tem clareza sobre seus objetivos e prioridades, pode ser complicado definir essa cultura. O Capítulo 11 fala mais sobre essa dinâmica e sobre o que você, como líder, pode fazer a respeito dela. Mas saiba que, de acordo com a mensagem do Capítulo 1, uma ótima ferramenta pode ser criar uma equipe separada que tenha unidade em torno dessas prioridades, para que ela possa construir intencionalmente uma cultura forte e consistente internamente. Educar e enquadrar desafios com uma linguagem comum e teoria da ação constituem outra ferramenta valiosa. Além disso, trazer grupos externos para reunir indivíduos com visões divergentes visando à construção de confiança e à identificação e construção de áreas de interesse comum também pode ajudar.[3]

A segunda parte da construção intencional de uma cultura consiste em garantir que os processos em uma instituição estejam alinhados com seus objetivos e prioridades. Eles realmente estão alcançando o que você quer de uma maneira consistente com os valores da instituição? Se você tem um grupo que concorda sobre valores e metas e tem um senso compartilhado de quais ações levarão a quais resultados, então os líderes podem construir deliberadamente a cultura forte de que precisam seguindo as seis etapas apresentadas a seguir.

1. Defina um problema ou tarefa que se repete com frequência.
2. Designe um grupo para resolver o problema.
3. Se o grupo não obtiver sucesso, peça para tentar novamente com um processo diferente.
4. Se a tentativa for bem-sucedida, peça ao mesmo grupo para repetir o processo sempre que o problema surgir novamente. A cultura se forma por meio da repetição.
5. Tome notas e fale sobre a cultura.
6. Viva de forma alinhada com a cultura. A comunicação é importante, mas as ações falam mais alto. Da mesma forma que podemos falar sobre a importância da mentalidade de crescimento e perseverança para as crianças, mas elas não vão absorvê-las se não as

recompensarmos sistematicamente por esses hábitos, o mesmo é verdade para todos os indivíduos no que diz respeito aos processos e prioridades que dizemos ser importantes, mas nem sempre rotulamos como tal. Podemos ter uma ideia da saúde da cultura de uma instituição perguntando: "Quando confrontados com uma escolha sobre como fazer algo, os membros da instituição tomam a decisão que a cultura 'queria' que eles tomassem? E o *feedback* que eles receberam foi consistente com isso?".

Ler essa lista pode parecer simples à primeira vista, mas não é. Se você seguir essas etapas adequadamente para cada problema ou tarefa que uma escola pode resolver e for intencional em não deixar nada ao acaso, logo vai perceber o quão profundo pode ser o impacto desse processo de seis etapas. A complexidade desse processo pode variar. Embora eu tenha descrito os processos como seguir prioridades, você vai perceber rapidamente que nem sempre é assim que as coisas funcionam. Suas prioridades declaradas podem se mostrar diferentes de suas prioridades reais quando você começa a perceber os resultados dos próprios processos — e quais problemas e tarefas você escolhe tentar resolver. Você pode descobrir que as pessoas discordam sobre quais processos levarão a quais resultados. Se esse for o caso, o Capítulo 11 lhe oferecerá ferramentas para lidar com esses desafios. De qualquer forma, ao pensar em quão meticuloso você quer ser ao seguir esse processo de seis etapas e no quanto você deseja se apegar aos detalhes, lembre-se de que toda instituição terá uma cultura. A questão é se é a que você quer.

O PODER DE UMA GRANDE CULTURA

Os líderes distritais costumam reclamar para mim que não conseguem replicar modelos de escolas *charter* que têm culturas coerentes em todas as suas salas de aula, porque em uma escola distrital cada professor tem autonomia significativa para criar seu próprio ambiente de sala de aula. Segundo esses líderes, os regulamentos e as regras de trabalho inibem sua capacidade de criar uma escola com uma cultura forte — em oposição a, digamos, 20 culturas distintas em cada sala de aula.

Uma visita que fiz há vários anos ao distrito escolar de Middletown, em Nova York, destruiu essa noção. O distrito de Middletown é um distrito de uma cidade pequena com sete escolas que atendem cerca de 7 mil alunos —

dos quais 37% são brancos, 19% negros e 38% latinos.[4] Sendo um parceiro de longa data da Education Elements, uma consultoria de educação de cujo conselho já fui membro, o distrito havia implementado o ensino híbrido em suas escolas de maneira ponderada e deliberada. Mas o que se destacou não foi a tecnologia na estrutura da escola. Foi a cultura consistente em cada sala de aula que eu visitei.

Conforme eu entrava em várias salas de aula na Maple Hill Elementary School, em Middletown, e percorria os corredores, ia percebendo que as práticas e os modelos eram os mesmos em todos os lugares. A cultura era forte, firme e consistente. As rotinas eram nítidas. Os alunos entendiam as expectativas e, em todas as idades, sabiam articular não apenas o que estava sendo trabalhado, mas muitas vezes por quê. Eu não saberia dizer se estava em uma sala de aula com alunos com dificuldades ou avançados. Cada aluno tinha um plano personalizado para suas necessidades com professores que estavam trabalhando duro em ambientes com grupos pequenos.

A então diretora Amy Creeden (agora superintendente assistente de instrução) passava grande parte do dia nas salas de aula apoiando seus professores. O apoio era um aspecto fundamental da cultura em Middletown — para todas as partes interessadas, de alunos a professores e funcionários. Ficou claro que o distrito se preocupava com cada um desses detalhes já havia tempo.

Distrito escolar de Middletown:
https://www.youtube.com/watch?v=-Cfm2gKpGB4

OS RISCOS DE ERRAR NA CULTURA

A cultura é importante demais para ser deixada ao acaso. Ao traçar o perfil da Anacostia High School — uma escola humilde de 697 alunos localizada em Washington DC que há muito tempo está entre as escolas com pior desempenho do distrito —, um relatório do American Enterprise Institute destacou há alguns anos os esforços da escola para adotar o ensino digital. Os autores descreveram como os alunos usavam *netbooks* com um portal *on-line* que lhes dava acesso a uma variedade de ferramentas multimídia de aprendizagem e avaliações sob demanda que forneciam *feedback* imediato. Além disso, o relatório enfatizou como os alunos faziam *login* com senhas exclusivas para que os professores pudessem acompanhar o progresso individual de cada estudante.[5]

Os autores disseram, no entanto, que enquanto observavam uma aula viram que os alunos estavam fazendo *login* não com seus usuários exclusivos, mas com usuários genérico. Alguns alunos tinham dificuldades até mesmo em fazer o *login* e levavam mais de cinco minutos para inserir a senha. Em vez de usar os recursos de avaliação *on-line*, o professor usava folhas de atividades. E, quando um aluno tinha dificuldades para entender uma palavra, o professor, em vez de usar o dicionário do computador ou o Google, caminhava até uma estante e gastava tempo folheando um dicionário até achar a palavra.

Isso representa um exemplo clássico de um programa em que os líderes deixaram a cultura ao acaso, em vez de moldá-la de forma agressiva. Middletown, por outro lado, ajuda a ilustrar o poder de criar uma cultura nítida que permeia toda a escola.

REINVENTANDO A CULTURA

À medida que as escolas buscam se reinventar, o cuidado com a cultura é fundamental. A seguir, são apresentadas três observações sobre o que isso significa atualmente.

Primeiro, no sistema educacional de soma zero de hoje em dia, é impossível criar uma cultura em que cada criança seja valorizada. O sistema atual, baseado no tempo e focado em classificar os alunos, obriga os professores não apenas a julgar os estudantes, mas também a compará-los entre si, em vez de se concentrar apenas em como apoiar cada criança para que todos possam ter sucesso. Enquanto não houver uma transição para um sistema de soma positiva, em que o foco seja domínio em vez de tempo, não será possível criar uma verdadeira cultura que priorize todas as crianças. Esse é um pensamento preocupante. Alguns educadores que se esforçam por cada detalhe para cada criança sem dúvida podem protestar contra a validade desse pensamento, mas, levando em conta o sistema como um todo, ele é verdade.

Em segundo lugar, à medida que as escolas tentam construir — e reconstruir — relacionamentos com todas as crianças e famílias após a pandemia, estabelecer confiança será fundamental. No momento, muitas famílias e crianças não confiam nas instituições e nos especialistas. Como me disse

Annette Anderson, professora da Faculdade de Educação da Johns Hopkins University: "Havia tantos relatos conflitantes que acho que muitas pessoas começaram a dizer: 'ok, não estou recebendo ajuda da minha escola, não estou recebendo ajuda da mídia, não estou recebendo ajuda de nossos funcionários do governo, preciso resolver isso para minha família', e então isso se tornava pessoal. Todos os pais tiveram que ter conversas sobre sua avaliação de risco pessoal". Além da falta de confiança causada pela pandemia, as famílias, especificamente de minorias, têm ainda mais desconfiança devido à pandemia racial, disse Anderson. Se somarmos a isso o histórico de serviços mal prestados a elas pelas escolas e o que muitas delas viram em primeira mão na reação das escolas após a pandemia — seja nas salas de aula virtuais ou na falta de respostas sobre questões relevantes —, o resultado é uma grande parcela de famílias que têm uma significativa falta de fé no sistema escolar atual.

O que será necessário para construir confiança? "Tempo", disse Anderson. Mas não apenas isso. Para construir confiança, as escolas devem criar conexões pessoais com cada criança e família como uma questão de rotina. Isso não pode ser apenas uma reunião de uma hora; deve ser uma sucessão de conexões profundas que ocorram ao longo do tempo. Os alunos e as famílias devem sentir e ver por meio das ações da escola no dia a dia que eles pertencem à comunidade — e que a escola e os educadores com quem trabalham têm uma participação no seu sucesso, que deve transcender as pontuações acadêmicas para incluir também a saúde, o bem-estar e hábitos de sucesso.

Isso significa que as comunidades escolares devem fazer muitas das coisas que discutimos neste livro: identificar claramente as prioridades, os valores, as crenças e os resultados finais que desejam para os alunos; concentrar-se em usar as evidências em torno do desenvolvimento humano e aprender a informar como apoiam as crianças; prestar atenção não apenas ao conhecimento acadêmico, às habilidades e aos hábitos de sucesso, mas também à saúde, ao bem-estar e às conexões sociais dos alunos; fixar-se no domínio, e não na perda de aprendizado; e muito mais. Em outras palavras, esse não é um trabalho de um simples *slogan* ou de algumas reuniões. É um trabalho que deve permear todas as ações de uma escola, desde a forma como elas cumprimentam alguém entrando pela porta até o modo como elas ouvem as pessoas na primeira vez em que fazem uma pergunta ou registram uma reclamação.

Em terceiro lugar, está implícito em tudo isso revisitar as relíquias de cultura existentes na escola, ou seja, suas tradições, seus rituais e suas práticas históricas. É importante lembrar que as tradições que existem em uma comunidade não foram criadas do nada. Elas refletem abordagens a certos problemas e circunstâncias que faziam sentido em um determinado período quando foram colocadas em prática. São reflexos de uma cultura e de um processo que alguém decidiu que eram importantes.

Muitas, se não a maioria, das escolas estão agora em uma situação diferente. Elas têm alunos diferentes de quando essas tradições foram estabelecidas. Existem preocupações diferentes.

Em alguns casos, escolas e educadores vão perceber que o espírito do que uma tradição é projetada para realizar — digamos, unificar a comunidade escolar — ainda é importante, mas que a própria tradição precisa ser atualizada, pois deixou de realizar esse objetivo. Por exemplo, uma certa tradição pode alienar desnecessariamente membros da comunidade — veja os comícios ou eventos para arrecadar fundos ou até mesmo o calendário escolar tradicional, com suas longas férias de verão, que discutimos no Capítulo 7. Quando esse for o caso, siga o processo de seis etapas descrito anteriormente, pois isso pode ajudá-lo não apenas a moldar uma cultura, mas também a mudá-la. O desafio passa a ser substituir uma tradição por algo mais inclusivo por meio de um processo em que aqueles que estão felizes com a tradição atual não fiquem chateados quando ela mudar porque sentem que estão perdendo algo. Como você garante, em outras palavras, que eles vejam qualquer mudança como um ganho?

O Capítulo 11 aborda o gerenciamento da mudança com mais profundidade, mas, por enquanto, aqui está o ponto principal: não insista em uma prática só porque ela faz parte de uma tradição. Pense sobre a razão para essa tradição existir — sobre o propósito dela — e veja se a tradição ou o propósito devem ser repensados.

PONTOS-CHAVE

- A cultura é essencial e é composta pelas prioridades e processos compartilhados por um grupo.
- Para criar uma cultura forte, você precisa ter um acordo sobre os valores ou prioridades de um grupo.

- Com isso posto, há um processo de seis etapas que você pode seguir repetidamente para construir os processos adequados a serviço dessas prioridades declaradas.
- O sistema educacional atual de soma zero torna impossível criar uma cultura em que cada criança seja valorizada.
- Construir e reconstruir a confiança de cada aluno e família. É importante dar tempo e intencionalidade para todas as prioridades e processos envolvidos.
- Não tome as tradições como garantidas; revisite-as se elas não estiverem mais servindo ao propósito para o qual foram originalmente criadas — ou se o propósito em si estiver desatualizado.

NOTAS

1. SCHEIN, E. H. *Organizational culture and leadership*. San Francisc: Jossey-Bass, 1988., Como resumiram CHRISTENSEN, C. M.; SHU, K. What is an organization's culture? *Harvard Business School*, 2006. Disponível em: https://www.hbs.edu/faculty/Pages/item.aspx?num=14290. Acesso em: 22 jul. 2023.
2. WHAT schools must do before the fall. Entrevistadores: Diane Tavenner, Michael Horn. *Class Disrupted*, 2 temp., 14 ep., 2021. *Podcast*. Disponível em: https://classdisrupted.wordpress.com/2021/03/15/season-2-episode-14-what-schools-must-do-before-the-fall/. Acesso em: 22 jul. 2023.
3. A Convergence usou esse processo para juntar um grupo de companheiros improváveis e desenvolver a visão inspiradora para uma educação centrada no aluno, o projeto chamado de Education Reimagined. CONVERGENCE. *About us*. Washington: CCPR, 2023. Disponível em: https://convergencepolicy.org/about-convergence. Acesso em: 22 jul. 2023.

    EDUCATION REIMAGINED. *A socially-just, learner-centered future for education*. Washington: Education Reimagined, 2023. Disponível em: https://education-reimagined.org/. Acesso em: 22 jul. 2023.
4. MIDDLETOWN SCHOOLS VALIDATED STUDY. New York: [S. n.], 2023. Disponível em: https://www.middletowncityschools.org/Page/251. Acesso em: 22 jul. 2023.

    MIDDLETOWN CITY SCHOOL DISTRICT. *District Demographic Dashboard 2017–21*. Washington: NCES, 2023. Disponível em: https://nces.ed.gov/Programs/Edge/ACSDashboard/3619320. Acesso em: 22 jul. 2023.

5. LAUTZENHEISER, D. K.; HOCHLEITNER, T. *Blended learning in DC public schools*: how one district is reinventing its classrooms. *American Enterprise Institute*, 2014. Disponível em: https://www.aei.org/research-products/report/blended-learning-in-dc-public-schools-how-one-district-is-reinventing-its-classrooms/. Acesso em: 22 jul. 2023.

10

Teste suas suposições e aprenda

As reflexões da diretora Kathleen Ball sobre cultura foram interrompidas pelo alarme de seu calendário. Faltavam 10 minutos para o término das aulas. Depois disso, ela tinha uma reunião com todos os professores do 5º ano.

Ela se levantou, sorriu e saiu de sua sala para verificar com sua equipe se estava tudo certo e, depois, se despedir dos estudantes.

Após a partida dos ônibus, ela voltou para o escritório. Os professores do 5º ano se reuniram em seguida.

Ocorreria o bate-papo de sempre. Então, antes que Kathleen tivesse a chance de começar a reunião, a Sra. Alvera começou a falar.

"Acho que precisamos fazer algo maior para mudar as coisas para esses alunos", disse ela.

Kathleen ergueu uma sobrancelha. Ela conseguia sentir a frustração da Sra. Alvera.

Outra das professoras, a Sra. Vincent, perguntou: "O que você tem em mente?".

"Não sei", disse a Sra. Alvera. "Só sei que algo não está funcionando bem. Júlia estava reclamando para mim, falando sobre maneiras melhores de aprender — e eu concordei com ela em quase todos os pontos. Jeremy parece totalmente perdido na aula, e não é só ele. E tenho sentido falta de como durante o ensino remoto — sabe, apenas alguns anos atrás — estávamos todos coensinando. Foi difícil trabalhar em conjunto, mas também acabou se tornando meio mágico. Sinto falta disso."

A Sra. Vincent se juntou ao coro. "Estou tendo a mesma experiência com a minha turma, mas você sabe que não podemos simplesmente fazer algo grande e mudar tudo. Já estou sem saber o que fazer do jeito como as coisas estão."

Kathleen, simpaticamente, concordou com a cabeça.

"E você se lembra da última vez que tentamos algo grande?", perguntou a Sra. Vincent. "Aquilo deu muito certo, não é?" Sua voz trazia sarcasmo.

A Sra. Alvera lembrava. Em 2012, antes de Kathleen estar por perto, a escola decidiu inserir recursos digitais e promover o ensino on-line em todas as salas de aula — de uma só vez.

Foi um desastre. Eles compraram computadores para todos os alunos, enviaram-nos para casa junto com os estudantes e, em seguida, assistiram horrorizados enquanto todos os piores cenários se concretizavam, desde computadores roubados até estudantes que não tinham acesso à internet em casa e professores abandonando o experimento em questão de semanas.

A comunidade se irritou com isso. O esforço desperdiçou muito do dinheiro da campanha de arrecadação do ano anterior. Um ano depois, o diretor foi demitido.

"Sim, não podemos fazer aquilo de novo", concordou a Sra. Alvera. Parecia que o clima na sala de repente tinha ficado mais pesado.

Kathleen se intrometeu. "Mas deve haver outra opção, não é?"

Os professores a encararam. Ela também queria perder o emprego?

"Quero dizer, olhando para trás, muitas das coisas que deram errado eram previsíveis, não é? Tipo, eles se basearam em algumas suposições importantes que poderiam ter sido testadas antes."

"Como o quê?", perguntou a Sra. Alvera.

"Bem, para começar, que todos os alunos têm uma boa internet em casa. Essa era uma fácil. A escola poderia ter descoberto isso antecipadamente."

Outro pensamento surgiu na cabeça de Kathleen. "Na verdade, uma vez li algo sobre isso. Algo chamado 'planejamento orientado por descobertas'*.

---

* N. de R.T. O conceito de planejamento orientado por descobertas foi criado por Rita Gunther McGrath e por Ian C. MacMillan em 1995. Ele consiste em criar planos de ação para desenvolver algo que irá gerar muito impacto em uma determinada área, porém, antes de implementar esse plano, deve-se realizar um teste em um meio mais controlado, a fim de que novos dados e resultados sejam revelados e analisados para modificar a implementação do plano maior. No modo convencional de se planejar e implementar algo, o financiamento pode ser liberado de uma única vez, pois os resultados previstos quase sempre são positivos. No planejamento orientado por descobertas, os fundos são liberados conforme se alcançam marcos pré-determinados que podem gerar resultados que permitam verificar o sucesso do que está sendo implementado.

Depois de criar um plano que seja bem diferente de qualquer coisa que você já tenha feito antes — algo meio radical —, em vez de apenas colocá-lo em prática achando que ele vai funcionar, antes você testa as principais suposições. E se fizéssemos algo assim apenas para o 5º ano? Poderíamos tentar isso? Não estou me comprometendo a fazer nada, mas..." Sua voz foi sumindo.

Todos os professores do 5º ano concordaram com a cabeça.

"Vou começar", disse a Sra. Alvera.

* * *

Discutimos o propósito da educação e o escopo das escolas. Ofereci ideias sobre como reinventar a experiência do aluno, do professor e dos pais, bem como do uso da tecnologia e da cultura em uma comunidade escolar. Falei sobre a importância de criar um grupo separado da comunidade escolar para que, munidos dos recursos adequados, os educadores possam ressignificar os desafios que estão enfrentando como oportunidades.

Agora, espero que você esteja inspirado para criar um novo grupo e fazer algumas mudanças. Mas, assim como a Sra. Vincent, talvez haja algo em você que diga que isso é arriscado. Talvez arriscado demais.

SEUS PLANOS DE REINVENTAR A FORMA COMO A EDUCAÇÃO É DESENVOLVIDA NAS ESCOLAS VÃO "FUNCIONAR"?

Se suas ideias são tão ousadas e novas para sua comunidade escolar que elas precisam de um novo grupo para serem implementadas, então não há dúvidas de que o plano não está totalmente no caminho certo. Mesmo que você esteja otimista com suas ideias, há riscos. Podemos afirmar com certeza que, nesse momento, seu conhecimento em relação a suposições (ou hipóteses) sobre como seu plano funcionará é pequeno.

Mas quais partes estão incorretas? O plano ajudará a alcançar resultados para todas as crianças, preparando-as para o futuro? Quais aspectos receberão o apoio da comunidade? Quais partes poderão enfrentar resistência, ameaçando todo o conceito? E como você vai conseguir o espaço necessário para experimentar, aprender e ajustar seu plano de acordo? Outra razão para criar um grupo separado, afinal, é evitar a baixa possibilidade de experimentar que decorre de um rígido controle hierárquico. Queremos e precisamos de um espírito de flexibilidade e inovação para experimentarmos novas ideias.

Os educadores podem ainda fazer outra pergunta sobre essa questão. Dado que nunca fizemos isso antes e temos certeza sobre tão pouco do que estamos idealizando, não é arriscado inovar quando as crianças estão envolvidas e as chances são incertas?

A resposta pode ser sim. Mas não inovar em nossas escolas também traz grandes riscos já conhecidos para os Jeremys e para as Júlias do mundo e para o futuro de nossa sociedade.

UM CAMINHO MENOS ARRISCADO QUE ABRAÇA A INOVAÇÃO

Felizmente, os educadores não precisam escolher entre dois empreendimentos arriscados. Existe uma maneira comprovada de reduzir o risco do processo de inovação: o planejamento orientado por descobertas.

Introduzido pela primeira vez por Rita Gunther McGrath, professora da Columbia Business School, e Ian C. MacMillan, professor da Wharton School da University of Pennsylvania,[1] o planejamento orientado por descobertas tem uma semelhança com a nova metodologia de planejamento sobre a qual as pessoas estão adorando falar, a chamada "*startup* enxuta". A *startup* enxuta é uma abordagem que Steve Blank conceituou em 2003 com base na noção de planejamento orientado por descobertas. O planejamento orientado por descobertas também inclui conceitos que se assemelham à noção popular de um "produto mínimo viável" (MVP, do inglês *minimum viable product*), do qual você também pode ter ouvido falar. Se o MVP é um conceito novo para você, saiba que ele também decorre do movimento das *startups* enxutas e se refere ao produto mais simples possível que se consiga construir para obter *feedback* de clientes em potencial.

O que todos esses processos têm em comum é o foco em testar e aprender com os testes antes de lançar algo novo e incerto. A ideia básica é reconhecer que sua solução e sua estratégia não estão corretas ou completamente formadas desde o início. Elas devem se desenvolver ao longo do tempo.

A questão é descobrir como estruturar um processo com o qual seja possível aprender, mas que também diminua grandes riscos.[2] A resposta é espelhar o método científico e o processo de aprendizagem. É disso que se trata o planejamento orientado por descobertas. Ele fornece um processo para testar hipóteses e incorporar as oportunidades que são os muitos fracassos rápidos — reformulando essas falhas rápidas como aprendizados. Os fracassos reformulados como aprendizados ajudam a equipe a evitar grandes falhas que desperdicem tempo, dinheiro e capital político significativos em algo que não foi examinado e não poderia ter funcionado — como aconteceu na vinheta fictícia durante o experimento com as salas de aula invertidas em 2012.

Antes de mais nada, devemos esclarecer algo. Os MVPs não são a única maneira de testar suposições no processo de planejamento orientado por descobertas. Na educação, os MVPs também podem expor os alunos desnecessariamente.

Como Gagan Biyani, fundador de duas *startups* de educação, escreveu, um MVP "[...] é uma versão inicial básica de um produto que parece uma versão simplificada da visão eventual".[3]

Mas, se os educadores começam com algo semelhante a um MVP — um protótipo de seu plano ou solução —, eles podem estar ignorando várias suposições críticas sobre como o mundo funciona e o progresso que os indivíduos estão tentando alcançar. Ao incorporar algumas dessas suposições nessa primeira solução mínima, eles podem estar perdendo a oportunidade de testá-las.

Um caminho melhor é realizar o que Biyani chama de "testes mínimos viáveis" (MVTs, do inglês *minimum viable tests*), que testam suposições específicas que devem ser verdadeiras para que um plano tenha sucesso. É prudente testar essas suposições precocemente e em uma escala pequena o suficiente antes de se prender muito a uma visão clara. A mudança sutil é do *ethos* de "construir, medir e aprender" da *startup* enxuta para o de "testar, medir e aprender".

Na área da educação, os MVTs têm mais uma vantagem em potencial sobre os MVPs. Como a maioria das escolas já está trabalhando com alunos, pais e professores que têm expectativas já formadas para elas, os MVTs criam maneiras rápidas e baratas de as escolas aprenderem sobre os processos sem criarem um protótipo completo para usar com suas partes interessadas. Se as suposições que você está fazendo começarem a se provar verdadeiras ao conduzir os MVTs, esses MVTs acabarão englobando MVPs antes de lançar algo novo e ousado. Mas começar com testes que não têm um MVP completo representa um menor risco para os alunos e aumenta muito as chances de sucesso.

O PROCESSO PADRÃO DE PLANEJAMENTO

O planejamento orientado por descobertas inverte o processo convencional de planejamento. No processo convencional, fazemos um plano, olhamos para seus resultados projetados e, em seguida, assumindo que esses resultados pareçam desejáveis, o implementamos.

Essa abordagem funciona bem quando já tentamos algo semelhante antes ou quando a inovação é familiar e comprovada — pense, por exemplo, em um novo plano de ensino para uma aula lecionada de uma mesma maneira por anos. Só para ter certeza, antes de seguir por esse caminho devemos verificar se as três condições a seguir são atendidas.

1. Temos um plano que aborda todos os detalhes importantes necessários para o sucesso, com um alto grau de confiança de que as suposições feitas estão corretas, e os responsáveis pela implementação entendem cada detalhe importante.
2. O plano faz sentido tanto para todos os membros da organização, com suas visões de mundo a partir de seus próprios contextos, quanto para a pessoa que o elaborou, de modo que todos vão agir de forma adequada e consistente.
3. As forças externas — como a reação da comunidade e dos alunos ou o impacto de outras escolas, programas ou tecnologia — são razoavelmente estáveis e previsíveis.

Se todas essas três condições forem atendidas, então o processo convencional de planejamento poderá funcionar bem. Basta implementá-lo.

No entanto, ao fazermos algo que é novo para a comunidade, a única coisa que podemos dizer com certeza é que imprevistos ocorrerão. Portanto, seguir um processo diferente de planejamento e implementação é fundamental.

O QUE É O PLANEJAMENTO ORIENTADO POR DESCOBERTAS?

Ao lançar algo que é imprevisível e desconhecido, com uma baixa proporção de conhecimento em relação a hipóteses, os educadores precisam mudar o processo de planejamento e estruturação. Note que não estamos falando de planos, mas, sim, de planejamento, para denotar ação.[4] O processo padrão de planejamento de fazer "um plano" que todos implementarão não funcionará porque as suposições, implícitas e explícitas, nas quais os resultados se baseiam estão frequentemente equivocadas.

A chave para o sucesso será, em muitos casos, a capacidade de testar hipóteses e continuar a reafirmar os planos à medida que obtemos mais informações. Portanto, quando os educadores estão criando algo novo, diferente do que sempre fizeram antes, eles precisam de uma forma diferente de criar um plano — especialmente se a tolerância ao fracasso for baixa e a necessidade de cautela for alta, como costuma ser o caso em inovações na educação com crianças.

Em um processo de planejamento orientado por descobertas, devemos começar com os resultados desejados em mente. A partir daí, o próximo passo crucial é listar todas as suposições que devem ser verdadeiras para alcançarmos os resultados desejados. Com as premissas em mãos, o passo seguinte é implementarmos um plano de aprendizagem, o que significa testar, da maneira mais rápida e barata possível, se as suposições críticas são razoáveis. É a isso que Biyani estava se referindo quando escreveu sobre o MVT, ou teste mínimo viável.

Se as suposições se provarem verdadeiras, a comunidade escolar poderá continuar investindo na execução da estratégia. Se as suposições se mostrarem falsas ou incertas, as organizações poderão mudar de rumo ou continuar testando antes de irem longe demais.

Processo de planejamento orientado por descobertas

1. Liste os resultados desejados.
2. Determine quais suposições devem ser verdadeiras para que os resultados sejam alcançados.
3. Implemente um plano para descobrir se as suposições críticas são razoáveis.

4. Implemente a estratégia quando as principais suposições se mostrarem verdadeiras.

A seguir, vamos nos aprofundar em cada uma dessas etapas.

Comece pelos resultados

O primeiro passo em um processo de planejamento orientado por descobertas é identificar os resultados que desejamos alcançar com a inovação. Se todo mundo, desde o começo, sabe como devem ser os resultados para que a inovação valha a pena, então não faz sentido esconder o jogo. Basta colocar as cartas na mesa desde o início. Qual é o objetivo da inovação? O que você está tentando conseguir? E como você saberá se foi bem-sucedido?

É por isso que é tão crítico começar com o objetivo em mente e depois planejar de trás para frente. Entender o propósito da comunidade escolar, como discutimos no Capítulo 2, mas também o propósito específico de qualquer inovação que colocarmos em prática é vital. É complicado codificar esse propósito em um objetivo SMART (específico, mensurável, atingível, realista e temporal) com o qual todos concordem. Mas é importante garantir que haja clareza e concordância sobre os resultados desejados. Se houver aqueles que estão duvidando — achando, por exemplo, que uma meta SMART parece muito ampla ou simplista —, você provavelmente precisará trabalhar mais em cima disso para entender por que está tentando realizar essa coisa e o que espera alcançar com isso.

Criar uma lista de verificação de premissas

Com os objetivos e resultados desejados identificados, o segundo passo é compilar uma lista de verificação de suposições ou premissas. Pegue o plano inicial idealizado para a experiência do aluno, do professor e dos pais e liste todas as suposições que estão sendo feitas e que devem ser verdadeiras para que os resultados desejados definidos na etapa 1 se materializem.

Nesta etapa, você deve se concentrar na eficácia e sustentabilidade de uma ideia. Seja exaustivo. Todas as suposições que as escolas fazem implicitamente devem estar na mesa, incluindo o uso de tempo e horários escolares, espaço e pessoal. Estabeleça todos os elementos estruturais que você planeja implementar, incluindo: o tipo de equipe que vai implementar a inovação e quem está nela; a experiência do aluno; a experiência do professor;

a experiência dos pais; os *softwares*, *hardwares*, infraestruturas e instalações; o currículo; o modelo de aprendizagem e onde está sendo implementado; a cultura; o plano de implementação; e o orçamento. Ao catalogar todas essas suposições — e seus componentes implícitos —, você montará uma lista abrangente de suposições. Isso envolve tudo, desde "Este *software* de matemática será rigoroso o suficiente" e "Nossos professores terão os dados necessários para intervir da maneira certa" até "O tempo que damos aos alunos para aprender é suficiente para eles dominarem o currículo".

Escreva as suposições na forma de uma hipótese — uma declaração afirmativa de que a suposição que você está fazendo está correta —, de modo que, na hora de testá-las, uma confirmação da hipótese dê mais confiança ao seu plano, enquanto algo que a refuta leve a uma mudança nele.

Quando a Summit Public Schools, por exemplo, passou a implementar a integração do ensino *on-line*, ela não começou simplesmente implementando seu plano em todas as suas escolas. Em vez disso, ela seguiu um ciclo rigoroso de construção, medição e aprendizado — um processo que continuou a fazer à medida que inovava constantemente. A Summit começou fazendo um protótipo de um modelo de rotação de estações no qual os alunos se moviam entre diferentes centros de aprendizagem *on-line*, projetos, e assim por diante, em momentos distintos durante o dia. O objetivo da escola ao inovar naquela época era aumentar o percentual de alunos preparados para ter sucesso na faculdade. Para que isso ocorresse, a Summit assumiu que precisava apoiar melhor os alunos no desenvolvimento de seu potencial de decisão, o que os tornaria capazes de fazer suas próprias escolhas. Na tentativa de implementar um plano de rotação de estações, estava implícita a ideia de que isso daria aos alunos melhores oportunidades de construir sua capacidade de ação para agir sobre algo. No entanto, depois de assistir ao desdobramento do experimento, a Summit logo concluiu que um modelo de rotação de estações não proporcionaria oportunidades suficientes para os alunos fazerem escolhas diárias que os ajudassem a desenvolver esse hábito de sucesso. Como resultado, a Summit alterou seu plano.

O processo de listar as suposições pode levar um ou dois dias, e esse é um tempo bem gasto. Às vezes, nessa fase o número de suposições presentes na lista será superior a 100! Em cada suposição inicial que identificamos, costuma haver pelo menos mais 2 a 5 suposições incorporadas que também estamos fazendo. Para capturar o conjunto completo de suposições, é ideal ter uma matriz diversificada de pessoas na mesa nesse exercício de *brainstorming*. Essas pessoas devem representar uma variedade de departamentos e perspectivas para que a lista seja exaustiva e ajude o líder a identificar quais são as suposições que estão na mente de diferentes pessoas.

Essa etapa pode parecer intimidadora. Há duas outras maneiras de proceder. Ter um facilitador ou consultor externo para ajudar nesse processo pode fornecer a capacidade de que uma escola ou distrito precisa para executar esse processo. Alternativamente, os educadores podem executar uma versão simplificada dessa etapa, concentrando-se no que eles veem como as suposições mais críticas subjacentes a dois domínios-chave do plano: a *eficácia* e a *sustentabilidade*.

De qualquer forma, para ajudar no processo de *brainstorming* e dar uma noção da gama de suposições que você pode estar fazendo — implícita ou explicitamente — em um plano, a Figura 10.1 oferece um conjunto de categorias a partir das quais você deve pensar sobre as suposições em seu plano.

A seguir, apresentamos uma lista real de 25 suposições que outros líderes escolares elaboraram em um *brainstorming*, para dar uma ideia de como elas podem ser.

25 exemplos de premissas

1. O cronograma principal inclui um professor de educação especial.
2. Os professores compraram a ideia (querem fazer isso) e desejam trabalhar juntos para ensinar a todos os alunos juntos.
3. Os professores têm a capacidade de fazer esse tipo de trabalho.
4. Vou convencer o distrito a financiar integralmente meu projeto, o que significa conseguir:
    a. computadores;
    b. *software* de matemática;
    c. auxiliares.
5. O tempo para desenvolvimento profissional será de 64 minutos após o horário das aulas. É um tempo de reunião e colaboração entre os professores no próprio local.
6. O ambiente de aprendizagem colaborativa levará à sustentabilidade (pessoa de referência, treinamento, treinamento cruzado).

Da reabertura à reinvenção **261**

EQUIPE
- As pessoas certas estão à mesa?
- O líder da equipe tem o nível adequado de autoridade?
- Temos apoio suficiente dos líderes mais experientes?

EXPERIÊNCIA DOS ESTUDANTES
- Alguns de nossos estudantes precisam de experiências diferentes para serem bem-sucedidos?
- Há oportunidades suficientes para que eles se divirtam com os amigos ao longo do trabalho?

EXPERIÊNCIA DOS PROFESSORES
- Estamos pedindo aos professores que eles façam coisas para as quais não foram treinados?
- Os professores foram designados para os papéis certos nos quais eles podem sentir que estão tendo sucesso?

SOFTWARES
- O *software* tem tempo suficiente para instruções?
- O conteúdo é rigoroso o suficiente?
- Ele vai fornecer dados acionáveis e de fácil entendimento?

HARDWARE
- O *hardware* é durável o suficiente?
- Temos *wi-fi* suficiente?
- Temos condições de pagar por um *hardware* melhor ou mais avançado?
- Temos equipamentos reservas caso algo quebre?

INSTALAÇÕES
- Temos uma quantidade suficiente de tomadas?
- Os móveis são adequados para os estudantes?
- O espaço reforça a cultura desejada?

MODELO DE APRENDIZAGEM
- Estamos exigindo que os estudantes fiquem tempo demais nas estações quando forem participar de uma aula no modelo de rotação por estações?
- Esse modelo fornece oportunidades condizentes com as experiências que queremos oferecer aos alunos?

CULTURA
- O processo de ficar trocando de modalidade vai funcionar com os alunos?
- A integração do ensino *on-line* é uma prioridade para os membros da equipe?
- Temos as normas adequadas para os alunos?

Figura 10.1 Seja expansivo sobre as suposições.

7. O bloco de 70 minutos vai trabalhar com a instrução de nível 1*, a intervenção onde necessária e a aceleração do ensino.
8. Minha equipe e eu podemos fazer isso acontecer até o início do próximo ano letivo.
9. O cronograma de uso dos computadores funcionará para os alunos do 5º ano e para seus colegas de grupos de aprendizagem.
10. O *software* de matemática funcionará em diferentes dispositivos sob uma política de "traga seu próprio dispositivo".
11. O *software* de matemática funcionará nos computadores antigos do distrito.
12. A tecnologia existente durará até o final do ano letivo.
13. Temos fones de ouvido suficientes para o ano inteiro.
14. Temos alunos suficientes dispostos a trazer seus próprios fones de ouvido.
15. Temos *mouses* de computador suficientes para o ano inteiro.
16. Temos alunos suficientes capazes de trazer seus próprios dispositivos.
17. Os professores substitutos entenderão o plano.
18. Os professores substitutos serão capazes de executar o plano.
19. Seremos capazes de treinar professores para ler e usar relatórios até o início do ano.
20. As crianças serão independentes o suficiente no novo programa desde o início (com apoio mínimo de um auxiliar).

---

* N. de R.T. Instruções de nível 1 consistem em experiências de aprendizagem em que todos os estudantes participam, baseadas em um currículo comum oferecido a todos os alunos. Na instrução de nível 1, os professores criam um ambiente para focar três aspectos principais: conquista acadêmica, desenvolvimento socioemocional e gestão de comportamento. Essa nomenclatura é usada para toda a educação básica norte-americana. Além desse termo, existem também a instrução de nível 2 (instrução direcionada ou estratégica, muitas vezes oferecidas a pequenos grupos. A instrução de nível 2 tem três características principais: professores atuam para oferecer momentos de aprendizagem baseada em evidências, a ação é mediada por um professor e tem um foco específico) e a de nível 3 (tem um foco mais específico ainda, sendo individualizado. Cada encontro pode durar mais tempo que os de nível 1 e 2 dependendo da necessidade do aluno, visando monitorar o desenvolvimento do aluno com maior proximidade, praticamente semanalmente).

21. A tecnologia funcionará todos os dias (ter um plano de *backup*).
22. Um membro da equipe estará disponível e terá capacidade para lidar com o provisionamento para alunos.
23. Os pais se sentirão confortáveis com seus filhos fazendo trabalhos de ensino médio no ensino fundamental.
24. O *software* de matemática é robusto o suficiente para servir como única ferramenta de intervenção.
25. O número de alunos do 5º ano que estamos atendendo permanecerá o mesmo.
26. Há monitores o suficiente para ajudar na transição para outras salas de 5º ano.

Classifique suas suposições

Quando você terminar de compilar as suposições, o próximo passo é classificá-las da mais crucial para a menos crucial. Aqui é onde essas premissas em torno da eficácia e da sustentabilidade realmente importam. A consultoria Innosight, que regularmente usa o planejamento orientado por descobertas, descobriu que ter o mesmo grupo de indivíduos fazendo duas perguntas sobre cada suposição é a melhor maneira de realizar essa etapa de forma sistemática e com algum rigor.[5]

Primeiro, pergunte o que pode acontecer se você estiver errado sobre uma suposição. Em outras palavras, qual dessas suposições, se provada falsa, atrapalharia mais seriamente o sucesso do projeto? Se a suposição estiver errada, isso será catastrófico para o projeto? Isso exigirá uma grande revisão do plano? O impacto é pequeno e vai exigir apenas alguns ajustes? Ou estar errado não é um grande problema, pois não terá impacto no plano? Se estar errado for catastrófico para o projeto, atribua-lhe um valor de prioridade 1; se não for grande coisa, atribua-lhe um 3. Uma classificação de 2 fica entre esses dois extremos.

Em segundo lugar, pense no quão confiante você está de que cada suposição está correta. Um teste divertido para avaliar o nível de confiança das pessoas em relação ao projeto é verificar se elas estão dispostas a desistir do salário de um ano se estiverem erradas — o que significaria que elas têm um alto grau de confiança de que sabem a resposta. Elas estariam dispostas a abrir mão de apenas uma semana de salário se estiverem erradas? Ou de um dia? Ou talvez não estejam dispostas a apostar nada de seus salários porque não têm certeza de se a suposição está correta. Atribua um valor com base na confiança. Uma classificação de 1 indica que não há confiança de que a suposição está correta, ao passo que uma classificação de 3 sugere alta confiança de que ela o está.

Depois de classificar todas as suposições, pegue as duas pontuações, calcule a média delas e, em seguida, faça um *ranking* das médias. As suposições com uma classificação próxima de 1,0 são as que mais merecem atenção na próxima etapa, porque são as mais cruciais para o sucesso do projeto, mas também são aquelas em que você tem a menor confiança de que estão certas. As mais próximas de 3,0 não são tão críticas para o sucesso do projeto. Você pode, portanto, se dar ao luxo de testá-las mais tarde.

Para ilustrar, imagine que você tivesse assumido que o custo de um determinado programa de *software* de matemática para um novo plano que você queria implementar seria de cerca de US$ 10 por aluno, e você planejou comprar 30 licenças. Essa suposição pode ficar mais perto de um 3,0 do que de um 1,0. Por quê? Se você estiver errado sobre o preço do *software*, isto é, se ele custar mais que US$ 10 por aluno, é improvável que isso mude seu plano, pois provavelmente ele não vai custar muito mais do que isso. E, quando se trata da classificação de confiança, é provável que você tenha alguma certeza em relação ao valor do custo, ou pelo menos saiba a quantia aproximada.

Por outro lado, se alguém discordar veementemente e classificar essa suposição como um 1,0, essa é uma ótima oportunidade de um líder vir à tona onde há desacordo sobre o plano e onde há falta de unanimidade sem tornar esses desacordos pessoais. Essa é uma das razões pelas quais é útil que cada pessoa faça individualmente esse *ranking* antes de se reunir com o grupo para criar uma visão consensual sobre o risco e a confiança nas suposições.

Após classificar as suposições, agrupe-as em três zonas. A zona 1 será composta por aquelas com pontuações que variam de 1,0 a 1,6; essas suposições são as mais críticas e urgentes de serem testadas. A zona 2 será composta por aquelas com pontuação variando de 1,7 a 2,3. Na zona 3, ficam aquelas premissas com pontuação variando de 2,4 a 3,0, sendo as menos urgentes de serem testadas (ver Figura 10.2).

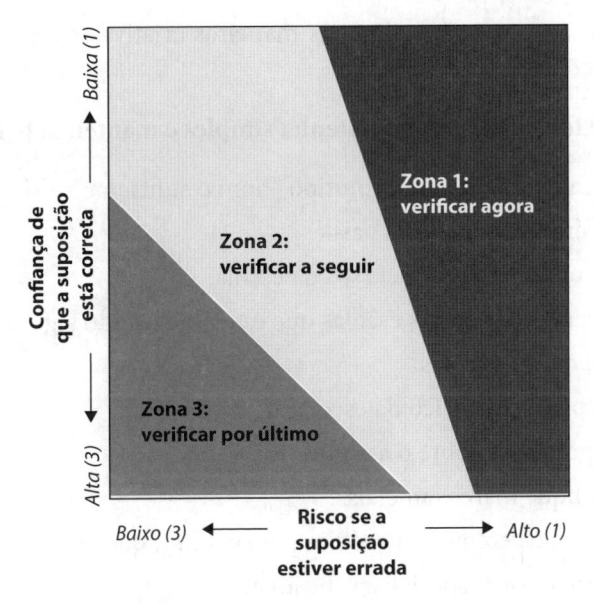

Figura 10.2 Priorizando as suposições.

Implemente um plano — para descobrir mais

Com o *checklist* de premissas priorizadas em mãos, o próximo passo é implementar um plano para testar a validade das hipóteses. Planeje verificar primeiro as suposições mais importantes — aquelas da zona 1. Isso porque essas são as hipóteses que contam com o menor nível de confiança, mas também são as mais cruciais para o sucesso do projeto.

Nos estágios iniciais do planejamento, os testes devem ser simples, baratos e rápidos. Lembre-se de que, como Biyani descreveu, esses testes devem ser literalmente o teste mínimo viável! Eles devem simplesmente fornecer uma noção — e não uma resposta clara — a respeito da razoabilidade das suposições mais importantes.

Por exemplo, é uma boa ideia analisar outras escolas para verificar se as suposições fazem sentido antes de ir longe demais com elas. Reserve tempo para ler as pesquisas existentes sobre o assunto e ter conversas iniciais para ver se as ideias se sustentam, em vez de confiar no que você acredita ser senso comum. Você também pode criar um MVP, como um modelo ou protótipo rápido. Um protótipo é qualquer coisa que ajude a comunicar a ideia do que você está fazendo, que pode ser desde maquetes e modelos até simulações e interpretação de papéis.

A seguir, apresentamos algumas maneiras criativas e rápidas de testar suas suposições.

Teste de forma criativa: mantenha simples e mantenha barato

- Crie rapidamente um protótipo "bom o suficiente".
- Converse com alunos e pais.
- Fale com o setor de recursos da escola.
- Converse com outras escolas que estejam fazendo algo semelhante.
- Visite outras escolas.
- Olhe para o histórico da escola.
- Leia pesquisas sobre o assunto.
- Identifique marcos iniciais.
- Fale com o gerente de negócios para garantir que seja algo sustentável.
- Converse com especialistas na área.
- Conduza um grupo focal.
- Lance um piloto, talvez no verão ou depois do horário das aulas.

Veja a seguir alguns outros testes de amostra que são menores do que um MVP, para algumas suposições específicas, apenas para dar uma ideia de como pode ser o processo.

- **Suposição:** nossa programação semanal para alunos do segundo ano proporciona flexibilidade suficiente para que os professores personalizem verdadeiramente o ensino para cada aluno — ou seja, os alunos não ficarão presos em grupos inadequados para suas necessidades de aprendizagem —, o que vai melhorar o desempenho dos estudantes.

  Teste prévio: converse com outras escolas que já implementaram uma programação semanal semelhante para ver como elas equilibram a necessidade de infraestrutura com a de flexibilidade e como elas evoluíram, além de verificar quais foram as conquistas dos estudantes.

- **Suposição:** as partes interessadas (alunos, pais, professores, administradores e líderes comunitários) vão apoiar a transição e a implementação da aprendizagem baseada no domínio.

Testes prévios:

- converse com os alunos sobre suas experiências escolares atuais e o que eles esperam;
- convide professores entusiasmados em liderar uma mudança em toda a escola para conduzir reuniões de professores para refletir sobre o assunto;
- realize reuniões individuais com os pais para identificar preocupações que eles possam ter sobre a experiência escolar de seus filhos hoje e investigar se a aprendizagem baseada no domínio pode ajudar a responder a esses desafios.

- **Suposição:** nosso plano de como estamos incorporando projetos como a peça central de nosso currículo não sobrecarregará (não criará muita carga cognitiva) nossos alunos iniciantes em áreas específicas (com base na pesquisa que indica que alunos iniciantes têm melhor desempenho com formas ativas de instrução direta).

  Teste prévio: visite outras escolas que implementaram planos semelhantes para observar os estudantes e coletar dados para ver se você criou a estrutura e a combinação de atividades adequadas para alunos iniciantes.

- **Suposição:** nossos administradores assumirão o desafio de liderar mudanças transformadoras e apoiar os professores em todos os momentos.

  Teste prévio: observe exemplos anteriores no histórico de grandes mudanças da sua escola para saber como os administradores lidaram com essas situações.

- **Suposição:** a rede *wi-fi* da escola suportará um grande número de dispositivos usados ao mesmo tempo em todo o *campus*.

  Testes prévios:

  - pergunte aos administradores de TI de outras escolas que já tenham um ensino *on-line* integrado sobre a experiência deles;
  - execute um teste prático durante o verão com professores simulando o número de alunos que usam computadores ao mesmo tempo.

Decida sobre os próximos passos

O último passo é decidir se você deve continuar implementando a estratégia.

Defina um limite de tempo — uma data específica até a qual todos os testes das várias premissas devem ser concluídos — para que a equipe possa se reunir e avaliar o que aprendeu. O primeiro limite de tempo pode ser de um mês e ser projetado para dar aos membros da equipe tempo para testar algumas das suposições mais críticas em um alto nível. Essas datas de verificação podem coincidir com as reuniões existentes para garantir que coisas não se percam no meio-tempo e que a equipe não seja sobrecarregada. Você pode usar, por exemplo, uma reunião de planejamento regular ou dias voltados para o desenvolvimento profissional já agendados para essas verificações. Ter um facilitador externo para ajudar a executar o processo e manter a equipe no cronograma também pode auxiliar.

Em cada um desses pontos de verificação, você tem uma decisão a tomar.

Se as suposições estiverem se mostrando verdadeiras, continue avançando.

Se elas não estiverem — como provavelmente será o caso —, existem algumas opções. Talvez você possa ajustar o plano para continuar avançando; por exemplo, talvez o *software* de matemática que um educador planejou usar seja bom apenas para 20 minutos de instrução por dia, em vez dos 30 minutos nos quais sua equipe estava pensando. Isso, por sua vez, significa que os horários diários e semanais terão que ser ajustados.

Alternativamente, pode ser necessário fazer ajustes maiores. Talvez você precise de uma equipe diferente para implementar seu plano. Talvez você tenha percebido que seu plano atual não funcionará em um só ano e, portanto, vai precisar iniciá-lo como uma nova escola dentro de sua escola existente, porque isso lhe dará mais tempo para ajustar a inovação antes de dimensioná-la.

Ou, por fim, talvez as suposições subjacentes ao sucesso do plano sejam extremamente irrealistas e o plano não funcione. Talvez você tenha assumido que, sozinho, o *software* de matemática poderia de alguma forma garantir que todos os alunos atingissem um certo nível de desempenho acadêmico, o que agora você vê que não acontecerá. Se esse for o caso, há aí uma oportunidade de arquivar o plano antes que muito tempo e dinheiro sejam investidos e as apostas tenham se tornado altas demais para abandonar a ideia.

Se você decidir seguir em frente, não se precipite tentando implementar todo o plano imediatamente.

Olhe para suas suposições novamente e faça um *brainstorming* de testes que sejam mais abrangentes, precisos e talvez mais caros do que os anteriores. A chave é manter seus testes tão baratos e rápidos quanto possível, mas precisos o suficiente para que você obtenha mais conhecimento do que antes. Isso significa que os testes serão maiores e, à medida que você passar por diferentes pontos de verificação, entrarão no território do MVP. Suposições que você não testou antes agora podem ser testadas. O importante é não investir muito tempo e recursos antes de saber se as premissas estão se mostrando verdadeiras — ou que pelo menos estão no patamar certo.

De forma mais concreta, talvez uma suposição importante que sua equipe possa estar fazendo diga respeito ao rigor de um programa de matemática. Uma escola ou distrito poderia, como um teste inicial, ler sobre o programa e conversar com outras pessoas que o usam. Para um segundo teste, a escola ou distrito poderia solicitar uma licença para o programa de matemática para que seus professores possam experimentá-lo e ver se ele passa no teste de ser um *software* suficientemente rigoroso. Se ele passar, a escola ou distrito poderá implementar um terceiro teste, como encontrar um espaço — como aulas no verão ou depois das aulas — para fazer um piloto do programa de matemática por algumas semanas antes de comprá-lo e usá-lo com todos os seus alunos por um ano inteiro. E ela também pode fazer isso com alguns outros programas.

Estabeleça um ritmo para seus testes com mais pontos de verificação. Talvez o segundo ponto de verificação ocorra no mês seguinte, e um terceiro, um mês depois disso. Os testes durante o segundo ponto de verificação podem incluir uma análise do mercado de *softwares*. Mais adiante, um ponto de verificação poderá incluir um protótipo de trabalho e, em seguida, o lançamento de um novo modelo de aprendizagem em si.

Em cada ponto de verificação, a equipe obterá novas informações. Uma suposição que pareça correta em um ponto de verificação anterior poderá se revelar mais complexa do que se pensava originalmente. E está tudo bem. E, se a equipe descobrir que, em última análise, as suposições são irrealistas e que ela não será capaz de realizar o programa, isso não é motivo para desespero.

O fracasso rápido, como discutimos, é um sucesso: a equipe descobre que a ideia não funcionaria antes de desperdiçar muito tempo e dinheiro nela. A chave é comemorar cada vez que uma decisão for tomada. As pessoas não devem sentir que estão defendendo uma ideia de estimação. A vitória está em *aprender mais* sobre uma suposição, e não em provar que alguém está certo ou errado.

À medida que a equipe faz ajustes e repete os processos, ela pode descobrir que está seguindo um caminho com suposições que estão se mostrando verdadeiras. Mesmo que o projeto e o plano que estão surgindo e sendo gradualmente implementados sejam diferentes daqueles que foram previstos originalmente, se eles tiverem sucesso em alcançar os resultados desejados, então esse é um sucesso retumbante — e o objetivo final do processo orientado pela descoberta. Além disso, você terá feito isso sem colocar nenhum aluno em uma situação prejudicial — e, com sorte, terá conseguido escapar de todos os desafios sociais e emocionais que vêm com a inovação nas escolas.

Esse processo — de como gerenciar a mudança quando há discordância em sua comunidade escolar, como quase sempre há — é o que o próximo e último capítulo discute.

PONTOS-CHAVE

- Embora a implementação de inovações incertas nas escolas possa ser arriscada, não inovar também traz enormes riscos já conhecidos.
- O planejamento orientado por descobertas é um processo que reduz os riscos da inovação. É um ótimo processo de planejamento para empreender algo novo e incerto, em que sua proporção de conhecimento em relação a suposições (ou hipóteses) é baixa.
- A ideia básica é identificar suposições e, depois, testar, aprender e ajustar. O processo é todo sobre aprendizagem.
- O passo 1 é começar pelo objetivo — os resultados desejados. Codifique-os em uma meta SMART, ou seja, uma meta específica, mensurável, atingível, realista e temporal.
- O passo 2 é criar uma *checklist* de suposições, ou uma lista de hipóteses, que devem se mostrar verdadeiras em um plano para alcançar os resultados desejados.
- O passo 3 é classificar as suposições com base em quão arriscadas e incertas elas são.

- O passo 4 é testar as suposições mais importantes com o teste de menor custo e mais rápido possível, o que produzirá novas descobertas.
- Reúna a equipe em pontos de verificação predeterminados para analisar os resultados dos testes e, em seguida, decida se o projeto deve prosseguir conforme o planejado, se o plano deve ser ajustado ou se ele deve ser arquivado.

NOTAS

1. MCGRATH, R. G.; MACMILLAN, I. C. *Discovery-driven growth*: a breakthrough process to reduce risk and seize opportunity. Boston: Harvard Business, 2009.
2. Em seu livro *A startup enxuta*, Eric Ries fala sobre a importância do "aprendizado validado" como a unidade central de progresso para qualquer organização fazer algo incerto e novo. RIES, E. *The lean startup*: how today's entrepreneurs use continuous innovation to create radically successful businesses. New York: Currency, 2011.
3. BIYANI, G. The minimum viable testing process for evaluating startup ideas. *First Round Review*, 2023. Disponível em: https://review.firstround.com/the-minimum-viable-testing-process-for-evaluating-startup-ideas. Acesso em: 22 jul. 2023.
4. Essa percepção decorre de KIM, A.; GONZALEZ-BLACK, A. *The new school rules:* 6 vital practices for thriving and responsive schools. New York: Corwin, 2018.
5. ANTHONY, S. D. et al. *The innovator's guide to growth*: putting disruptive innovation to work. Boston: Harvard Business, 2008. p. 177–178.

11

Implementando mudanças quando as pessoas nem sempre concordam

Mais tarde naquela noite, a diretora Kathleen Ball entrou na reunião da Associação de Pais e Mestres. Após o progresso alcançado com os professores do 5º ano, ela se sentiu mais esperançosa em relação à implementação de algumas mudanças que poderiam criar algum avanço na escola.

Mas ela ainda não tinha certeza de como reunir pais e professores em torno da ideia — nem de como poderia fazê-los desistir de realizar a arrecadação de fundos baseada em participação. Ela sentia que aquela noite talvez não fosse o momento ou o lugar para colocar essa posição. Mas quando seria?

Ela habilmente percorreu a sala para cumprimentar todos os presentes. Ela já conhecia a maioria dos pais, mas também estava ciente da política da ocasião. Não menosprezar ninguém. Fazer todos se sentirem especiais — e dar-lhes algo especial para compartilhar com seus filhos quando os vissem na manhã seguinte.

Após 20 minutos de socialização, Patty Burkins, uma mãe e a presidente da Associação, pegou o microfone. "Sejam todos bem-vindos a mais um ano da nossa empolgante campanha anual de arrecadação de fundos!"

Kathleen não conseguiu deixar de rir do entusiasmo de Patty. Apesar da natureza clichê de seu ato, a energia era genuína e iluminou a sala. Pena que Kathleen não estava se sentindo tão animada com a campanha quanto os demais presentes.

"*Para nos inspirar com todas as coisas que a escola Spruce Park pode fazer com o dinheiro que vamos arrecadar, temos aqui a nossa diretora, a Sra. Ball!*"
O grupo reunido aplaudiu educadamente. Kathleen deu uma corridinha para pegar o microfone e tentar manter a energia do público.

Antes de mergulhar em sua lista de projetos para a escola, ela olhou para o mar de rostos na sala e pensou em quem não estava lá. A mãe de Jeremy, por exemplo. Como a voz dela era representada nesses encontros e entre as prioridades da escola? Kathleen já sabia a resposta para essa pergunta. Seu estômago ficou embrulhado.

Ela pensou nas reclamações da família Owens no início do dia. Ao vê-los na plateia, forçou um sorriso.

Então, ela lembrou da reunião que havia tido mais cedo com os professores do 5º ano e franziu a testa. "*Mesmo que eles bolassem um plano viável para testar, qual era a chance de conseguir que a escola concordasse em segui-lo?*", ela se perguntou. "*Melhor avançar aos poucos por enquanto*", pensou.

Olhando para seus cartões de anotações, ela começou a apresentar a lista de possíveis projetos para a escola.

* * *

Um dos maiores desafios enfrentados pelos líderes escolares é implementar mudanças em uma comunidade quando as pessoas têm visões divergentes sobre o que querem ou sobre quais ações levarão a quais resultados — o que parece acontecer... sempre.

Ao longo deste livro, falamos sobre a importância de começar pelo fim, esclarecendo o propósito e os objetivos de uma comunidade escolar. Investimos tempo em reflexões sobre o que poderia ajudar uma comunidade escolar a alcançar esses objetivos — desde o escopo adequado da escola até a aprendizagem baseada no domínio, o coensino e tecnologias específicas. Também falamos sobre a importância de construir uma cultura forte em que haja clareza e consistência em torno de prioridades e processos.

No entanto, é comum que as pessoas em uma comunidade escolar não concordem com nenhum desses itens. Como também discutimos, embora as pessoas possam concordar bastante sobre algumas coisas, quando se entra no âmago da questão da implementação e os pais consideram o progresso que estão buscando para suas vidas, o modo como os recursos são alocados e quais programas são priorizados podem se tornar objeto de disputas acaloradas. Muitas vezes, os pais não são tão empáticos quando discordam sobre uma questão importante ou sobre uma iniciativa específica que eles não consideram sensata ou que está promovendo algo para seus filhos com o qual eles discordam. A educação pública nos Estados Unidos, no final das contas, acontece dentro de uma democracia representativa, em que há muitas vozes competindo para serem ouvidas e seguidas.

Dada essa dinâmica, é difícil gerenciar mudanças em uma escola ou sistema escolar.

Então, o que podemos fazer?

ENTENDENDO O NÍVEL DE CONCORDÂNCIA

Nos últimos sete anos, tenho conduzido um seminário para cerca de 40 gestores escolares de Nevada. De todas as teorias e estruturas sobre como gerenciar com sucesso a inovação, a que tem sido consistentemente mais bem recebida é uma sobre quais ferramentas usar quando há níveis variados de concordância dentro de uma organização ou comunidade.[1]

Uma vez que um gestor escolar tenha clareza sobre o que quer mudar, ainda é necessário convencer a trabalhar com ele outros indivíduos que desempenharão um papel na mudança — professores, administradores, alunos, funcionários, pais, funcionários do distrito e potencialmente mais outras pessoas. Isso pode ser verdade mesmo que ele tenha projetado e testado seus planos com partes significativas da comunidade.

Como convencer os indivíduos a cooperar e trabalhar juntos? Existem diversas ferramentas disponíveis, desde discursos motivacionais e visionários até ordens de comando e controle hierárquico, que um indivíduo pode usar para provocar um comportamento cooperativo. Chamamos essas ferramentas de "ferramentas de cooperação".

A primeira coisa importante a saber é que *a maioria dessas ferramentas não funciona a maior parte do tempo*. Como resultado, os gestores muitas vezes falham ao tentar gerenciar a mudança, pois as ferramentas que eles usam desperdiçam credibilidade, energia e recursos. Portanto, a coisa mais importante a fazer antecipadamente é descobrir o nível de concordância entre as pessoas em uma comunidade ou organização sobre *quais devem* ser os objetivos da organização e sobre *como* ela pode alcançá-los em relação a qualquer plano específico.

A Figura 11.1 mostra essas duas variáveis. O eixo vertical mede até que ponto as pessoas envolvidas concordam em relação aos *objetivos*. Em outras palavras, o que elas querem? Isso incorpora os resultados que elas buscam ao fazerem parte da comunidade escolar, quais são seus valores e prioridades e quais trocas elas estão dispostas a fazer para alcançar esses resultados. O grau de concordância pode variar de discordar completamente, na parte inferior, até concordar completamente, na parte superior.

A segunda dimensão é representada no eixo horizontal. Ela mede até que ponto as pessoas envolvidas concordam sobre *causa e efeito* — quais ações ou processos levarão aos resultados desejados. Em outras palavras, como alcançaremos nossos objetivos? Pouca concordância sobre causa e efeito coloca uma organização no lado esquerdo do diagrama, ao passo que uma concordância forte coloca uma organização no lado direito.

Indivíduos em organizações no domínio superior esquerdo da Figura 11.1 compartilham esperanças sobre o que ganharão ao fazer parte da organização, mesmo que tenham visões diferentes acerca de quais ações resultarão nessas esperanças. Pense em uma escola que está altamente alinhada em relação à importância de aumentar as o percentual de alunos formados no ensino médio e os resultados nas provas, mas onde existem diversos pontos de vista sobre como chegar lá. Alguns são a favor de métodos de instrução direta para turmas inteiras com foco em preparação para testes. Outros estão interessados em uma experiência de aprendizagem coerente e

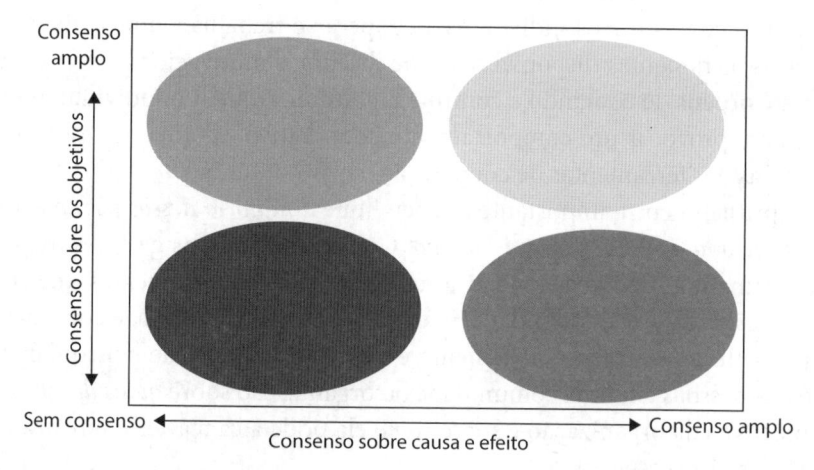

Figura 11.1 Ferramentas de cooperação.

interdisciplinar que enfatize a aprendizagem baseada em projetos. A maioria pode não ter uma opinião forte sobre o que deve ser feito, mas acredita que precisa ser algo diferente do que está sendo feito atualmente.

Em contraste, há as escolas no canto inferior direito. Essas escolas podem estar cheias de pais que estão enviando seus filhos para instituições que desenvolvem uma educação muito diferente daquela que desejam para suas vidas e com professores que têm ideias muito diferentes sobre o que a escola deve priorizar. Mas tanto os pais quanto os professores concordam sobre quais metodologias produzem quais resultados.

Já as escolas no quadrante superior direito têm indivíduos que concordam tanto sobre o que querem quanto sobre como chegar lá. Há uma fusão profunda de objetivos e cultura. Qual é o desafio? Um consenso claro em ambas as dimensões torna as culturas dessas organizações resistentes à mudança. As pessoas estão satisfeitas com o que recebem por estarem na organização e concordam sobre como manter esse *status quo*. No entanto, quando ocorre alguma mudança significativa no mundo, a organização tem dificuldades para também mudar.

Por fim, as escolas no quadrante inferior esquerdo são compostas por indivíduos que não concordam nem sobre o que querem nem sobre como o mundo funciona. Essa é a escola onde os indivíduos têm uma ampla gama de objetivos — notas nas provas? Admissão na faculdade? Uma ênfase na cultura, na conectividade e na diversidade? — e discordam sobre os métodos, como no ponto de se a disciplina escolar deve seguir uma atitude de tolerância zero ou uma mentalidade de justiça restaurativa.

Para ser claro, não há uma situação "melhor" para os líderes. A chave é reconhecer qual situação corresponde mais de perto à situação em que eles estão e, em seguida, selecionar as ferramentas de cooperação que funcionarão efetivamente nessa situação. Esse modelo simples se aplica a unidades que podem ser desde famílias, unidades de negócios e escolas, até corporações, distritos escolares e nações.

FERRAMENTAS DE LIDERANÇA

No quadrante superior esquerdo (Figura 11.2), as ferramentas focadas em resultados — em oposição àquelas que estão focadas no processo — são mais eficazes, pois existe um alto consenso sobre o que os indivíduos querem por fazerem parte da organização. Líderes carismáticos que exigem res-

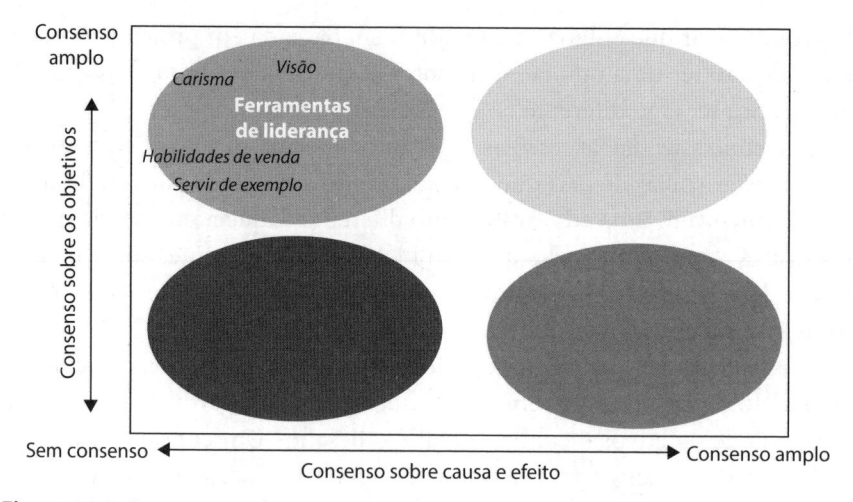

```
Consenso
  amplo  ┌─────────────────────────────────────────┐
         │    ╱ Carisma    Visão ╲                 │
         │   │   Ferramentas      │    (quadrante) │
  ↑      │   │   de liderança     │                │
Consenso │   │ Habilidades de venda                │
sobre os │    ╲ Servir de exemplo ╱                │
objetivos│                                         │
  ↓      │    ╱────────────╲     ╱────────────╲    │
         │   │              │   │              │   │
         │    ╲────────────╱     ╲────────────╱    │
         └─────────────────────────────────────────┘
Sem consenso ◄──────────────────────────────► Consenso amplo
               Consenso sobre causa e efeito
```

Figura 11.2 Ferramentas de cooperação (ferramentas de liderança).

peito, por exemplo, muitas vezes não dão atenção a como fazer as coisas. Em vez disso, eles motivam as pessoas a fazerem apenas o que precisa ser feito.

Pense em um superintendente ou diretor de escola visionário e carismático. Declarações e discursos altivos são eficazes nesse quadrante porque os membros da comunidade escolar estão de acordo sobre o que eles querem. Eles seguirão um líder que os reúna adequadamente para buscar esses objetivos. Contanto que o líder não se concentre excessivamente no "como" antes de tudo — um aspecto que pode trazer muitos desentendimentos ou falta de convicção — e apenas estabeleça o plano com foco nos objetivos, eles reunirão indivíduos para a causa e os ajudarão a relevar pontos de discordância sobre quais ações levarão aos resultados que todos desejam.

É nesse ponto que o distrito escolar unificado de Lindsay, que discutimos no Capítulo 5, se encontrava em 2007. Todos concordavam que algo deveria mudar. As métricas em relação a cada uma das dimensões discutidas não eram boas. O distrito estava falhando com seus alunos. Para ilustrar o quão ruim as coisas estavam, o superintendente de Lindsay, Tom Rooney, frequentemente conta a história de como um novo diretor da Lindsay Unified High School, Virgel Hammonds, estava se estabelecendo em sua função quando:

> [...] entraram na sala um pai e seu filho, que havia se formado na semana anterior. O pai tirou um jornal da mesa, deu-o ao filho e pediu para que o lesse.

Depois de alguns minutos de silêncio, o jovem olhou para cima com lágrimas nos olhos e disse: "Pai, você sabe que eu não sei ler".[2]

Embora não houvesse um acordo sobre o que fazer, todos queriam fazer alguma coisa. Rooney entrou em ação. Como escreveu Thomas Arnett, do Clayton Christensen Institute:

> [...] ao longo de oito meses, ele e o conselho escolar trabalharam com um consultor para desenvolver uma base aproximada de uma visão compartilhada para transformar o distrito. Eles então convidaram 150 partes interessadas para uma sessão intensiva de trabalho comunitário de dois dias para articular seus valores e objetivos compartilhados na forma de um documento de planejamento estratégico[3] que seria a bússola deles para orientar todas as decisões subsequentes. Os funcionários do distrito trabalharam com seus gestores escolares para reforçar a compreensão compartilhada do planejamento estratégico e, ao mesmo tempo, dar aos líderes escolares autonomia e apoio para desenvolver novas práticas alinhadas com a visão do distrito.[4]

Como observou a especialista em competências Chris Sturgis, embora haja alguma unidade em certos princípios que sustentam como o distrito de Lindsay opera agora — da aprendizagem baseada no domínio ao ensino híbrido e um profundo senso de responsabilidade —, as práticas diárias reais de Lindsay diferem dependendo do que cada educador e cada aluno acreditam ser necessário para progredir. Como ela escreveu:

> [...] os resultados são claramente definidos, com alunos empoderados trabalhando ao lado de professores empoderados para descobrir como os alunos aprenderão e demonstrarão seu aprendizado... Os professores muitas vezes levantaram o fato de que eles tinham permissão para assumir riscos e serem mais criativos, desde que houvesse razões claras de por qual motivo isso ajudaria os estudantes.[2]

Em outras palavras, o distrito reuniu as pessoas em torno de uma visão e, em seguida, deu-lhes a oportunidade de descobrir como iriam realizar essa visão. Rooney não vendeu os detalhes antecipadamente, mas manteve o foco no quadro geral e em empoderar as comunidades a perseguir a visão compartilhada.

No entanto, há uma ressalva aqui. Você precisa ser honesto sobre onde sua comunidade está na matriz, porque as mesmas ações que os indivíduos consideram inspiradoras e visionárias quando estão no canto superior esquerdo são frequentemente vistas com indiferença ou desdém quando estão nos quadrantes inferiores. Por exemplo, quando as pessoas concordam sobre o que querem alcançar, as declarações sobre a visão podem ser inspiradoras. Mas, se as pessoas não concordam entre si sobre o que querem, as declarações sobre a visão normalmente as fazem revirar os olhos.

FERRAMENTAS DE GESTÃO

Em contraste com o distrito escolar unificado de Lindsay, estaria uma comunidade escolar no quadrante inferior direito da matriz (Figura 11.3). Nesse contexto, as ferramentas que funcionarão são de natureza coordenada e orientada a processos. Essas ferramentas de gestão incluem treinamento ou desenvolvimento profissional, procedimentos operacionais padrão e sistemas de medição. Para que essas ferramentas funcionem, os membros do grupo precisam concordar sobre causa e efeito, mas não necessariamente sobre o que eles querem de sua participação na organização. Nesses casos, um gestor escolar pode introduzir um novo programa com uma metodologia que outros membros concordam que contribuirá para melhores resultados, desde que não viole a visão deles de no que a escola deveria se concentrar.

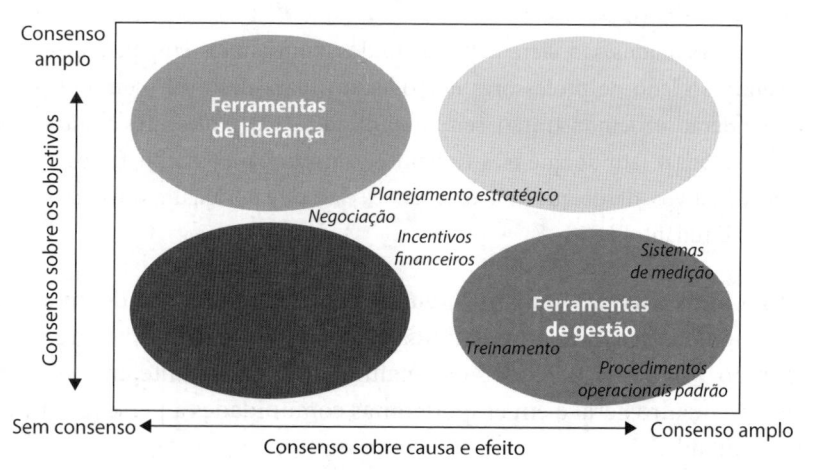

Figura 11.3 Ferramentas de cooperação (ferramentas de gestão).

Como pode ser isso na prática? Imagine um diretor de escola primária liderando uma escola que não segue as evidências atuais sobre como ensinar a ler. Com muitas pessoas na comunidade tendo visões muito divergentes sobre o motivo de eles estarem na escola em primeiro lugar, cria-se, por meio de relatórios e notícias sobre como a escola deveria estar ensinando a ler, um contexto propício que possibilita ao diretor introduzir um novo programa de leitura e usar o desenvolvimento profissional e outros treinamentos para garantir que ele seja bem implementado.

Por outro lado, se não houver consenso entre as pessoas interessadas de que seguir os novos métodos levará aos resultados especificados melhor do que o método atual, é improvável que elas se comportem de maneira diferente após o desenvolvimento profissional. A eficácia do treinamento, em outras palavras, depende mais do nível de concordância sobre como o mundo funciona do que do próprio treinamento. Isso significa que, se estivermos em uma escola onde os professores, por exemplo, têm outras crenças sobre como ensinar a ler, será difícil implementar um plano simplesmente oferecendo desenvolvimento profissional.

As escolas públicas raramente se encaixam nesse quadrante. A maior parte do trabalho de um professor não pode ser resumida a regras previsíveis, de modo que não se deve esperar que educadores com objetivos diversos simplesmente sigam o que os outros lhes dizem para fazer. Essa é uma das razões pelas quais muitas soluções que reformadores experimentaram no passado raramente funcionaram. O modelo também afirma, por exemplo, que incentivos financeiros, como esquemas de pagamento por desempenho para professores, não funcionarão, a menos que uma escola fique nesse quadrante ou perto dele, com um mínimo de concordância sobre o que é desejado e sobre como chegar lá.

FERRAMENTAS DE CULTURA

Nas organizações que se encontram no quadrante superior direito (Figura 11.4), os indivíduos cooperarão quase automaticamente para continuar na mesma direção. Eles têm um profundo consenso sobre as prioridades, bem como sobre as ações que precisam tomar para alcançar essas prioridades, o que é a essência de uma cultura forte, que discutimos no Capítulo 9. Em outras palavras, em organizações com culturas fortes, as pessoas instintivamente priorizam opções semelhantes. Sua visão compartilhada a

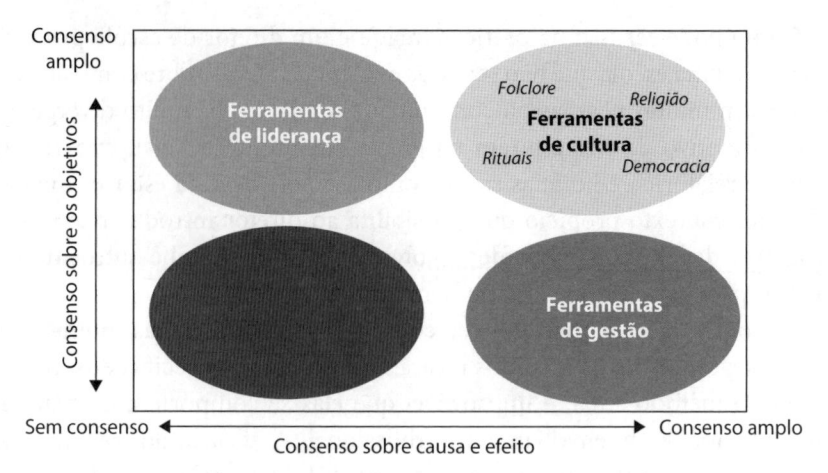

Figura 11.4 Ferramentas de cooperação (ferramentas de cultura).

respeito de como o mundo funciona significa que é necessário pouco debate sobre a melhor maneira de alcançar essas prioridades.

Mas essa mesma força pode tornar essas organizações altamente resistentes à mudança. As ferramentas de cooperação no quadrante da cultura — como rituais, folclore e democracia — facilitam a cooperação apenas para preservar o *status quo*. Não são ferramentas para provocar mudanças. Os gestores também podem usar ferramentas de liderança e gestão nesse caso, mas apenas para reforçar a cultura existente. Por exemplo, se um gestor fizesse uma declaração de visão aqui que estivesse em desacordo com os desejos dos funcionários, ela não funcionaria. Carly Fiorina, da Hewlett--Packard, aprendeu isso da maneira mais difícil quando tentou desafiar o "jeito da HP". Seus confrontos públicos com os funcionários e o conselho da HP resultaram em sua renúncia forçada.

FERRAMENTAS DE PODER

Quando os membros de uma organização compartilham pouco consenso sobre qualquer dimensão de concordância, as únicas ferramentas capazes de provocar cooperação na busca por um novo caminho são as ferramentas de poder, como sanções, força, coerção e ameaças.

Esse quadrante (Figura 11.5) representa onde muitas escolas públicas se encontram atualmente, com traços ocasionais do quadrante superior

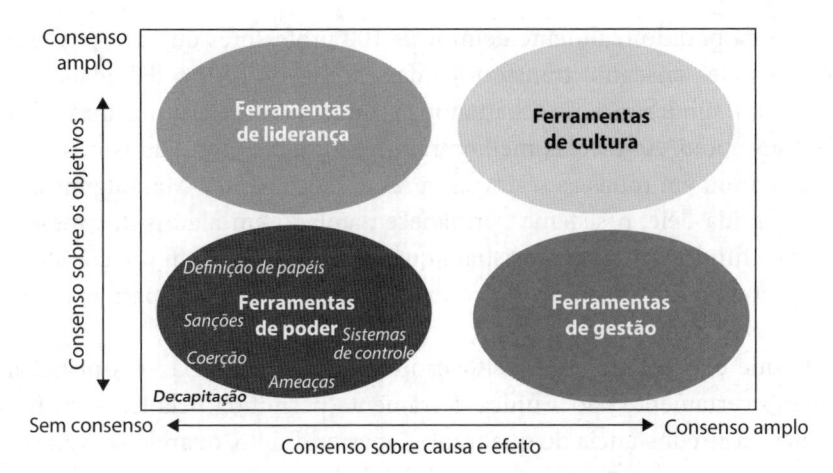

Figura 11.5 Ferramentas de cooperação (ferramentas de poder).

esquerdo. Professores, contribuintes, administradores, pais, estudantes e políticos têm prioridades divergentes e discordam fortemente sobre como melhorar as coisas — de mais dinheiro a mais computadores; de menos computadores a menos projetos em grupo; de melhores professores a turmas menores; de mais autonomia a menos autonomia; e muito mais.

Embora as ferramentas de poder possam funcionar bem em governos autocráticos, elas geralmente (e normalmente com razão) não estão disponíveis para os líderes escolares em uma democracia.

Consequentemente, quando os gestores tentam usar ferramentas de poder nas escolas públicas dos Estados Unidos, muitas vezes lutam para permanecer no comando ou para ver suas mudanças perdurarem, a menos que obtenham vitórias claras e rápidas. A gestão de Michelle Rhee, das DC Public Schools, pode ser o exemplo mais proeminente. Seu mandato foi marcado por tensão e lutas enquanto ela tentava implementar mudanças bruscas nas escolas distritais para mudar suas culturas. Embora ela tenha conseguido mudar a cultura dentro da organização do distrito, muitas das escolas públicas tradicionais resistiram às mudanças culturais que ela tentou implementar. De maneira semelhante, no centro da cidade de Chattanooga, Tennessee, as escolas primárias estavam falhando. O superintendente Jesse Register recorreu a ferramentas de poder e substituiu todos, exceto um dos diretores das escolas. Ele fez todos os professores das escolas se candidatarem novamente a seus empregos e passarem por um teste. Embora ele não tenha podido realmente demitir os 100 professores que não passaram no teste, ele conseguiu transferi-los das escolas do centro da cidade para as escolas suburbanas de Chattanooga, onde a infraestrutura lhes oferecia mais apoio. As escolas melhoraram, visto que os resultados nos testes aumentaram em todas as séries, às vezes drasticamente.[5] Mas, alguns anos após a saída dele, o sistema permaneceu atolado em alguns dos mesmos desafios fundamentais que existiam quando ele entrou, com poucos alunos apresentando um desempenho compatível com o esperado para o ano em que estavam matriculados.

O que é assustador nessa situação é que a democracia — a principal, embora certamente não a única, ferramenta permitida pela lei — é eficaz apenas na circunstância do quadrante superior direito, quando já existe um amplo consenso prévio sobre o que é desejado e sobre como o mundo funciona. A democracia não é uma ferramenta eficaz para uma mudança radical. Os distritos escolares geralmente são governados por conselhos escolares eleitos, cujos membros costumam decidir por maioria o que deve ser feito e como fazê-lo. Não surpreendentemente, poucos desses conselhos são capazes de lançar uma mudança decisiva na estratégia escolar. A ferramenta da democracia não foi projetada para fornecer consenso diante dos debates acalorados que caracterizam muitas reuniões do conselho escolar. Nos últimos 20 anos, alguns estados colocaram certos distritos de baixo desempenho em estado de intervenção para contornar a mecânica dos conselhos escolares. Alguns prefeitos de grandes cidades se movimentaram para dissolver os conselhos escolares e assumir o controle direto de seus distritos escolares. Os prefeitos então nomearam superintendentes que compartilhavam de suas visões, de modo que os superintendentes não precisassem se preocupar em agradar a membros díspares do conselho escolar que tinham visões concorrentes para a reforma. É claro que essa estratégia só funcionou enquanto o prefeito permaneceu no cargo. Ela não libertou o superintendente das regras de uma democracia. E, embora as políticas federais e estaduais tenham dado mais poder aos líderes estaduais e locais para assumir, fechar e substituir as escolas, elas ainda operam dentro de uma democracia, onde é difícil manejar ferramentas de poder por um longo período de tempo.

Em que situação isso deixa a maioria dos líderes escolares? Há três outros caminhos que eles podem seguir.

FERRAMENTA DE SEPARAÇÃO

Existem casos em que há um desacordo fundamental entre as partes em uma organização que torna impossível o estabelecimento de um consenso sobre um curso de ação — e, ainda assim, ninguém acumulou poder suficiente para obrigar uma cooperação. Nesses casos, há outra ferramenta que um gestor pode usar que não se aplica à matriz da concordância. Chamamos essa ferramenta de "ferramenta da separação". Essa separação consiste em dividir as partes conflitantes em diferentes grupos com conjuntos de professores, pais e administradores em forte acordo entre si. Para criar um grupo separado, um líder pode ter que usar a ferramenta de poder das sanções, mas, depois disso, a ferramenta da separação cria outras opções para os líderes escolares.

Isso faz parte da lógica por trás da criação de uma unidade separada e autônoma como solução para a rigidez da ameaça, detalhada no Capítulo 1. Tal equipe pode ter recursos alinhados em processos (causa e efeito) e prioridades (metas).

Nos negócios, são raros os casos em que a empresa líder de uma indústria também se torna líder na inovação disruptiva* subsequente. Isso aconteceu somente quando os líderes usaram a ferramenta da separação. Eles estabeleceram uma unidade de negócios independente sob o mesmo guarda-chuva corporativo e deram a ela liberdade irrestrita para buscar oportunidades disruptivas com um novo modelo de negócios.

Essa é a lógica que levou o presidente da SNHU, Paul LeBlanc, a separar sua divisão *on-line* de seu *campus* físico. É por isso que Kettle Moraine conseguiu criar microescolas e escolas *charter* administradas pelo distrito dentro de suas escolas. E é por isso que uma recomendação central que tem sido apresentada ao longo deste livro é a de criar diferentes zonas onde as comunidades escolares possam inovar juntas.

---

* Uma inovação disruptiva é aquela que transforma um mercado caracterizado por ofertas complicadas, caras e relativamente inacessíveis em um mercado em que os serviços são mais simples, acessíveis e convenientes. As organizações líderes geralmente enfrentam dificuldades para ter sucesso quando surge uma inovação disruptiva em seu setor. Você pode aprender mais sobre a teoria da inovação disruptiva lendo Clayton M. Christensen, Michael B. Horn e Curtis W. Johnson em *Inovação na sala de aula: como a inovação disruptiva muda a forma de aprender* (Porto Alegre: Bookman, 2012).

Isso não precisa ser tão dramático. Se uma escola não está buscando mudar absolutamente tudo em relação às suas prioridades, a separação pode ocorrer dentro de uma escola com suas estruturas existentes, reunindo uma coalizão de voluntários que queiram fazer uma mudança dramática. Em muitos aspectos, isso é o que o distrito escolar de Middletown fez. No outono de 2013, 33 professores optaram por implementar um programa de aprendizagem *on-line* que usava o i-Ready para leitura e matemática, juntamente com o Dreambox Learning, o Lexia Learning, o Achieve3000 e o myON — dependendo das necessidades específicas dos alunos. Os alunos nas salas de aula com ensino *on-line* integrado superaram os alunos nas salas de aula sem ele, com base no fato que suas notas nos exames de referência da NWEA, uma organização de avaliação sem fins lucrativos, foram 35% maiores em leitura e 47% maiores em matemática. Mais de 70% dos alunos que usaram o i-Ready progrediram em um nível maior que o equivalente a um ano escolar em matemática, e mais de 50% dos alunos progrediram em um nível maior que o equivalente a um ano em leitura. Com esse sucesso recorde, no ano seguinte as 120 salas de aula em suas três escolas primárias e duas escolas de ensino médio estavam usando a aprendizagem híbrida.

O distrito escolar de Los Altos, na Califórnia, implementou de forma semelhante um modelo de rotação por estações de ensino híbrido utilizando a plataforma Khan Academy com alguns professores do 5º ano que usaram a ferramenta da separação antes de expandirem seu progresso para o resto da escola depois de terem sucesso.

Anthony Kim, consultor educacional e autor, recomenda trabalhar com essa coalizão de pessoas dispostas ou começar em um determinado intervalo de séries e, depois, expandir gradualmente — digamos série por série ou assunto por assunto durante um determinado período de tempo, talvez 3 a 5 anos. Os prazos e marcos dessa empreitada devem ser definidos com antecedência. Esses marcos devem corresponder aos pontos de verificação dentro do processo de planejamento orientado por descobertas, para que uma iniciativa não fique presa como um pequeno piloto e possa ser expandida conforme suas suposições se mostrem verdadeiras.

Isso significa que o sucesso com a coalizão dessas pessoas dispostas é o que permite que um líder a expanda de um piloto para uma iniciativa escolar ou distrital. E isso se estende aos outros dois mecanismos que um líder escolar tem à sua disposição.

MECANISMOS DE MOVIMENTO

Os outros mecanismos de que os gestores dispõem para mover uma organização para diferentes lugares na matriz são o poder do sucesso e a necessidade de criar uma comunicação comum e eficaz entre todos.

Sucesso

Para grupos localizados no quadrante inferior esquerdo da matriz (Figura 11.6), se seus membros forem repetidamente bem-sucedidos na realização de seu trabalho, seu sucesso tenderá a construir consenso sobre objetivos e causa e efeito até que uma cultura forte finalmente surja dentro do grupo. Eventualmente, se a fórmula que levou ao sucesso parar de funcionar e a organização entrar em crise, o consenso vai enfraquecer. O sucesso move uma organização em direção ao canto superior direito; o fracasso e a crise a deslocam para o canto inferior esquerdo.

O ponto é que o sucesso pode gerar concordância em um grupo mais amplo, mas também estimular as pessoas a se juntar aos esforços de um grupo. Quando há pelo menos um mínimo de concordância sobre os objetivos de uma organização, mas menos concordância sobre como alcançá-los, o sucesso pode ser uma maneira poderosa de levar toda uma organização a concordar com um novo conjunto de ações.

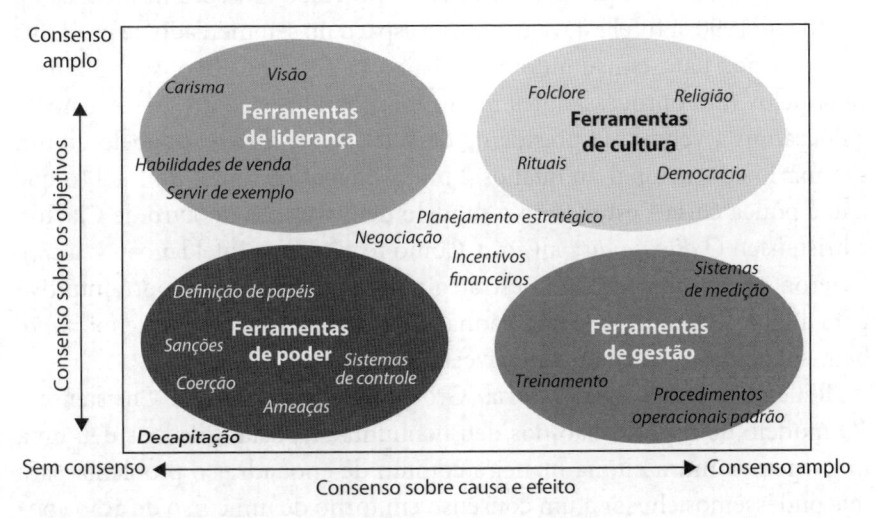

Figura 11.6 Ferramentas de cooperação.

Criação de uma comunicação comum

O segundo mecanismo de movimento ocorre quando as pessoas são abordadas com uma linguagem comum e uma maneira comum de enquadrar um problema, o que pode ocorrer se houver uma teoria sólida que as pessoas entendam amplamente. Na maioria das reuniões em que os participantes estão planejando mudanças, eles falam uns por cima dos outros, sem ouvir uns aos outros. Por exemplo, em um ambiente escolar, uma pessoa vê o tamanho da turma como o problema. Outra pessoa culpa o sindicato dos professores. Uma terceira afirma que uma melhor gestão é a resposta. E assim por diante. Elas falam uma por cima da outra com suas soluções — e não conseguem concordar sobre as soluções porque não compartilham uma definição comum do problema.

Um pré-requisito para obter acordo é ter uma linguagem comum e um enquadramento compartilhado do problema. Quando isso não ocorre, formam-se cenários como o que podemos observar agora nos debates sobre o sistema de notas nas escolas. Um lado sugere tornar as notas mais equitativas. Outro enxerga isso como um código para ser menos rigoroso. O primeiro grupo fala sobre dissociar a avaliação do entendimento do conteúdo de comportamentos e hábitos, como cumprimento de prazos. O outro grupo enxerga isso como uma forma de não se importar mais com os prazos. E assim por diante.[6]

Vejamos um exemplo para ilustrar como resolver isso. Em meados da década de 1990, a Intel estava perdendo espaço no seu mercado de produtos direcionados para consumidores de baixo poder aquisitivo, sendo ameaçada pelos microprocessadores muito mais baratos que a Cyrix e a AMD começaram a vender. O presidente da Intel, Andy Grove, estabeleceu um seminário educacional no qual os 2 mil principais gerentes da Intel (o que não é pouca coisa!) estudaram o modelo de disrupção do livro de Clayton Christensen *O dilema da inovação*. Como resultado, a Intel lançou seu chip Celeron nesse mercado, uma estratégia disruptiva que era contraintuitiva para a lógica comum de como ganhar dinheiro na Intel, mas que foi *muito* bem-sucedida em afastar os possíveis disruptores.

Refletindo sobre essa história, Grove disse mais tarde a Christensen: "O modelo de ruptura não nos deu nenhuma resposta. Mas nos deu uma linguagem comum e uma maneira comum de enquadrar o problema para que pudéssemos chegar a um consenso em torno de um curso de ação contraintuitivo". Em outras palavras, um modelo compartilhado e sólido de causalidade, que traz consigo uma linguagem comum e um enquadramento comum do problema, pode mover uma organização para o quadrante superior direito. O sucesso dessa técnica depende, é claro, de as pessoas estarem dispostas a aprender. Esse não é um mecanismo de movimento tão poderoso quanto o sucesso. Mas funciona mais rapidamente. Uma observação é que, se um grupo externo, em vez do líder, introduzir o enquadramento comum, isso pode ajudar. É difícil ser um profeta em sua própria terra. Porém, isso não precisa acontecer dessa maneira.

Iron County apresenta um interessante estudo de caso de como esse mecanismo pode funcionar. Na sequência de uma série de mudanças bem-sucedidas e já estando impulsionados, quando os gestores escolares decidiram introduzir um novo sistema de avaliação baseado em competências que dissolveu as notas tradicionais de A a F, eles usaram ferramentas de liderança ao fazer uma boa apresentação para os pais sobre a nova política do distrito, como discutimos no Capítulo 7. Na prática, eles estavam implicitamente assumindo que o distrito estava na metade superior do diagrama de concordância, mas na realidade os líderes distritais estavam fora de sintonia com os pais sobre o sistema de notas. As coisas pegaram fogo.

Os gestores recuaram e introduziram um novo enquadramento para o motivo pelo qual queriam substituir o sistema de avaliação, concentrando-se nas áreas de concordância com alunos, educadores e pais. Eles mostraram por que o sistema tradicional criava muita incerteza. Os pais e outras partes interessadas compraram a ideia. Com esse enquadramento comum, eles então trabalharam com os pais para projetar uma nova política de avaliação que todos pudessem apoiar — que consistia em uma modificação da forma de avaliação existente. Isso permitiu que o distrito inovasse *com* os pais, em vez de impor uma inovação a eles quando não havia a concordância que eles pensavam existir. Ter uma linguagem comum e um enquadramento comum do problema foi fundamental.

O PODER DA EDUCAÇÃO

A história de Iron County oferece uma lição maior para os educadores. Os educadores estão, no final das contas, trabalhando com educação — ajudando com o progresso ao construir linguagens, enquadrar desafios e facilitar discussões com pontos de vista distintos. Fazer esse trabalho não apenas com os alunos de um sistema escolar, mas também com seus pais e com as partes interessadas, representa uma oportunidade para aprofundar a compreensão, criar acordos, construir consensos para a mudança e coprojetar novas soluções. Dado que esse é o trabalho que os educadores fazem para se sustentar, ele apresenta uma oportunidade natural que muitas outras organizações não têm. É uma oportunidade que os educadores podem explorar ao máximo para criar mais progresso na busca da construção de um sistema de educação de soma positiva que atenda bem todos os alunos e famílias.

PONTOS-CHAVE

- Há diversas ferramentas, desde discursos motivacionais e visionários até ordens de comando e controle hierárquico, que um indivíduo pode usar para provocar um comportamento cooperativo. Chamamos isso de "ferramentas de cooperação". A maioria dessas ferramentas não funciona na maior parte do tempo.
- O primeiro passo é diagnosticar o nível de concordância que as pessoas em uma comunidade ou organização têm sobre os *objetivos* da organização — se elas concordam sobre *causas e efeitos* — e como esses objetivos podem ser alcançados por meio de algum plano específico.
- Não há uma situação "melhor" para os gestores. Um diagnóstico preciso é o que importa.
- Dependendo do quadrante em que uma organização está, os gestores podem escolher entre ferramentas de liderança, de gestão, de cultura e de poder.
- Existem três outros caminhos possíveis para criar mudanças: as ferramentas de separação, o sucesso e uma linguagem ou educação comum.

NOTAS

1. Muito do que se segue é adaptado de CHRISTENSEN, C. M.; HORN, M. B.; JOHNSON, C. W. *Inovação na sala de aula: como a inovação disruptiva muda a forma de aprender.* Porto Alegre: Bookman, 2012. Esse livro, por sua vez, se baseou em CHRISTENSEN, C. M.; MARX, M.; STEVENSON, H. H. The tools of cooperation and change. *Harvard Business Review*, out.

2006. Disponível em: https://hbr.org/2006/10/the-tools-of-cooperation-and--change. Acesso em: 18 jul. 2023.

2. STURGIS, C. Six trends at Lindsay Unified School District. *Competency-Works*, 2015. Disponível em: https://aurora-institute.org/cw_post/six-trends--at-lindsay-unified-school-district/. Acesso em: 18 jul. 2023.

3. LINDSAY UNIFIED SCHOOL DISTRICT. *Strategic design*. California: [S. n.], 2007. Disponível em: https://www.lindsay.k12.ca.us/filelibrary/LUSD%20Strategic%20Design%201.pdf. Acesso em: 4 out. 2021.

4. ARNETT, T. Catching education's white whale: school improvement. *Clayton Christensen Institute*, 2017. Disponível em: https://www.christenseninstitute.org/blog/catching-educations-white-whale-school-improvement/. Acesso em: 18 jul. 2023.

5. MERROW, J. Chatanooga Elementary Schools struggle to improve low test scores. *The NewsHour*, 2006. Disponível em: http://www.pbs.org/newshour/show/chatanooga-elementary-schools-struggle-to-improve-low-test-scores. Acesso em: 18 jul. 2023.

6. ESQUIVEL, P. Faced with soaring Ds and Fs, schools are ditching the old way of grading. *Los Angeles Times*, nov. 2021. Disponível em: https://www.latimes.com/california/story/2021-11-08/as-ds-and-fs-soar-schools-ditch-inequitable-grade-systems. Acesso em: 18 jul. 2023.

12

Conclusão

O dia seguinte foi lindo. A diretora Kathleen Ball teve uma manhã tranquila. Chegou, então, o horário do recreio. Era o dia dela de ser a monitora do playground. Ela viu Jeremy e Júlia conversando ao lado da quadra de esportes e se esgueirou para escutá-los.

Jeremy estava contando uma história para Júlia.[1]

"Estou tão confuso na aula agora e, tipo, não sei por quê", disse ele. "Eu me lembro de quando eu estava no jardim de infância em uma escola diferente. A professora nos perguntou se algum de nós já havia machucado o joelho. Praticamente todo mundo levantou a mão."

"Então ela disse: 'Jeremy, sinto muito por você ter machucado o joelho. Aqui está um band-aid para você colocar nele'."

"Depois, ela perguntou: 'Alguém já esfolou o cotovelo?'. Muitos de nós dissemos que sim. Então, ela olhou para um dos meus colegas e disse: 'Sinto muito por isso. Aqui está um band-aid para o seu joelho'." Júlia ergueu as sobrancelhas. Kathleen também.

"Estranho, né?", disse Jeremy. "Ficamos todos confusos. Mas ela continuou: 'Alguém já bateu a cabeça?'. Alguns levantaram a mão, e então ela se virou para um colega e disse: 'Aqui está um band-aid para o seu joelho'."

"Começamos a rir. E a professora disse: 'Vejam bem, todos vocês se machucam, mas seria absurdo se eu dissesse que todos vocês precisam da mesma coisa para se sentir melhor. Isso também vale para ajudá-los a aprender.

Às vezes vocês vão precisar da mesma lição. E às vezes nem todos vão precisar de um band-aid para o joelho'."

"O que estou sentindo é que agora todos nós estamos ganhando band-aids para o joelho", concluiu Jeremy.

Kathleen de repente entendeu. *"É isso"*, ela pensou. Nem todos na escola precisavam da mesma coisa. Nem os alunos. Nem os pais. Nem os professores.

Ela continuou refletindo. Talvez Jeremy precisasse de algumas aulas de reforço e mais horas depois das aulas. Ela não conseguiria pagar tudo com o orçamento da escola. Mas e se ela de alguma forma compartilhasse recursos com outras escolas? Se ela fizesse isso, talvez pudesse dar a Jeremy e a vários outros alunos o apoio de que precisavam.

Apoio personalizado de acordo com as necessidades de cada um.

E então ela teve uma ideia ainda melhor. Talvez a mãe de Jeremy não pudesse levá-lo para a noite de observação de estrelas em família por causa de seu trabalho, mas talvez os pais de Júlia pudessem. Kathleen não deixaria na cara, é claro, mas talvez fizesse uma forcinha para que eles o levassem como companhia para Júlia, dizendo que os dois têm que trabalhar juntos para um projeto da aula da Sra. Alvera.

E isso trouxe um sorriso ao rosto dela.

* * *

Com tantas recomendações neste livro apontando para a importância de criar espaços separados, autônomos e inicialmente menores para educadores trabalharem com alunos e pais a fim de reinventar a escola, os leitores podem ter algumas preocupações sobre se essa abordagem irá bifurcar e personalizar demais a educação. Poderia isso prejudicar o caráter comunitário da escola e a importância de estudantes e comunidades lutarem intencionalmente contra a maravilhosa bagunça de discordâncias e a diversidade inerente à nossa sociedade?

Também me preocupo com isso. Acredito que um dos propósitos centrais da escola é ajudar as pessoas a compreender que outros indivíduos podem ver as coisas de forma diferente — e que essas diferenças merecem respeito, e não perseguição. A escola também desempenha o papel de cultivar a sensibilidade de pertencer a algo maior do que si mesmo. Ela deve ajudar os indivíduos a se perguntarem como podem contribuir de forma mais significativa para o mundo, desde a esfera cívica até a econômica.

Esse trabalho parece vital. As divergências sobre a educação são profundas. Muitos educadores sentem que nunca foram tão controversas as questões sobre como a educação é feita. Há uma grande variedade de pontos de vista. Algumas pessoas parecem acreditar que essas diferenças merecem perseguição. Desde discussões em torno da obrigatoriedade do uso de máscaras até debates sobre o que as escolas estão ensinando, muitos educadores sentem que estão em um constante cabo de guerra com o público, o que prejudica sua capacidade de melhor atender os alunos. Muitos pais e membros do público se sentem da mesma forma.

No entanto, essas dinâmicas atuais apenas reforçam a importância dos *insights* de nossa pesquisa sobre como transformar empreendimentos com sucesso. Esses *insights* estão alicerçados em teorias sólidas e testadas sobre liderança e inovação.

Baseando-se na experiência bem-sucedida de outros setores, o que vemos é que a criação de espaços separados e autônomos em que as partes interessadas relevantes possam se unir para reinventar a educação é uma parte fundamental do *kit* de ferramentas. Os Jeremys e Júlias do mundo — assim como a sociedade em geral — precisam desse progresso.

No Capítulo 1, vimos o desafio que a rigidez da ameaça representa. Para escapar dessa rigidez, depois de enquadrar algo como uma ameaça, uma organização deve reformulá-la como uma oportunidade, criando uma equipe separada, livre dos processos e prioridades existentes da organização.

Ao revisar a teoria da interdependência e modularidade, o Capítulo 3 mostra como muitos alunos podem precisar de diferentes arranjos de suportes integrados para ajudá-los a ter sucesso acadêmico e estar preparados para a vida após o ensino fundamental e médio. Se levarmos a sério a garantia de que todos os alunos tenham uma chance justa de obter oportunidades, esses apoios podem exigir diferentes estruturas de ensino.

No Capítulo 7, o entendimento do progresso que os pais buscam — suas diferentes concepções sobre educação — ilustra que o que eles priorizam na educação às vezes pode estar em conflito com o que outros pais estão buscando. Organizações que se esforçam para oferecer tudo para todas as pessoas, tentando ser boas em muitas funções diferentes, tendem a se tornar organizações que não servem bem a ninguém. Essas organizações tomam decisões abaixo do ideal para todos os grupos. Dispor de estruturas organizacionais separadas que tenham a liberdade de otimizar qualquer função é fundamental.

O último capítulo ilustra a importância de usar a ferramenta da separação para reunir as partes que *concordam* para que elas possam progredir, demonstrar sucesso e trazer mais pessoas para o processo ao longo do tempo.

RESOLVENDO O PARADOXO

Como resolvemos o aparente paradoxo de precisar de separação para obter progresso nas escolas, mas também precisar da escola para ajudar as pessoas a aprenderem a respeitar aqueles com diferentes pontos de vista?

Parte da resposta está no fato de que as pessoas que estão preocupadas com a possibilidade de que a criação de equipes separadas levará a uma excessiva bifurcação e personalização da educação não reconhecem plenamente o desafio das condições atuais na sociedade e o papel da comunidade nos caminhos potenciais que este livro sugere para as escolas.

A separação que existe atualmente

As pessoas já segregam nas escolas americanas.

A forma mais antiga de escolher uma escola está ligada à localização da residência. Como escreveu o professor de Harvard Paul Peterson:

> [...] a escolha é uma característica inerente ao sistema educacional americano. O direito à educação é garantido pela Constituição. E as escolas públicas permitem que as famílias escolham sua escola ao escolherem o bairro onde vão morar.[2]

No entanto, um resultado notável do sistema atual é que os indivíduos não têm as mesmas opções de escolha de residência devido às diferenças socioeconômicas. Famílias com recursos financeiros ou com a sorte de ter acesso a bolsas de estudo ou de se beneficiar de certas políticas públicas também podem fazer escolhas que outras não podem. Elas podem optar por matricular seus filhos em escolas com abordagens distintas, como Montessori, Waldorf ou Reggio Emilia, de educação clássica, Quaker (Amigos), católicas, judaicas, muçulmanas, cristãs ou até mesmo escolher a desescolarização, entre outras opções.

Se a escola deve ser um lugar onde a magia da mistura entre culturas ocorre na sociedade, um olhar para nossa sociedade fragmentada sugere que isso não está funcionando.

Além da segregação racial e socioeconômica que ocorre na sociedade e se estende para as escolas, "98% a 99% dos americanos vivem em áreas segregadas pelo partidarismo".[3] Ou seja, a grande maioria das pessoas nos Estados Unidos vive em áreas onde republicanos e democratas não se misturam. Essa segregação parece estar aumentando — uma tendência que é, em termos gerais, o oposto do que a sociedade experimentou na segregação racial.[4] As pessoas estão escolhendo viver em lugares diferentes daqueles onde vivem indivíduos que pensam e votam de maneira diferente da delas.[5] Isso tem impacto nas escolas, onde os alunos acabam tendo menor probabilidade de se misturar com outros cujas famílias têm ideias políticas diferentes das de seus pais.

Coesão e comunidade

Soluções que deem apoio a todos os alunos não necessariamente resultam em um sistema educacional fragmentado e profundamente individualizado. Longe disso.

Primeiramente, como discutido no Capítulo 7, os desejos dos pais para a educação dos filhos não têm base na demografia. Além disso, eles não são fixos. Eles são fluidos e mudam com base nas circunstâncias e prioridades de cada um. Conhecer o perfil demográfico — que é um conjunto relativamente estático e imutável de características descritivas — de um indivíduo em particular não oferece uma visão de qual papel ele espera que a escola faça. Dado que o desejo dos pais para a educação dos filhos não se baseia em raça, riqueza ou partido político, a separação por modelo de educação oferecido por escola deve permitir que os estudantes aprendam ao lado de outros alunos de diferentes origens.

Além disso, a mudança para um modelo de aprendizagem baseada no domínio, em que a personalização e a tecnologia possibilitam que os alunos aprendam no caminho e no ritmo adequados para eles, permite uma mistura ainda maior de alunos de várias origens e em diferentes níveis acadêmicos. Mudar para esse modelo rompe a ligação tradicional entre aprender e passar de ano.

Em vez disso, os alunos podem continuar a aprender seja o que for enquanto têm experiências sociais com um grupo diversificado de outros indivíduos. A aprendizagem baseada no domínio com personalização e tecnologia também resolve alguns outros problemas, como os apresentados a seguir.

- O progresso acadêmico de qualquer indivíduo provavelmente não será constante. Por exemplo, um aluno pode estar à frente das expectativas de seu ano em matemática, mas atrasado em artes da língua inglesa. Nesse novo sistema, os educadores não precisam promover ou segurar o avanço de ninguém na matéria.
- Estudantes de diferentes idades conseguem aprender mais facilmente quando agrupados.
- Os alunos podem aprender *on-line*, em ambientes síncronos e assíncronos, com colegas do mundo todo. Isso significa que os estudantes não precisam ficar limitados a seu ambiente físico.

Ter alunos aprendendo em diferentes níveis e trabalhando em diferentes conceitos em um modelo baseado no domínio pode ser uma vantagem, pois cria a oportunidade para que os estudantes atuem como professores e treinadores de seus colegas. Essa é uma ótima forma de os alunos solidificarem seu domínio. Ensinar algo ajuda a aprender melhor. Também pode ajudar os alunos a desenvolverem ainda mais suas habilidades acadêmicas, alguns dos hábitos de sucesso e habilidades de liderança. Para aqueles que se preocupam com a descontinuação de investimentos em programas e estudantes talentosos, esse sistema é uma maneira maravilhosa de enfrentar esse desafio sem criar categorias rígidas que excluam aqueles que podem florescer mais tarde e de forma desigual. Ele permite que todos os indivíduos se aprofundem em suas áreas de interesse e cultivem suas paixões.

Quando migramos de um sistema de educação baseado em soma zero, que promove competição entre as pessoas, para um de soma positiva, em que todos os indivíduos podem aprender e apoiar uns aos outros, é mais fácil criar uma experiência social mais coesa que transcenda a preferência de segregar.

E, dado que um papel central das escolas para a maioria das crianças é se divertir com seus amigos, qualquer inovação excessivamente isolada e individualizada *não funcionará*.

As recomendações deste livro muitas vezes chegam à questão da criação de escolas dentro das escolas — lugares onde estudantes, famílias e educadores podem trabalhar juntos para inovar e progredir, enquanto permanecem fazendo parte de uma comunidade escolar maior e permeável que representa algo mais amplo e diversificado. Separar uma equipe para inovar e progredir não representa uma linha divisória permanente. Lembre-se de como o sucesso e o engajamento no distrito escolar de Middletown, em Nova York, fizeram com que mais educadores, estudantes e famílias quisessem se aproximar dos novos modelos em ação. Com o tempo, o ensino híbrido tornou-se a maneira como toda a educação era feita em Middletown, e não apenas a maneira como uma parte de cada escola operava.

Um sucesso significativo poderia levar as escolas do futuro a se parecerem mais com centros comunitários, oferecendo uma variedade de serviços acadêmicos, de saúde e de suporte. Nesse novo sistema, tanto os serviços quanto a parte acadêmica poderiam ser distribuídos de maneira flexível, com diferentes recursos, horários e apoios para diferentes alunos. Às vezes, os alunos poderiam ter aula no *campus* e, muitas outras vezes, poderiam não ter. Sua aprendizagem não precisaria ficar confinada às quatro paredes de uma sala de aula. As escolas poderiam funcionar como centros agregadores, unindo pessoas diferentes — diretamente conectadas às escolas ou não — em torno de algo maior que tenha sido projetado para ajudar todos os estudantes a progredirem.

O caminho para atingir essa visão começa com pequenos passos. Em vez de impor uma grande visão de mudança de sistemas que não ajuda os indivíduos com seus desafios específicos, ajudar cada criança, professor e família a progredir, conforme a definição deles, irá diminuir suas dificuldades, melhorar o moral, garantir que cada criança domine diversas áreas e nos mover para um sistema escolar de soma positiva ao longo do tempo. Nesse sistema, a métrica não seria o tempo, mas o progresso, enquanto cada criança persegue seus sonhos mais ousados.

NOTAS

1. Ouvi pela primeira vez uma variação dessa história de uma das professoras dos meus filhos, Pamela Vernick. Ela ouviu isso de uma professora do 3º ano chamada Aimee neste *link*: RENEAU, A. *Third grade teacher shares a brilliant band-aid lesson to teach kids about fairness*. Upworthy, 2021. Disponível em: https://www.upworthy.com/teaching-fairness. Acesso em: 20 jul. 2023.
2. PETERSON, P. Toward Equitable School Choice. *Hoover Institution*, 2020. Disponível em: https://www.hoover.org/research/toward-equitable-school-choice. Acesso em: 18 jul. 2023.

3. PAZZANESE, C. Democrats and republicans do live in different worlds. *Harvard Gazette*, 2021. Disponível em: https://news.harvard.edu/gazette/story/2021/03/democrats-and-republicans-live-in-partisan-bubbles-study-finds/. Acesso em: 18 jul. 2023.
4. FREY, W. H. Black-white segregation edges downward since 2000, census shows. *Brookings Institution*, 2018. Disponível em: https://www.brookings.edu/blog/the-avenue/2018/12/17/black-white-segregation-edges-downward-since-2000-census-shows. Acesso em: 18 jul. 2023.
5. BADGER, E.; QUEALY, K.; KATZ, J. A close-up picture of partisan segregation, among 180 million voters. *New York Times*, 2021. Disponível em: https://www.nytimes.com/interactive/2021/03/17/upshot/partisan-segregation-maps.html. Acesso em: 18 jul. 2023.

Índice

Os números de páginas seguidos de *f* se referem a figuras.

Abigail Thernstrom, 57-58
Abordagem em espiral, 118-122
Abraham Lincoln, 199-200
Achieve3000, 285-286
Achievement First (rede de escolas charter), 158-159
Aconselhamento de estudantes, 153-154
Adam Carter, 123-125
Álgebra, 66-70, 84
Alinhamento de valores da comunidade, 182
Alisa Berger, 139
Ambiente de soma positiva, 2-3, 8-9, 14, 125-128, 130, 141-142, 190-191, 210-212, 218-219, 245-246, 289-290, 298-299
Ambientes de aprendizagem, 155-160
AMD (fabricante de microprocessadores), 288-289
American Enterprise Institute, 89-91, 173-174, 244-245
Amos Tversky, 20-21
Amplify, 226-227, 232-233
Amy Creeden, 243-244
Anacostia High School (distrito de Columbia), 244-245
Analogia do barco a remo, 162
Analogias com basquete, 116-117, 121-123, 228-231
Andy Grove, 288-289
Annette Anderson, 245-247
Anthony Carevale, 67-68

Anthony Kim, 285-287
Anxious parents: a history of modern childrearing in America (Peter N. Stearns), 209-210
Apoio à criança como um todo, 45-46
Aprendizagem. *Ver também* Aprendizagem baseada no domínio
   abordagem da Toyota para a, 105-107
   ativa *vs.* passiva, 228-230
   baseada em competências, *ver* Aprendizagem baseada no domínio
   baseada no desempenho, 122-123
   com prazo definido *vs.* garantida, 106-110, 107*f*
   digital, 204-207
   durante toda a vida, 45-46
   fora do *campus*, 129
   híbrida, 258-260
   on-line, 25-28, 45-46, 46*f*, 161-162
   on-line integrada, 45-46, 46*f*
   personalizada, 45-46, 229-231
   presencial, 25-28, 93-94, 178-179, 220-221
   remota, 219-221
   socioemocional, 45-46
   virtual, 45-46, 46*f*
Aprendizagem baseada no domínio, 5-7, 13-14, 27, 29, 31-32, 45-49, 96-97, 103-148, 187-188, 190-191, 196, 297-299

abordagem da Toyota para a, 105–107
avaliações na, 109–115
ciclos de aprendizagem
  bem-sucedidos na, 103–105
  críticas à, 116–123
  e aceitação do fracasso, 163–164
  e aprendizagem com prazo definido vs. aprendizagem garantida, 106–110
  e se divertir com os amigos, 122–134
  em grupos de estudo e microescolas, 137–142
  resultados da, 134–137
Arizona, 35–36, 214
Arizona State University Prep Digital, 35–37, 206–207
Arthur Brooks, 100–101
Atividades extracurriculares, 96–99
Audrey Cohan, 76
Aurora Institute, 142–144
Autoconsciência como hábito de sucesso, 70
Autodireção como hábito de sucesso, 71
Autoeficácia como hábito de sucesso, 71
Automatização de processos manuais, 232–233
Autonomia, 22–24, 48–49
Autorregulação como hábito de sucesso, 70
Avaliação, 95–96, 105–107, 109–112, 115–117, 129, 135–137, 145–146, 156–157, 165
  do domínio de atividades complexas, 121–123
  por terceiros, 120–122, 166–167
  somativa, 105–106
Avaliações MAP da NWEA, 136–137
Avaliadores imparciais, 165–167

Aversão à perda, 198–201
Aylon Samouha, 34–36

Beth Hawkins, 136–137
Big Picture Learning (rede de escolas), 140–141
Blended (livro), 219–220, 225–226
Bob Harris, 138
Bob Moesta, 169
Boston Globe, 1–2, 209–210
Boston, Massachusetts, 91
Brian Creasman, 205–206
Brian Greenberg, 162
Brigham Young University, 19–20
British Columbia, 139
Britt Peterson, 209–210
Brooke Stafford-Brizard, 85–87
Bror Saxberg, 231–232
Building Blocks for Learning Framework, 85–87
Building the intentional university (Stephen Kosslyn), 85–86, 228–229

Cajon Valley Union School District (Califórnia), 73–74
Calendário:
  agrícola, 192–194
  do ano letivo, 191–196
  equilibrado, 192–194
  escolar, 191–196
Califórnia, 67–69, 73–74, 134–137, 140–141, 162, 206–207, 278–280, 285–286
Candy Land (jogo), 103–104
Canopy Project, 134
Capacidade de ação, 45–46
  como hábito de sucesso, 1–2, 4–5, 14–15, 29, 71, 91, 105, 116–117, 140–141, 162, 259–260
Capital social, 73–75
Caráter, 29, 45–46
Carly Fiorina, 282

Carnegie Unit, 205-206
Carol Dweck, 163
Carolina do Norte, 33-34, 116-117, 136-137, 160-161, 204-205
Center on Education and the Workforce da Georgetown University, 67-68
Chan Zuckerberg Initiative, 231-232
Chasing the rabbit (Steven Spear), 105-106
Chattanooga, Tennessee, 283-284
Chicago, Illinois, 193-194
Chip de computador da Celeron, 288-289
Choosing college (livro), 140, 209-210
Chris Sturgis, 112-113, 142-143, 279-280
Christian J. Grandzol, 144-146
Ciclo de aprendizagem da Summit, 105*f*, 124-125
Cingapura, 31-32
Clareza da missão, 24-25
Clark Gilbert, 19-23
Class Disrupted (podcast), 3-4, 8-9, 82, 191-193, 207-208, 223-224, 227-229, 240-242
Clayton Christensen, 42-44, 209-210, 218-220, 288-289
Clayton Christensen Institute, 19-20, 32-33, 133-134, 160-161, 278-280
Cleveland Foundation, 32-33
Coensino em equipe, 149-176
    desagrupamento, 161-167
    e líderes de múltiplas salas de aula, 159-161
    em ambientes de ensino maiores, 155-160
    motivando professores e, 166-172
    tempo presencial, 151-156
Colaboração, 68-69
Colorado, 35-36
Columbia Business School, 253-254
CommonSense Media, 223-225

Competências centrais, 56-57
Composer (instituição educacional), 75
Comunicação, 68-69
Concierges, 152-153
Conhecimento, 45-46
Conhecimentos prévios dos estudantes, 4-5, 7-8, 64-66, 151-154, 231-232
Connections Education, 36-37
Consciência social/habilidades de relacionamento como hábito de sucesso, 70
Conselho de Diretores das Escolas do Estado, 223-224
Construção de capacidade, 34-37
Cory Henwood, 187-188
Criatividade, 68-69
Crítica do "mundo real" da aprendizagem baseada no domínio, 116-119
Critical thinking (Jonathan Haber), 68-69, 124-125
Cronogramas do dia letivo, 127-129, 195-197, 199-201
CrossFit, 131-132
Cultura, 239-249
    como termo, 239-241
    criando uma cultura forte, 240-245
    reinventando a, 245-248
Cultura organizacional e liderança (Edgar Schein), 239-241
Curadoria de recursos, 152-153
Curiosidade como hábito de sucesso, 71
Cursar e ser admitido em uma faculdade, 113-114, 116-117, 126-127, 140-141, 182-188, 190-191, 195-196, 209-211, 259-260
Curtis Johnson, 42-44
Cyrix, 288-289

Daniel (estudante fictício), 19-20
Daniel Buck, 144-145
Daniel Kahneman, 20-21

Daniel Willingham, 64-65, 88-89, 109-110, 124-125
Dean Smith, 116-117
Desagregação das ofertas das escolas, 62-64, 161-167, 204-206. *Ver também* Desagregação de papéis do professor
Desagregação de papéis do professor, 156-162
Desenvolvimento saudável, 70
Destroyers for Bases Act, 199
Detroit, Michigan, 105-107, 193-194
Dia letivo invertido, 138-142, 195-196
Diane Tavenner, 3-4, 30, 69-70, 82, 97-98, 164-165, 214-215, 221-222, 228-229, 240-242
DigitalBridgeK-12, 27, 223-225
Dissociação das oportunidades de aprendizagem, 204-207
Distrito escolar de Charlotte--Mecklenburg (Carolina do Norte), 160-161
Distrito escolar de Columbus (Ohio), 133
Distrito escolar de DeKalb County (Geórgia), 33-34
Distrito escolar de Elizabeth (Nova Jersey), 157-159
Distrito escolar de Escondido (Califórnia), 67-68
Distrito escolar de Hartford (Vermont), 131-132
Distrito escolar de Iron County (Utah), 133, 137, 187-188, 288-290
Distrito escolar de Kettle Moraine (Wisconsin), 30-35, 114-115, 134, 137, 285-286
Distrito escolar de Los Altos (Califórnia), 285-286
Distrito escolar de Menlo Park (Califórnia), 162
Distrito escolar de Middletown (Nova York), 243-244, 285-286, 298-299
Distrito escolar de Oneida (Idaho), 35-36
Distrito escolar de Pasadena (Texas), 222-223
Distrito escolar de Syracuse, 160-161
Distrito escolar independente de Austin (Texas), 137
Distrito escolar Lindsay Unified (Califórnia), 134-137, 278-280
Distrito escolar metropolitano de Cleveland, 32-33, 133, 137
Divertir-se com os amigos, 122-134
Dobie High School (Texas), 222-223
Domínio das habilidades, 67-70
Domínio do conhecimento do conteúdo, 64-68
Domínios educacionais, 56-57
Doug Lemov, 144-145
Downtown School (Seattle), 29
Dreambox Learning, 285-286
DSST Public Schools (rede de escolas *charter*), 158-159
Duke University, 136-137

Edgar Schein, 239-240
Edgenuity, 206-207
Edmentum (plataforma de ensino *on-line* para educadores), 36-37, 206-207
EdPuzzle, 217-218
Educação:
    estresse da, 207-211
    presencial, 178-179
Educação cívica, 45-46
Educação domiciliar, 62-63, 178-179, 187-188, 204-208, 220-221
Educação física, 131-132
Educação integral da criança, 182
Education Next, 178-179
Education Week, 31-32, 67-68, 76
EducationSuperhighway, 222-225
EdWeek Research Center, 223-224
Eficácia dos planos, 259-260

Elementos educacionais, 243-244
Eliot Levine, 85-86
Em busca de sentido (Victor Frankl), 53-54
EmpowerU, 64
Empregando adolescentes, 195-196
Empréstimo de dispositivos digitais, 224-226
Enquadramento compartilhado do problema, 287-290
Ensino híbrido, 9-10, 169-170, 243-245, 258-260, 285-286
Ensino presencial, 25-28, 93-94, 178-179, 220-221
Ensino remoto, 45-46, 46f, 219-221
Ensino síncrono *vs.* ensino assíncrono, 46f
Entendendo o nível de concordância, 274-278
Equação das forças do progresso, 199f
Eric Gordon, 32-33, 137
Eric Ries, 270-271
Esclarecendo objetivos de aprendizagem, 111-112
Escola durante o ano inteiro, 192-194
Escolas:
  Boston Public Schools, 199-200
  charter, 31-32, 36-37, 136-137, 158-159, 178-179, 206-207, 212-214, 243-244, 285-286
  comunitárias de Cloverdale (Indiana), 35-36
  DC Public Schools, 283
  de Putnam County (Tennessee), 35-36
  do condado de Cabarrus (Carolina do Norte), 160-161
  Edgecombe County Public Schools (Carolina do Norte), 33-34, 204-205
  Guildford County Public Schools (Carolina do Norte), 33-34
  Lexington Public Schools (Massachusetts), 138
  Montessori, 72, 82, 118-120, 157-159, 161-162
  Pittsburgh Public Schools, 138
  tradicionais, 95-99
  troca de, 180-183
Escopo das escolas:
  e a teoria da interdependência/modularidade, 57-64
  e conhecimento do conteúdo, 64-68
  e futuro da educação, 79-81
  e habilidades, 67-70
  e hábitos de sucesso, 70-72
  e o mundo fora da escola, 73-75
  e personalização de abordagens, 76-79
  e saúde/bem-estar, 75-77
Esperando pelo Super-Homem (filme), 154-155
Estado de Nova York, 76, 160-161, 243-245, 285-286, 298-299
Estado de Washington, 29, 133
Estágio virtual de engenharia, 232-233
Estresse na escola, 207-211
Estudantes que recebem mais do que precisam, 58-60, 62-63, 204-205
Estudantes que recebem menos do que precisam, 57-62
Evan Marwell, 222-225
Experiências de mundo real, 73-75

Facilitação de conversas, 152-153
Falar *vs.* escutar, 151-152
Falta de acesso à tecnologia digital, 219-226
Fechar a lacuna relacionada às realizações dos estudantes, 56-58, 61-62, 137
Feedback do trabalho de estudantes, 153-154, 227-230
Férias de verão, 191-193, 198, 207-209

Ferramenta da separação, 25-26, 284-287
Ferramentas:
de cooperação, 46-47, 275-285, 276f, 279f, 280f, 282f, 283f
de cultura, 281-282, 282f
de gestão, 280-281, 280f
de liderança, 277-281, 279f
de poder, 282-285, 283f
Financiamento educacional, 79-80
Fleming County Schools (Kentucky), 205-206
Flexibilização do ensino, 204-208
Flipgrid, 217-218
Flórida, 36-37, 204-207
Florida Virtual Schools (FLVS), 36-37
Fluência em ciências de dados, 66-68
Fordham Institute, 158-159
Fracasso:
abraçando o, 163-164
como parte vital da aprendizagem, 163-164
Frank Bruni, 126-127
Franklin Roosevelt, 199-200
Freakonomics (podcast), 66-67
Frederick Herzberg, 167
Funções executivas como hábito de sucesso, 70
Fundação Gates, 73
Futuro da escola, 79-81

Gagan Biyani, 254-257
George Mason University, 209-210
Georgetown University, 67-68
Geórgia, 33-34
Gestão do estresse como hábito de sucesso, 70
Gina Meinertz, 77-78
Google Classroom, 46f, 217-218
Graide Network, 166-167
Grant Wiggins, 44-45

Grosse Point Academy (Michigan), 48-52, 50f
Grupos de estudo, 29, 32-34, 45-46, 137-142, 178-179

Habilidades:
de leitura, 69-70
de relacionamento como hábito de sucesso, 70
sociais e emocionais, 190-191
Hábitos de sucesso, 45-46, 70-72, 120-122
Harvard Medical School, 131-132
Harvard University, 126-127, 139, 296-297
Hawken School (Cleveland), 29
Hewlett-Packard, 282
Hoover Institute, 75
Hybrid homeschooling (Michael McShane), 205-206

Ian C. MacMillan, 253-254
Idaho, 35-36
Illinois, 193-194
Implementação de mudanças, 273-291
e entendendo o nível de concordância, 274-278
e mecanismos de movimento, 286-290
ferramentas de cooperação para a, 275-285, 276f, 279f, 280f, 282f, 283f
ferramentas de cultura para a, 281-282, 282f
ferramentas de gestão para a, 280-281, 280f
ferramentas de liderança para a, 277-281, 279f
ferramentas de poder para a, 282-285, 283f
ferramentas de separação para a, 25-26, 284-287

poder da educação, 289-290
Indiana, 35-36
Índice de clima estudantil, 135
Indústria jornalística, 20-21
Inovação:
  baseada em objetivos, 187-190
  disruptiva, 64, 284-286
  riscos da, 252-256
Inovação na sala de aula (Clayton Christensen), 42-44, 97-98, 105-106, 218-221
Instrução baseada em dados, 153-154
Intel, 288-289
Internet, 30-31, 219-220, 222-225, 251-252
I-Ready, 285-286
Izzy Fitzgerald, 140-141

Jargões educacionais, 45-46
Jason L. Riley, 87-88
Jay McTighe, 44-45
Jeff Wetzler, 30, 34-35
Jennifer Orr, 77-78
Jeremy (estudante fictício), 17-19, 55, 93-94, 103-104, 149-150, 177-178, 293-294
Jerome Bruner, 118-119
Jesse Register, 284
Jessica Lahey, 96-97, 163
John Danner, 173-174
John R. Grandzol, 144-146
John Ratey, 131-132
Johns Hopkins University, 136-137, 245-246
Jonathan Haber, 68-69, 124-125
Julia Freeland Fisher, 57-58, 74
Júlia Owens (estudante fictícia), 41-42, 93-94, 149-150, 217-218, 293-294

Kacy Huerta, 222-223, 230-232

Kathleen Ball (diretora fictícia), 17-19, 41-42, 55-56, 93, 177-178, 239-240, 251-253, 273-274, 293-294
Kentucky, 205-206
Khan Academy, 166-167, 285-286

Labster (simulação de laboratório virtual), 233
Lakeside School (Washington), 29
Larry Berger, 226-228, 232-233
Larry Cuban, 217-218
Launch High School, 133
Lauren Eskreis-Winkler, 96-97
LEAP Innovations, 75
Lei Cares, 34-35
Lei de Empréstimo e Arrendamento, 199
Lexia Learning, 285-286
Lexington Montessori School (Massachusetts), 118-120
Libertação dos escravizados, 199
Líderes de múltiplas salas de aula, 159-162
Ligações como hábito de sucesso, 70
Limbix, 64
Linguagem comum, 287-290
Linha de montagem de automóveis, 105-107
Longview Education, 35-36

Mãe do Jeremy (mãe fictícia), 17-19, 177-178, 239-240, 273-274
Mandatos educacionais do governo, 47-49
Maple Hill Elementary School (Nova York), 243-244
Maria Montessori, 64-65, 157-158
Mark Van Ryzin, 123-124
Marshall Street (coalizão educacional), 123-124
Maryland, 136-137

Massachusetts, 72, 105, 113-114, 118-120, 126-127, 131-132, 138, 177-178, 200, 239-240, 296-297
Massachusetts Institute of Technology (MIT), 105, 239-240
Mastery School of Hawken (Ohio), 29
Mastery Transcript Consortium, 108-110, 113-115, 133, 166-167, 187-188
MasteryTrack, 118-120, 133, 230-231
Match Charter Public School (Massachusetts), 72
Mecanismos de movimento, 287f
Mentalidade de crescimento como hábito de sucesso, 71
Mentalidade positiva, 71
Mentoria, 152-153
Michael Jordan, 116
Michael McShane, 205-206
Michael Petrilli, 140
Michael Sandel, 126-127
Michelle Rhee, 283
Michigan, 48-52, 193-194
Microescolas, 29-36, 45-46, 46f, 137-142, 178-179, 196, 204-205
Middletown, Nova York, 243-245, 285-286, 298-299
Mike Goldstein, 72
Mindset: a nova psicologia do sucesso (Carol Dweck), 163
Mineração de dados, 153-154
Minerva University, 68-69, 85-86
Minnesota, 35-36, 77-79, 197
Mira Browne, 207-209
MIT (Massachusetts Institute of Technology), 105, 239-240
Modelo de recrutamento de funcionários, 78-80
Modelo de rotação de estações, 225-226, 259-260
Modelo educacional de soma zero, 2-3, 7-9, 14, 72, 125-128, 130, 163, 190-191, 209-210, 218-219, 245-248, 298-299
Modelo Kano, 200-204, 201f
Modularidade, 78-80
Modularidade e interdependência, 69-70, 72
Molloy College (Nova York), 76
Muito além da sorte (livro), 26-27
MVPs (produtos mínimos viáveis), 253-256, 266-267, 269
MVTs (testes mínimos viáveis), 254-257
MyCom, 32-33
MyOn, 285-286
MyTechHigh, 35-36

National Center for Education Statistics, 39-40, 83
Nearpod, 217-218
Necessidades básicas dos estudantes, 76-77
Nepris (instituição educacional), 75
Nevada, 274-275
New Hampshire, 24-29, 36-39, 134, 206-207, 285-286
New Hampshire Virtual Learning Academy Charter School, 36-37, 206-207
New York Times, 126-127
Nível de aprendizagem "levemente acima", 109-110, 125-126
Noriaki Kano, 200-201
Northern Cass District 97 (Dakota do Norte), 134
Northwestern University, 96-97
Not your ordinary school (NYOS), 136-137
Nova Jersey, 157-159
Nova York, 193-194
Novas salas de aula, 157-158
NWEA (organização sem fins lucrativos), 285-286

NYOS (*not your ordinary school*), 136-137

O dilema da inovação (Clayton Christensen), 288-289
Oakland Unified School District, 206-207
Objetivos Smart, 76-77, 257-258
Ohio, 29, 32-33, 133, 137
Okema Owens Simpson, 160-161
Opções educacionais, 184-187
Oregon, 67-68, 123-124
Organização para Cooperação e Desenvolvimento Econômico (OCDE), 31-32
Os 7 hábitos das pessoas altamente eficazes (Stephen Covey), 44-45
Outschool, 36-37, 62-63, 206-207, 217-218

Pais dos estudantes, 177-215
   e o calendário letivo, 191-196
   e o dia letivo, 195-197
   e o modelo Kano, 200-204, 201*f*
   o estresse na escola para os, 207-21
   reação dos pais com flexibilidade/dissociação, 204-207
   resistência dos pais a mudanças, 184-190, 198-201
   trabalhos a serem feitos para os, 180-184
Pamela Vernick, 299
Pandemia de covid-19, xvi, 1-2, 14, 18-21, 27, 36-37, 41, 45-47, 74, 76, 93-94, 115, 133, 136-137, 139, 155-156, 178-179, 212-213, 217-220
Parker-Varney Elementary School (New Hampshire), 134
Passeios virtuais, 231-233
Patty Burkins (diretora fictícia da Associação de Pais e Mestres da escola Spruce Peak), 273-274
Paul LeBlanc, 25-28, 285-286

Paul Peterson, 296-297
PearDeck, 217-218
Pearson, 206-207
Pensamento criativo, 85-86
Pensamento crítico, 67-70, 85
Pensilvânia, 138
Perda de aprendizagem, 45-46, 46*f*, 93-101, 133
   desvantagens da escola tradicional e, 95-99
   o que os estudantes querem e, 94-96
   superando a, 98-100
Perseverança como hábito de sucesso, 71
Peter Driscoll, 131-132
Peter Drucker, 44-45
Peter Greene, 122, 165
Peter N. Stearns, 209-210
Peter Shumlin, 96-97
Pew Research Center, 221-222
Phyllis Lockett, 75
Planejamento orientado por descobertas, 251-271
   classificação de suposições no, 262-265, 265*f*
   começando pelos resultados esperados no, 257-259
   e criação de listas de suposições, 258-263, 261*f*
   e decisão dos próximos passos, 267-270
   implementação de um plano para testar a validade de um, 265-268
   processo de, 256-258
Plataforma Altitude Learning, 162
Plataforma de aprendizagem da Summit, 162
Poder da educação, 289-290. *Ver também* especificações, *p. ex.*: Propósito da educação
Por que os alunos não gostam da escola? (Daniel Willingham), 124-125
Prenda Learning, 35-36

Prepared Parents (organização sem fins lucrativos), 207–208
Prepared: what kids need for a fulfilled life (Diane Tavenner), 110–111, 163
Presence Learning, 64
Prioridades organizacionais, 22–24, 240–242
Processo de *brainstorming*, 259–261
Processo padrão de planejamento, 255–257
Processos organizacionais, 22–24
Produtos mínimos viáveis (MVPs), 253–256, 266–267, 269
Professores:
    desagregando papéis dos, 156–162
    motivando os, 166–172
Programa flexível da Florida Virtual Schools (FLVS), 205–207
Projeto do propósito, 53–54
Projeto Opportunity Culture, 159–161
Propósito, 48–49, 52–53, 71
Propósito da educação, 41–54, 294–295
    começando uma conversa sobre, 46–53
    e definição do objetivo, 44–45
    e história, 42–44
    esclarecendo o, 45–47
Provas geométricas, 69–70
Public Impact (consultoria educacional), 159–160

Quadro de avaliação europeu, 122–123

RAND Corporation, 149–150
Ranson IB Middle School (Carolina do Norte), 160–161
Reach Capital, 231–233
Realidade virtual, 231–233
Recursos:
    de aprendizagem, 129–130
    externos, 34–37, 259–260
    organizacionais, 22–24

Reenquadrar ameaças como oportunidades, 21–23
Reenquadrar mudanças como oportunidades, 198–201
Reino Unido, 199
Relacionamentos:
    interpessoais, 45–46
    sociais, 73–75, 93–99
Relevância da escola como hábito de sucesso, 71
Resiliência como hábito de sucesso, 71
Retrato de um estudante, 46–49, 56
Richard Rothstein, 57–58
Rigidez da ameaça, 19–22, 30
Riscos da inovação, 252–256
Rita Gunther McGrath, 253–254
Ritmo circadiano, 140
Robert Pondiscio, 89–91, 152–155, 161–162, 172–174
Roger Smith, 133
Rogers High School (Washington), 133

Saint Paul Public Schools, 197
Salas de aula invertidas, 251–252, 254–255
Salesforce, 206–207
Say Yes Cleveland, 32–33
SBAC (Smarter Balanced Assessment Consortium), 135
Schoolhouse (plataforma de tutoria), 166–167
Science of Learning and Development Alliance, 89–91
Scott Ellis, 118–120, 143–144, 129
Seed (rede de escolas preparatórias para a faculdade), 77
Segregação, 295–297
Segunda Guerra Mundial, 199
Senso de pertencimento como hábito de sucesso, 71
Serviço de Pesquisa do Congresso, 193–194

Serviços abrangentes, 64
Silicon Schools Fund, 162
Simulações digitais, 231-233
Sistema de avaliação do Reino Unido, 122-123
Sistema de notas:
  baseado em padrões, 109-110, 127-128, 133
  confiabilidade entre avaliadores e, 165
  para aprendizagem baseada no domínio, 109-115
  para os próprios estudantes, 162-167, 178-179
  tradicional, 109-114, 149-150, 177-178, 187-190, 288-289
Sistemas de avaliação da Lumina Foundation, 122-123
Smarter Balanced Assessment Consortium (SBAC), 135
SNHU (Southern New Hampshire University), 24-29, 285-286
Softwares educacionais, 217-218
Solução de problemas, 68-69
Southern New Hampshire University (SNHU), 24-29, 285-286
Spring Grove Public Schools (Minnesota), 35-36, 77-79, 197
Spruce Peak (escola fictícia), 17-19, 41-42, 55-56, 103-104, 149-150, 217-218, 239-240, 251-253, 273-274, 293-294
Sr. e Sra. Owens (pais fictícios de Júlia), 18-19, 41-42, 55-56, 177, 273-274
Sra. Alvera (professora fictícia), 93-94, 103-104, 149-150, 156-157, 217-218, 251-253, 293-294
Sra. Vincent (professora fictícia), 251-253
Stanford University, 163
Stephen Covey, 44-45
Stephen Kosslyn, 143-144
Stephen Sawchuk, 83
Stephen Thernstrom, 57-58
Steve Blank, 253-254
Steve Spear, 105-107
Steven Leavitt, 66-67
Stride (empresa da área da educação), 36-37, 206-207
Success Academy (rede de escolas *charter*), 158-159
Sucesso como mecanismo de movimento, 286-288
Summit Public Schools, 70, 72-73, 103-105, 127-132, 157-159, 161-162, 258-260
Superando obstáculos, 181-182
Sustentabilidade de planos, 259-260

Tabuada, 84
Teach to One (modelo de educação), 157-159, 161-162
Tecnologia, 65-66, 217-237
  garantindo um nível adequado de, 222-226
  imperativos básicos, 226-227
  melhor uso da, 225-234
  mínima necessária, 219-223
Tecnologia educacional, *ver* Tecnologia
Tempo de tela, 225-227
Tempo presencial, 151-156
Tenacidade acadêmica como hábito de sucesso, 14-15, 71
Tenacidade como hábito de sucesso, 71
Tennessee, 35-36, 140, 283-284
Teoria crítica da raça, 45-46
Teoria da interdependência e modularidade, 69-70, 72
Teste para escolas (OCDE), 31-32
Teste Pisa (OCDE), 31-32
Testes mínimos viáveis (MVTs), 254-257
Texas, 67-68, 136-137, 222-223
Texas A&M, 136-137

The 74 (*site* de notícias sobre educação), 136-137
"The California Healthy Kids Survey", 135
The Chronicle of Higher Education, 126-127
"The educator's dilemma: when and how schools should embrace poverty relief" (Julia Fisher e Michael B. Horn), 57-58
The gift of failure (Jessica Lahey), 163
"The silent epidemic: perspectives of high school dropouts" (relatório), 73
Theodore Levitt, 94-95
Thomas Sowell, 87-88
TNTP, 32-33
Todd Rose, 8-9, 126-127
Tokyo University of Science, 200-201
Tom Arnett, 37-38, 40, 146-147, 169, 278-280
Tom Rooney, 135, 278-280
Tom Vander Ark, 82
Toyota, 23-25, 105-107, 108-109
Trabalhos a serem feitos, 94-95, 169-171, 190-192, 202-204, 276-277, 295-299
Transcend Education, 30, 34-35
Treinamento de empatia e diversidade, 232-233
Treinamento de professores, 154-155
Treino Tabata, 131-132
Tutoria, 152-153
Tyton Partners, 178-179

Understanding by design (Grant Wiggins e Jay McTighe), 44-45
United Way of Cleveland, 32-33
University of North Carolina, 116-117
University of Oregon, 123-124
University of Wisconsin-Whitewater, 136-137
Uso da realidade virtual para superação de fobias, 232-233
Utah, 35-36, 48-49, 133, 137, 187-188, 288-290
Utah Talent MAP, 48-49

Vermont, 96-97, 131-132
Victor Frankl, 52-54
Vince Lombardi, 99-100
Virgel Hammonds, 278-279
Virtual Learning Academy Charter Schools (VLACS) (New Hampshire), 38
Visão compartilhada, 46-47

Wall Street Journal, 133
Warren Bennis, 45
Washington D.C., 244-245, 283
Washington Post, 112-113
Wayee Chu, 231-233
West Virginia, 194
Western Governors University (WGU), 164-167
WG Coaching, 122-123
Who you know (Freeland Fisher), 74
Wireless Generation, 227-228
Wisconsin, 30-35, 114-115, 134, 136-137, 285-286

YouTube, 217-218

Zoom, 46*f*, 103, 217-218

Serviços abrangentes, 64
Silicon Schools Fund, 162
Simulações digitais, 231-233
Sistema de avaliação do Reino Unido, 122-123
Sistema de notas:
  baseado em padrões, 109-110, 127-128, 133
  confiabilidade entre avaliadores e, 165
  para aprendizagem baseada no domínio, 109-115
  para os próprios estudantes, 162-167, 178-179
  tradicional, 109-114, 149-150, 177-178, 187-190, 288-289
Sistemas de avaliação da Lumina Foundation, 122-123
Smarter Balanced Assessment Consortium (SBAC), 135
SNHU (Southern New Hampshire University), 24-29, 285-286
Softwares educacionais, 217-218
Solução de problemas, 68-69
Southern New Hampshire University (SNHU), 24-29, 285-286
Spring Grove Public Schools (Minnesota), 35-36, 77-79, 197
Spruce Peak (escola fictícia), 17-19, 41-42, 55-56, 103-104, 149-150, 217-218, 239-240, 251-253, 273-274, 293-294
Sr. e Sra. Owens (pais fictícios de Júlia), 18-19, 41-42, 55-56, 177, 273-274
Sra. Alvera (professora fictícia), 93-94, 103-104, 149-150, 156-157, 217-218, 251-253, 293-294
Sra. Vincent (professora fictícia), 251-253
Stanford University, 163
Stephen Covey, 44-45
Stephen Kosslyn, 143-144

Stephen Sawchuk, 83
Stephen Thernstrom, 57-58
Steve Blank, 253-254
Steve Spear, 105-107
Steven Leavitt, 66-67
Stride (empresa da área da educação), 36-37, 206-207
Success Academy (rede de escolas *charter*), 158-159
Sucesso como mecanismo de movimento, 286-288
Summit Public Schools, 70, 72-73, 103-105, 127-132, 157-159, 161-162, 258-260
Superando obstáculos, 181-182
Sustentabilidade de planos, 259-260

Tabuada, 84
Teach to One (modelo de educação), 157-159, 161-162
Tecnologia, 65-66, 217-237
  garantindo um nível adequado de, 222-226
  imperativos básicos, 226-227
  melhor uso da, 225-234
  mínima necessária, 219-223
Tecnologia educacional, *ver* Tecnologia
Tempo de tela, 225-227
Tempo presencial, 151-156
Tenacidade acadêmica como hábito de sucesso, 14-15, 71
Tenacidade como hábito de sucesso, 71
Tennessee, 35-36, 140, 283-284
Teoria crítica da raça, 45-46
Teoria da interdependência e modularidade, 69-70, 72
Teste para escolas (OCDE), 31-32
Teste Pisa (OCDE), 31-32
Testes mínimos viáveis (MVTs), 254-257
Texas, 67-68, 136-137, 222-223
Texas A&M, 136-137

The 74 (*site* de notícias sobre educação), 136-137
"The California Healthy Kids Survey", 135
The Chronicle of Higher Education, 126-127
"The educator's dilemma: when and how schools should embrace poverty relief" (Julia Fisher e Michael B. Horn), 57-58
The gift of failure (Jessica Lahey), 163
"The silent epidemic: perspectives of high school dropouts" (relatório), 73
Theodore Levitt, 94-95
Thomas Sowell, 87-88
TNTP, 32-33
Todd Rose, 8-9, 126-127
Tokyo University of Science, 200-201
Tom Arnett, 37-38, 40, 146-147, 169, 278-280
Tom Rooney, 135, 278-280
Tom Vander Ark, 82
Toyota, 23-25, 105-107, 108-109
Trabalhos a serem feitos, 94-95, 169-171, 190-192, 202-204, 276-277, 295-299
Transcend Education, 30, 34-35
Treinamento de empatia e diversidade, 232-233
Treinamento de professores, 154-155
Treino Tabata, 131-132
Tutoria, 152-153
Tyton Partners, 178-179

Understanding by design (Grant Wiggins e Jay McTighe), 44-45
United Way of Cleveland, 32-33

University of North Carolina, 116-117
University of Oregon, 123-124
University of Wisconsin-Whitewater, 136-137
Uso da realidade virtual para superação de fobias, 232-233
Utah, 35-36, 48-49, 133, 137, 187-188, 288-290
Utah Talent MAP, 48-49

Vermont, 96-97, 131-132
Victor Frankl, 52-54
Vince Lombardi, 99-100
Virgel Hammonds, 278-279
Virtual Learning Academy Charter Schools (VLACS) (New Hampshire), 38
Visão compartilhada, 46-47

Wall Street Journal, 133
Warren Bennis, 45
Washington D.C., 244-245, 283
Washington Post, 112-113
Wayee Chu, 231-233
West Virginia, 194
Western Governors University (WGU), 164-167
WG Coaching, 122-123
Who you know (Freeland Fisher), 74
Wireless Generation, 227-228
Wisconsin, 30-35, 114-115, 134, 136-137, 285-286

YouTube, 217-218

Zoom, 46*f*, 103, 217-218